Veränderte Kindheit in der aktuellen Kinderliteratur

Hannelore Daubert
Hans-Heino Ewers (Hrsg.)

westermann

Das Titelbild fotografierte Frank Vinken.

1. Auflage Druck 5   4   3   2   1
Herstellungsjahr   1999   1998   1997   1996   1995

© Westermann Schulbuchverlag GmbH, Braunschweig 1995
Lektorat: Katrin Bokemeyer
Herstellung: westermann druck GmbH, Braunschweig
ISBN 3-14-**16 2028**-8

Inhalt

Vorwort

Auch die Kindheit unterliegt im Zeitalter des Computers, der Medien, der erhöhten Umwelt- und Beschäftigungsrisiken, der Veränderung von Geschlechterrollen und Familienverhältnissen einem Wandel. Es sollten sich nicht nur Erwachsene und Experten damit auseinandersetzen. Einer zeitgemäßen Erziehung zu Mündigkeit und Selbständigkeit entspricht es, die Kinder selbst einzubeziehen in die Beobachtung kindlicher Lebenswelten und ihrer Veränderung. Hierbei sollte die Aufmerksamkeit für die eigenen Lebensumstände geweckt werden, um dann den Blick auf andere Kindheitsmuster zu lenken. Die eigenen Lebensverhältnisse relativieren zu können, ist eine Fähigkeit, die in der heutigen Gesellschaft von großer Bedeutung ist. Erwachsene pflegen in solchen Fällen zu Sach- bzw. Fachbüchern zu greifen, die Kindern – bei Thematiken dieser Art jedenfalls – weitgehend unzugänglich sind. Hier könnte der Kinderliteratur (und anderen Medien wie dem Kinderschauspiel, -hörspiel oder -film) eine entscheidende Rolle zukommen. Voraussetzung hierfür wäre, daß das aktuelle kinderliterarische Angebot sich mit den gegenwärtigen kindlichen Lebensverhältnissen auseinandersetzt. Diese Voraussetzung zu klären, ist das Anliegen dieses Bandes. Die einleitenden Artikel (*Preuss-Lausitz, Zeiher*) zeichnen die jüngsten Veränderungen von Kindheit nach. Alle nachfolgenden Beiträge konzentrieren sich auf die Präsentation solcher Titel der (erzählenden) Kinderliteratur, die sich mit den aktuellen kindlichen Lebenswelten auseinandersetzen. Vorgestellt werden Erzählungen bzw. Romane für Kinder (etwa vom vierten Schuljahr an), die zeitdiagnostische Qualität besitzen und Bereiche der kindlichen Lebenswelt thematisieren, die sich gravierend verändert haben. Es sind Titel, die sich mit neuen Familienformen und veränderten familiären und geschlechtsspezifischen Rollenmustern auseinandersetzen, die den Wandel der Erziehungsziele und -stile reflektieren, dem Einfluß der Medien im Kinderalltag nachgehen, neue Formen von Freizeitgestaltung kritisch beleuchten, Titel, die fragen, was „Risikogesellschaft" und Umweltbedrohung für Kinder bedeuten sowie Titel, die den Kinderalltag in den neuen Bundesländern vor und nach der „Wende" schildern.

Je mehr die Leseförderung in den Blick rückte, desto wichtiger wurde die Kinder- und Jugendliteratur für den Unterricht. Es wurde wahrgenommen, daß diese Literatur der Erfahrungs- und Gefühlswelt der Heranwachsenden nahe ist und ihren Interessen entgegenkommt. Die Behandlung von Kinder- und Jugendliteratur im Unterricht gilt mittlerweile als erfolgversprechender Ansatz zum Aufbau einer stabilen Lesemotivation. Zu Recht wird dabei jeglicher vorschnellen Gängelung der Lektüreauswahl seitens der Lehrerin bzw. des Lehrers eine Absage erteilt; die Bücher müssen von den kindlichen bzw. jugendlichen Lesern als eine ihnen selbst gehörende Literatur und nicht als verordnete Lektüre empfunden werden. In der jüngsten literaturdidaktischen Diskussion ist die Frage nach der Titelauswahl in den Hintergrund getreten. Die Frage, welche Titel auf das Leseinteresse stoßen, ist nachrangig geworden; entscheidend ist, ob überhaupt gelesen wird.

So sehr jede Lektüreentscheidung der Kinder zu respektieren ist, so sehr Vorlieben Beachtung finden sollen, die Lehrerinnen und Lehrer müssen in ihrer Rolle als Literaturvermittler entscheiden, welche Texte im Unterricht gelesen werden sollen. Da die Leseförderung in der Schule zunehmend auch den privaten Leser im Auge hat, haben die Lehrenden somit auch die Rolle eines Beraters, der Leküreempfehlungen ausspricht und Auswahlentscheidungen für Klassen- und Schulbibliotheken trifft. Dies setzt ein Orientiertsein über das aktuelle kinderliterarische Angebot wie auch die Fähigkeit voraus, aus dem Angebot eine sinnvolle Auswahl zu treffen. Der vorliegende Band möchte bei beidem, bei der Orientierung wie bei der Auswahlentscheidung helfen. Die Neuerscheinungen im Bereich der Kinder- und Jugendliteratur sind selbst für Fachleute kaum noch zu überblicken. Hinzu kommt, daß nicht jeder in der Gegenwart spielende Titel etwas mit den Realitäten heutiger Kindheit zu tun hat. Kinder zur Auseinandersetzung mit der eigenen Lebenswirklichkeit anregen können nur Titel, die diese Lebenswelten authentisch widerspiegeln. Dies setzt voraus, daß deren Autorinnen und Autoren den rapiden Wandel dieser Lebenswelten wahrgenommen und literarisch verarbeitet und sich dabei von vergangenen Kindheitsmustern konsequent losgesagt haben. Denn nicht selten werden weit zurückliegende eigene Kindheitserfahrungen, die mit den Problemen heutiger Kinder wenig zu tun haben, im Gewand einer Gegenwartserzählung angeboten. Hier bedarf es also eines genauen und kritischen Blickes.

An der aktuellen Kinderliteratur wird in diesem Band in erster Linie ein thematisches Interesse artikuliert; es geht vorrangig um die von ihr entworfenen Welten und Menschen. Damit soll nicht gesagt sein, daß die Kinderliteratur nur in thematischer Hinsicht interessant ist. Im Gegenteil: der neue, der moderne Kinderroman weist zahlreiche innovative Darstellungsformen und Erzähltechniken auf, so daß an ihm auch in literarisch-ästhetischer Hinsicht viel zu lernen ist. Diesen Aspekt verfolgt *Birgitta Barlets* Aufsatz zu *Peter Härtlings* Kinderroman „Ben liebt Anna". Auf Formelemente neuer Kinderliteratur geht auch *Inge Wild* ein, die sich mit Titeln befaßt, die die neuen sozialen Wirklichkeiten in komischer Verfremdung präsentieren. Die Ironie, mit der Zeittrends aller Art behandelt werden, dürfte das Lesevergnügen junger Leser/innen vergrößern. Aufs Ganze gesehen bleiben formale Aspekte jedoch eher am Rand. Die zeitkritischen Kinderromane, die in diesem Band vorgestellt werden, haben durch ihre Aktualität eine besondere didaktische Relevanz. So ist die Auseinandersetzung mit den sich wandelnden Rollenbildern, Norm- und Wertvorstellungen, die mit Hilfe dieser Texte in Gang gesetzt werden kann, für die Schüler/innen eine wichtige Komponente in der Auseinandersetzung mit der eigenen Identität. Deshalb sind die vorgestellten Titel als Unterrichtslektüre geeignet, sei es im Deutschunterricht oder auch in anderen Fächern und fächerübergreifenden Unterrichtsprojekten.

Hannelore Daubert/Hans-Heino Ewers

Ulf Preuss-Lausitz

Kindheit 2000

Entwicklungstendenzen zwischen Risiken und Chancen

Alle Welt redet – und schreibt – gegenwärtig über Kindheit und Jugend. Wir sind offenkundig irritiert, viele entsetzt und hilflos. Was uns anhand von spektakulären Fällen über gewalttätige, egoistische und auf audiovisuelle (AV)- und Computer-Medien fixierte Monster erzählt wird, ergänzen wir gern durch eigene Erlebnisse. Gesellschaftlich wird so ein moderner Mythos derangierter Kindheit geschaffen.

Die Mythen in unseren Köpfen

Das moderne Kind ist ein schlechtes Kind. Es ist gewalttätig. Es ist unfreundlich gegenüber Ausländern. Wenn es aus dem Osten kommt, zündelt es Asylheime an und grölt faschistische Sprüche. Es sitzt vor dem Fernseher und ißt Pommes frites. Am Computer spielt es mit Killer-Software. Es ist hoffnungslos konsumorientiert, will alles kaufen, was die Freunde haben, und kümmert sich ansonsten nicht um andere. Es hat keine moralischen Werte. Es hält nichts von den Erwachsenen, die von den Kicks des Lebens keine Ahnung haben.

Diese Erwachsenen klagen sich selbst an: Die Familien zerfielen; die Kinder würden sexuell und gewalttätig mißbraucht; die Lehrer seien ohne erzieherischen Willen, ohne normative Orientierung; das Fernsehen, hilfsweise der Computer raube den Kindern die Orte zur eigenen Kreativität und zu

eigenem Spiel; die Städte sowie die Gesellschaft seien so kinderfeindlich, daß deren Gewalttätigkeit gleichsam unvermeidlich sei.

Dieses gegenwärtig verbreitete Bild heutiger Kinder und ihrer Lebensumstände, das aus unterschiedlichen Motiven von konservativen Politikern ebenso wie von Presseleuten oder linksliberalen Pädagogen gemalt wird, ist ein negativer Mythos, der in seiner Verallgemeinerung mit der Wirklichkeit der 90er Jahre wenig zu tun hat. Hinzu kommt, daß in ihm häufig drei Ebenen durcheinander gehen: die Ebene der Beschreibung (die Kinder werden immer gewalttätiger), die Ebene der Ursachenergründung (daran sind die 68er, die Medien, der Autoverkehr usw. schuld) und die Ebene der Lösungsvorschläge (wir brauchen mehr Erziehung, andere Städte, eine Fernsehzensur usw.).

Wenn wir von gegenwärtigen Kindern reden, dann geraten wir leicht in die Gefahr, nur in Abgrenzung von unserer eigenen Kindheit zu denken. Der Blick auf die eigene Kindheit – die für heute Fünfzigjährige die Nachkriegs- und Aufbauzeit im Osten oder im Westen war bis hin zur Aufbruchzeit der 60er Jahre – ist hilfreich, weil er den rapiden Wandel bewußt macht, denen die Lebensverhältnisse von Kindern und Jugendlichen in Deutschland und in Europa in den letzten 30 Jahren unterlagen. Er ist problematisch, soweit wir die eigene Kindheit verklären und deshalb daraus meist eine negative Sicht auf heutige Verhältnisse entwickeln. So sind die negativen Mythen über heutige Kinder und Jugendliche oft weniger von der Realität als von solchen Projektionen geprägt. Hinzu kommt, daß sie zuweilen verknüpft sind mit geheimen Mythen unschuldiger Kindheit, der Reinheit vor dem Sündenfall, der Vision von Kindheit als dem von Zwängen der Realitätsbewältigung freien Glück.

Ich halte es dagegen für nötig, gegenwärtige Kindheit unter den Bedingungen der nun auch in Ostdeutschland möglichen und nötigen Individualisierung und Pluralisierung in Kategorien von Gefahren und Chancen, von Widersprüchen und Ambivalenzen, von den Zwängen und Möglichkeiten zu je ständig neuen Balanceversuchen und Lebensperspektiven zu beschreiben. Kinder sind in meiner Sicht – und der der neueren Sozialisationsforschung – nicht nur Opfer von Verhältnissen oder gesellschaftlichen Prägekräften. Die Sozialisationsforschung geht heute aus vom „aktiv eingreifenden kindlichen und jugendlichen Subjekt". Bestimmte ökonomische, familiäre und kulturelle Bedingungen erhöhen zwar die Chance oder die Gefahr für bestimmte Sozialisationsergebnisse. Aber dies sind Wahrscheinlichkeiten, Möglichkeiten, nicht Automatismen und Notwendigkeiten. Letzteres wäre altes mechanisches Denken der 70er Jahre, ein Denken in Täter-Opfer-Kategorien, ein simples Ursachen-Wirkungs-Modell der mechanischen Physik. Kinder und Jugendliche greifen jedoch selbst ein, gestalten, verändern, und sind damit teilweise selbst verantwortlich für ihre Entwicklung. Das entspricht der modernen Auffassung vom Kind und vom „idealen" Menschen der westlichen Gesellschaften: dynamisch, zupackend, mitgestaltend,

an der eigenen Biografie bastelnd, wie *Ulrich Beck* sagt. Es ist klar, daß manche weniger, manche mehr Chancen zur Selbstgestaltung haben. Aber die moderne Sozialisationsauffassung schützt davor, die Verhältnisse (bzw. einzelne Faktoren wie das Fernsehen) für alles verantwortlich zu machen und damit die Subjekte, also die Kinder und Jugendlichen, zu hilflosen und verantwortungslosen Opfern der Lebensverhältnisse zu stilisieren.

Kindheits-Generationen

„Kindheit 2000", als Kindheit in der Risikogesellschaft, als Konsum- und Krisenkindheit, versuche ich als Generationenkindheit darzustellen. Ist das sinnvoll, gerade wenn wir vom aktiven Subjekt und von Tendenzen der Pluralisierung auch in der Kinderwelt ausgehen?

Der Gedanke, von Kinder-Generationen in der Tradition der älteren Sozialwissenschaft und der Literatur zu sprechen, wurde in der Kindheitsforschung erst seit zehn Jahren wieder aufgenommen. Das Buch „Kriegskinder, Konsumkinder, Krisenkinder" (1983) war dafür Ausgangspunkt und selbst Begründung. Es sei daran erinnert, daß die jugendbewegten desillusionierten Kriegsteilnehmer des Ersten Weltkrieges sich als „verlorene Generation" erlebten. Kein Zufall, daß *Karl Mannheim* in den 20er Jahren die Generation als soziologische, also nicht als biologische Kategorie in die Jugendsoziologie einführte. Bestimmte zeitgeschichtliche Verhältnisse, Ereignisse oder Umbrüche schaffen ganz unabhängig von der individuellen Verschiedenheit das Gleiche im Ungleichen einer gleichaltrigen Kinder- und Jugendgruppe. Diese wird auch später ihre Erfahrungen vor diesem prägenden Hintergrund verarbeiten. So war beispielsweise für die heute Fünfzigjährigen die frühkindliche Kriegserfahrung – von fehlenden Vätern, ängstlichen Müttern, von Hunger und Angst und zugleich von viel Freiheit außer Haus – die Voraussetzung dafür, daß ein proletarischer Teil von ihnen in den späten Fünfzigern als „Halbstarke" Rabatz machte und ein bürgerlicher Teil die Rebellion der Studentenbewegung gegen die verharrschte Adenauer-Ära, gegen das Verschweigen der Nazi-Zeit und für die eigene sexuelle Befreiung führen konnte. *Elisabeth Pfeil* hatte schon in den 60er Jahren diese Generation als etwas Einmaliges empirisch beschrieben, einmalig deshalb, weil sie nicht mehr die Nazi-Schule, aber noch den Krieg und dessen Auswirkungen erlebte und ihre Jugendzeit in einer Mischung von sozialer Kontrolle, Anstrengung und Tabus einerseits, von Wachstum, Fortschritt und mehr Freiheit andererseits lebte. Solche gemeinsam erfahrenen Widersprüche schaffen die Chance, als Generation zu handeln.

Soziologische Generationen konstituieren sich also, wenn es zeitgeschichtlich besondere Bedingungen gibt, aber auch, wenn länger anhaltende Entwicklungstendenzen kulminieren. Sicher kann gesagt werden, daß die Kinder, die Ende der 80er Jahre die DDR-Normen in Familie und Schule als Zehnjährige noch glaubten und plötzlich von denselben Erwachsenen in und nach der Wende eine andere Weltauffassung hörten, eine spezielle generative Erfahrung machten, die sie als eine Generation des Umbruchs bestimmt. Wie sich diese Generation, die jetzt in der späten Pubertät ist, einmal kollektiv verhalten wird, ist offen. Es ist jedoch zu erwarten, daß ihr eine eigene Generationsgestalt zugehört,

die darauf beruht, daß sie in Kindheit und Jugend, also in der Phase der Identitätsbildung, mit zwei gegensätzlichen Wirklichkeiten und Modellvorstellungen vom „guten Leben" konfrontiert war.

Vor zehn Jahren nahm ich an, daß sich nach der Kriegs- und der Konsumkindheit eine neue Figur generativer Lagerung, generativer Stimmung und Weltsicht bildet: die Krisenkindheit. Was damals eher Vermutung war, hat sich nun empirisch herausgestellt. Krisenkindheit ist das konstituierende Moment von Erfahrung für die nachwachsende Generation, in beiden Teilen Deutschlands, und vermutlich auch für eine erhebliche Zahl der Kinder in anderen Ländern Europas. Krisenkindheit ist also das verbindende Element unterschiedlicher individueller und unterschiedlicher gruppenbezogener Erfahrungen. Sie ist das Gemeinsame der spezifischen Bedingungen, die Jungen und Mädchen, die Kinder deutscher und nichtdeutscher Herkunft, die Großstadt- und Landkinder, die Kinder von Akademikern und von Arbeitern oder von Groß- und Kleinstfamilien jeweils erleben.

Leben in der Risikogesellschaft

Krisenkinder wachsen in den Bedingungen der Risikogesellschaft auf. Das Risiko, das *Ulrich Beck* beschrieben hat, berührt verschiedene Ebenen: Das Risiko, das das Leben auf diesem Planeten überhaupt bedroht, also die ökologische Krise. Risikoreich sind die täglichen Entscheidungszwänge über den Nahrungseinkauf, die Kosmetik, die Sonnenbelastung usw., also Fragen, die unser intimstes gesundheitliches Leben, unseren Körper betreffen. Das Risiko, überhaupt, und wenn ja, für welche Dauer bezahlte und sinnvolle Arbeit zu erhalten. Risikobehaftet ist auch die ökonomische Lage und Perspektive für erhebliche Teile der Bevölkerung, nicht nur in Ostdeutschland. Die Risiken, die in den modernen Partnerbeziehungen – ihren Formen, ihrer Dauer, ihrem Befriedigungsgehalt – liegen. Das Risiko beim Sex in den Zeiten von AIDS. Unklar ist, welches geistige Band die Konsumgesellschaft als demokratische Gesellschaft zusammenhalten soll. Bedrohlich erscheinen vielen die Wanderungsbewegungen, die sowohl im geografischen Nah- und Erfahrungsraum als in der uns medial vermittelten Welt Europas, Afrikas und Asiens zunehmen. Immer noch besteht und wieder zunehmend ist das Risiko gewalttätiger, kriegerischer Konflikte.

Die Risikogesellschaft erhöht, so erstaunlich das ist, nicht nur die Gefahren, sondern auch die Chancen der Einzelnen: Immer mehr müssen wir innerhalb dieser hier nur angedeuteten Lebensbereiche individuelle Entscheidungen über Risikoabwägung fällen, Gefahrenminimierung, Belastungsreduktion und Auswege suchen. Plurale Risikogesellschaft heißt auch Freisetzung von sozialen Einbettungen und milieuhaften Selbstverständlichkeiten. Das heißt zugleich, daß wir den Zwang und die Chance zur Entscheidung, zur eigenen Handlung haben. Wir sind alle autonome Individuen in der pluralen Konsumgesellschaft als Risikogesellschaft, und wir können wenig darauf vertrauen, daß z. B. der Staat uns diese Entscheidungen abnimmt: Wir dürfen, aber wir müssen auch unser Leben selbst basteln. Selbständigkeit ist abverlangt, aber auch gegeben. Nichts ist mehr sicher. Wir wissen nicht, ob wir unsere Berufe für das ganze Leben erwerben können. Wir wissen nicht, ob der grüne Baum nur scheinbar gesund grünt oder schon an kahlen Ästen sein Ende ankündigt. Wir können der leuchtend roten Frische der Tomaten nicht trauen. Wir wissen bei der Eheschließung – mit Partnervertrag – nicht mehr, ob wir zusammenbleiben, bis daß der Tod uns scheidet (obwohl wir es gerne glauben würden).

Leben in der Risikogesellschaft verlangt Selbständigkeit, Entscheidungsfähigkeit, Planungsfähigkeit, die Fähigkeit zur Gestaltung sozialer Beziehungen, Einfühlungsvermögen, die Fähigkeit, Trennungen und Alleinsein auszuhalten und das Leben selbst aktiv zu basteln, damit daraus eine unverwechselbare individuelle Figur wird, als die wir uns selbst sehen und so von anderen wahrgenommen werden. Es verlangt, daß wir unsere sozialen Zusammenhänge selbst aktiv schaffen. Es verlangt, die Entscheidungen der anderen zu respektieren, verlangt also Toleranz und demokratische Tugenden. Wir gestalten uns selbst, wir verabschieden in der Risikogesellschaft die großen Kollektive, die uns gesagt haben, wo es lang geht, und die uns fürsorglich an die Hand nahmen: die Familie, die Kirche, die Parteien, die Gewerkschaften, die Gemeinde, den Staat, die Schule, die weltanschaulich gebundenen Presseorgane. Diese Institutionen erleben gegenwärtig diese Verabschiedung von ihren alten Funktionen als Vertrauensverlust. Sie werden nicht ausgehöhlt bleiben, wenn sie neue Aufgaben übernehmen, wenn sie neue soziale Orte für selbständige Lebensbastler werden und wenn sie sich als Diskursorte für die ständig nun nötige Orientierungssuche verstehen – also selbst die Modernisierung mitvollziehen. Die Pluralisierung der Formen, in denen

Erwachsene zusammenleben, zeigt beispielsweise, daß auf diese Weise – nur auf diese Weise – das, was wir früher Familie nannten, erneuert weiterbestehen wird.

Risiko in dieser Risikogesellschaft ist, daß wir dieses Basteln für unsere eigene Identität nicht schaffen, daß wir zu Modernisierungsverlierern werden. Als solche schlagen wir zurück, beharren wir wütend – also aggressiv – auf der Vormoderne, auf den alten Institutionen oder auf der Einfachheit klarer Weltlagen und Weltbilder. Gegenwärtig kann der Aufstand solcher Modernisierungsverlierer bundesweit und europaweit beobachtet werden. Sie benutzen als Objekte ihrer Wut und Enttäuschung über das verlorene Paradies jene, die gesellschaftlich leicht als schwach, als Randfiguren, als Fremde und Unerwünschte definiert werden können oder gar öffentlich definiert werden: Asylbewerber, Ausländer, Schwule, Juden oder was auch immer gerade als soziale Randgruppe erscheint.

Krisenkindheit – Kinder in der Risikogesellschaft

Die Kinder leben ebenso unmittelbar wie ihre Eltern in diesen risikobehafteten Lebensumständen. Das Ende der Kindheit, das *Neil Postman* im Hinblick auf die expansive und zugleich gesamtfamiliäre Mediennutzung beklagt hat, ist insofern zutreffend, als es keinen kindlichen Schonraum mehr gibt – falls es ihn je gab –, in dem die alltäglichen und die großen Risiken vor den Kindern geheim gehalten werden könnten. Die Leichen des Krieges in Bosnien werden von den Kindern mit den Eltern ebenso in der Tagesschau besichtigt wie die Frage mit erörtert, welche Nudeln, welches Öl,

welche Steaks denn nun wieder nicht gekauft werden dürfen, weil der Wahnsinn der Vergiftung droht. Was andererseits diese Kindheit unverwechselbar macht, ist, daß die Kinder mit diesen Krisen aufwachsen, sich also nicht in einen scheinbar idyllischen vorkrisenhaften Ort eigener Kindheit flüchten können. Die heute Zwölfjährigen waren vier, als sie wegen der radioaktiven Wolken von Tschernobyl nicht auf die Spielplätze durften. Im übrigen haben sie, anders als ihre Eltern, alles noch vor sich: Sie brauchen einen Horizont der Lebensplanung für 60 oder 70 Jahre. Unter Kindern ist, wie Befragungen zeigen, Angst vor der Zukunft und Zukunftsvertrauen gleichermaßen verbreitet. Das zeigt ihre Unsicherheit über das, was zu erwarten ist. Weder völliger Pessimismus noch glückhaftes Zukunftsvertrauen spiegelt ihre Wirklichkeit wider. Es sind die Ambivalenzen auch hier, die die heutige Kindheit prägen.

Ich möchte an einigen Aspekten des Wandels von Kindheit in der Risikogesellschaft zeigen, welche Chancen und Gefahren für den Nachwuchs in dieser Lage enthalten sind.

Straßenkinder, verinselte Innenraumkinder, Planungskinder

Wandel der Kindheit vollzieht sich am sichtbarsten in den äußeren Rahmenbedingungen: Das Leben auf der Straße stirbt aus, zum einen, weil immer weniger Kinder in den Straßen wohnen, zum anderen, weil diese durch den Verkehr belegt und die wenigen Plätze durch die Möblierung und Verschönerung kaum noch für Kinder nutzbar sind. Dennoch gibt es immer noch Resträume, Schutt- und Bauplätze, ungenutzte Nischen, Sackgassen, Hinterhöfe u. a., die in Beschlag genommen werden. Aber vorwiegend ist, vor allem in den langen kalten Jahreszeiten, die Kindheit in die Innenräume verlegt worden; wir sprechen von „Innenraumsozialisation". Von Innenraum zu Innenraum springen dann die Mädchen und Jungen, mit dem Terminkalender in der Hand, verinselt (*Zeiher*) durch die Woche: von der Schule in den Hort, von dort in den Sportverein, zur Musikschule, in den Jugendclub, ins Kaufhaus, zu den Zimmern der Freunde. Die Gefahren stecken heute beim Ballspiel auf der Straße, im Radfahren, auf dem abendlichen Nachhauseweg, nicht in den Innenräumen, zumal dort häufig Erwachsene soziale Kontrolle ausüben und Beratung anbieten. Abenteuerspielplätze sind nur der pädagogische Ausdruck dafür, daß die Abenteuer, die ein Kind heute bestehen kann, kaum mehr dadurch zu erleben sind, daß es einfach die Wohnung verläßt um zu sehen, wer und was zu finden ist. Vielmehr ist die Notwendigkeit, Innenräume aufzusuchen, um Freunde zu treffen, damit verbunden, daß dies geplant, verabredet, gezielt angestrebt werden muß. Kurzum, moderne Kindheit ist nicht nur Innenraumkindheit, sondern auch selbstplanende Kindheit, unter Zuhilfenahme von Telefon, Terminkalender, einem Wochenplan, der Kalkulation der Eintrittsgelder und anderer Kosten, der Kenntnis der Linien des öffentlichen Verkehrsnetzes, zuweilen unter Einforderung der Fahrdienste der Mütter. Empirische Untersuchungen zeigen, daß dieses Verhalten Mädchen eher als Jungen, Kindern der Mittelschicht eher als Kindern der Arbeiterfamilien, deutschen Kindern eher und früher als Kindern ausländischer Familien gelingt. (Es sind ausländische Kinder, die uns, was die Nutzung der Straße

und des Platzes betrifft, noch das vorleben, was vor 50 Jahren üblich war, vor allem wenn sie erst vor kurzem aus Südosteuropa kamen.) Auch hier sehen wir wieder den Polarisierungseffekt, den die Modernisierung mit sich bringt. Die Fähigkeit zur Planung und zum Basteln des Wochenplans wird heute schon in der Kindheit abverlangt, und wo sie durch die Lebensumstände behindert wird, sind die Chancen, auch später das Leben in die eigenen Hände zu nehmen, eher geringer.

Die Menschen in der DDR sind nach deren Ende schlagartig gezwungen, dieses zu lernen: nicht auf die Fürsorglichkeit des Staates und der gesellschaftlichen Organisation zu bauen, sondern alles selbst tun zu müssen (und zu dürfen). In den Köpfen ist dies weithin nachvollzogen; aber im Habitus, im gelernten Verhalten ist es jedoch, wie eine vergleichende Studie belegt, bei den Kindern (wie bei vielen Erwachsenen) noch nicht verankert (*du Bois-Reymond* u. a.) und wird daher als großes Problem zwischen neuen Anforderungen und früheren Erfahrungen erlebt. Die neuen Länder erleben im Zeitraffer, was in den alten Bundesländern Kinder wie Erwachsene seit Mitte der 60er Jahre allmählich nachvollzogen und sich angeeignet haben.

Ökonomisierung der Kindheit

Der Wandel des äußeren Rahmens der Kindheit vollzieht sich unter den Bedingungen der Konsumgesellschaft: Kinder sind in Deutschland reicher denn je. Sie sind Teil der Produktplanung und somit Käufer geworden. Wie die Jugendstudie '92 zeigt, haben nahezu alle Jugendlichen, in Ost und West, unabhängig vom Geschlecht und der sozialen Herkunft, ähnliche Konsumwünsche. Die meisten setzen ihre Auffassung vom „guten Leben", orientiert an der Höhe des Taschengeldes, den gerade populären Trends und der eigenen Entscheidung über die Marke der Schuhe, Hosen und Pullover, wie ihre Eltern mehr oder weniger erfolgreich um. Kleider machen nicht nur Leute, sondern auch Kinder, und das gilt auch für die Musikkassetten, Fahrräder und Sportarten. Kinder müssen i. d. R. nicht arbeiten, weder im Haushalt noch gegen Geld, und wenn sie es tun, dann häufig, um die Finanzmarge für ihre Käufe zu erhöhen. Kinder und Jugendliche sind i. d. R. in vielen Sektoren kompetente Käuferinnen und Käufer geworden, die Preis- und Qualitätsvergleiche vor allem in Familie und Clique besprechen.

Zugleich gibt es eine erhebliche Minderheit mit Geldproblemen. Die ökonomische Polarisierung, die wir gegenwärtig erleben, führt nicht dazu, daß die Ansprüche und Träume vom „guten Leben" sich polarisieren, sondern daß die Enttäuschung und Wut bei jenen steigt, die nicht mit den Gleichaltrigen mithalten können. Man kann also insgesamt von einer „Ökonomisierung" der Kinderwelt sprechen, aber auch davon, daß viele Kinder früher als wir lernen können, damit umzugehen.

Medienkindheit, Technikkindheit

Krisenkindheit heute heißt natürlich Medienkindheit. Ich fasse mich kurz, weil dieser Aspekt von *Ralf Schweikart* in diesem Band diskutiert wird. Ich konzentriere mich auf widersprüchliche Aspekte, die Chancen und Gefahren gleichermaßen einschließen. Wer wie ich – nun falle ich doch in den Vergleich mit eigener Kindheit zurück – ohne Fernsehen aufwuchs, das Radio für die Nachrichten freigegeben, aber sonst streng kontrolliert erlebte, die wenigen – klassischen – Schallplatten nur in der auserwählten familiären Situation hören konnte, und dies im ländlichen Raum ohne kulturelle Institutionen und Orte, der sieht erst einmal, daß die Kinder heute viel mehr, viel früher und viel weniger kontrolliert (und pädagogisiert) vom Leben erfahren. Diese Kenntnis kann nicht nur den Horizont erweitern, sondern auch zum Abwägen unterschiedlicher Werte, Normen, Tugenden, Lebensweisen usw. führen. Über das Fernsehen können schon die Kinder am gesellschaftlichen Diskurs teilnehmen. Ob sie es tun, hängt weniger am Medium selbst als vielmehr am kulturellen Rahmen der Familie.

Die Zeit, die heute Kinder vor dem Fernseher verbringen, hängt stark von dieser Familienkultur ab. Sie kulminiert mit 13 Jahren und sinkt dann bis zu der Zeit des Zusammenwohnens mit einem Partner bzw. der Heirat. Entscheidend für uns ist jedoch nicht die Dauer – oder nur dann, wenn sie extrem lang ist – sondern, welche soziale Funktion die kindliche Fernsehnutzung hat. Neuere Beobachtungen zeigen, daß Kinder unter sechs Jahren und Kinder, die alleine fernsehen, die Eindrücke schlechter verarbeiten können. Problemloser sind alle Formen, die daneben eine direkte Kommunikation zulassen, sei es weil die Familie darüber spricht, die Clique gemeinsam fernsieht oder gar zugleich anderes tut.

Soweit die Vielzahl der Untersuchungen zur Wirkung des Fernsehens im Zusammenhang mit Gewalt zusammenfaßbar sind, ist deshalb das Urteil, das Fernsehen führe zu einem rezeptiven und passivem Kinderleben und zu Gewalttätigkeit, so kaum aufrechtzuerhalten. *Jan Rogge* faßte die Auswer-

13

tung von über 2500 Studien etwa so zusammen: Gesehene Gewalt ist dann aggressionsstützend, wenn individuelle aggressive Dispositionen schon vorhanden sind, die Kinder zu jung sind oder eine unmittelbare verbale Reflexion mit anderen nicht möglich ist.

Medienkindheit ist aber nicht nur Fernsehkindheit. Vor allem ist sie heute Musikkindheit: Fast jedes achtjährige Kind hat einen Kassettenrecorder, hat Musikkassetten, deren erste 1965 auf den Markt kamen, mit Kindergeschichten, mit Popmusik, türkische Kinder auch mit türkischer Musik. Der Kassettenboom hat übrigens nicht zu einem Rückgang eigentätigen Musikmachens geführt. Im Gegenteil: So sind z. B. die Anmeldungszahlen zu den Musikschulen in Berlin in den letzten zehn Jahren stetig gestiegen, es boomt an den Schulen mit selbstgegründeten Bands, auch die Verkaufszahlen von Musikinstrumenten sind – im historischen Vergleich – hoch (und dies bei gesunkener Geburtenzahl).

Die AV-Medien, die Musikkassetten, Walkman und CDs, die Computer, der Umgang mit dem Telefon von früher Kindheit an sind nur ein Teil dessen, was wir die moderne Verflechtung von Kindheit mit Technik nennen könnten. Kinder und Jugendliche sind nicht technikfeindlich oder auch nur technikabstinent, wie viele Ältere, sondern gehen damit meist unleidenschaftlich, aber kompetent um; nicht um sich die Kenntnisse über die technischen Prozesse anzueignen (wie funktioniert das?), sondern aufgrund des jeweiligen Gebrauchsnutzens (was kann ich damit anfangen?). Das gilt auch zunehmend für Mädchen. Das Telefon beispielsweise hat, wie empirische Studien zeigen, einen hohen sozialen Wert beim Kontakt und bei den Riten des Verabredens mit Freunden. So wird mündlich in der Schule eine Verabredung vereinbart, die jedoch, nach dem Mittagessen und der Absegnung durch die Mütter, telefonisch noch einmal bestätigt wird. Erst dann wird die Wohnung verlassen. Am frühen Abend wird telefoniert, um weitere soziale Kontakte zu pflegen, ggf. Schularbeiten zu besprechen oder die neuesten Beziehungsdramen auszutauschen. Jungen scheinen nach diesen Studien übrigens nicht kürzer zu telefonieren als Mädchen. Ohne Telefon ist ein Jugendlicher – in den alten Bundesländern – in seinen Sozialbeziehungen behindert.

Technik und Medien aller Art gehören also zur modernen Krisenkindheit dazu. Insofern sind Versuche, sie ihnen vorzuenthalten – etwa durch die Anthroposophen das Fernsehen, durch kritische Eltern der Computer – Versuche, den Kindern eine Vormoderne als pädagogischen Schonraum zu schaffen. Das wird jedoch nicht gelingen.

Rezeption und Eigentätigkeit ist also kein Gegensatz, sondern ergänzen sich häufig. Kinder heute sind oft zugleich passiv, rezipierend, hörend, sehend, und zugleich aktiv, selbst musikmachend, selbst Videofilme produzierend, selbst Theater spielend. Die angebotenen AGs an den Schulen, in den Musik- und Volkshochschulen werden zunehmend nachgefragt. Es wäre zu prüfen, ob dies auch für die Lese- und Schreibkultur zutrifft.

Wandel der Familienerfahrung von Kindern

Das Krisenhafte kindlicher Lebenserfahrungen in den 90er Jahren wird oft hauptsächlich mit dem Wandel der Familie zusammen gesehen. Realität ist, daß die Kinder – nicht nur in der

Großstadt – in den alten wie in den neuen Bundesländern eine Pluralität in den Formen erwachsenen Zusammenlebens erfahren, zuweilen erleiden. Wie nach dem Krieg wächst rund ein Fünftel ohne biologischen Vater auf. War es bei den Nachkriegskindern der gefallene und deshalb oft heroisierte Vater, so ist es heute der geschiedene und deshalb oft abgewertete Vater, mit dem sich der Sohn und die Tochter auseinandersetzen müssen. Ein Drittel aller Ehen wird geschieden, die Ehedauer liegt statistisch bei fünf Jahren. Aber ebenso verbreitet ist das Wiederheiraten, das Zusammenleben ohne Trauschein, also die Erfahrung neuer sozialer Väter. Hinzu kommt das Wohnen der Kinder im Rhythmus von Wochen oder Wochenenden mal bei Mutter, mal bei Vater und vielfältige Besuchsregelungen. Aus dieser Pluralität und Instabilität familiärer Strukturen, die auch als Offenheit für neue Lebensformen beschrieben werden können, resultiert für viele Kinder die reale oder auch nur imaginierte Angst, die geliebten Eltern oder einen Teil von ihnen zu verlieren, eine Unsicherheit, ob das traute Familienleben auch echt und ihnen nicht nur vorgespielt ist, denn sie wissen, was alles geschehen kann. Sie müssen immer damit rechnen, daß Verluste eintreten, und sind gerade deshalb so stark auf Bestätigungen, auf soziale Sicherheit und auf Zuwendung aus.

In diesem Zusammenhang meldet nun die Kindheitsforschung – entgegen der öffentlichen Vermutung – eine positive Entwicklung: Wir erleben seit über 20 Jahren einen dramatischen Wandel von der klassischen „Befehlserziehung" zur „Verhandlungserziehung" (*Büchner*). Befehlserziehung heißt, daß ich anweise und Gehorsam einfordere. Verhandlungserziehung heißt, daß Vater oder Mutter mit ihrem Kind die unterschiedlichen Interessen versuchen auszuhandeln und sich abzusprechen. Will ich nach 20.00 Uhr meine Ruhe haben und die Kinder im Bett, möchten diese aber noch gern dabei sein, wenn der Besuch mit den Eltern Karten spielt, dann müssen überzeugende gegenseitige Geschäfte gemacht werden. Dabei lernen Kinder argumentieren, lernen auch Überzeugungstricks, nutzen (und kennen) die Schwächen ihrer Eltern, und diese die ihrer Kinder. Verhandlung ist immer Kompromiß: Verhandlungserziehung ist das Brot demokratischer Erziehung, Erziehung zur Demokratie. Zur Verhandlungskompetenz gehört, daß ich selbständig und fähig bin, Kompromisse auch einzuhalten. Selbständigkeitserziehung ist heute – vor allem im Westen – oberstes Erziehungsziel von Eltern (*Preuss-Lausitz* u. a., 1990). Die Kinder sind selbstbewußt geworden. Lehrer, die gelernt haben anzuweisen und oft nicht verhandeln können, weil die Struktur von Schule ihnen dies erschwert, interpretieren diese selbstbewußten Kinder der 90er Jahre oft als störrisch, weil diese den Verhandlungshabitus in den Schulvormittag einbringen wollen. Alles in allem: Die rechte Kritik an der „68er-Erziehung", an der Liberalisierung im Umgang mit Kindern, ist nicht nur in Bezug auf die gewalttätigen Kinder falsch. Sie ist im Gegenteil so zu beantworten: Diese Humanisierung im Umgang von Eltern und Kindern hat die demokratische Substanz in Deutschland (West) erhöht und eher zu mehr Selbstvertrauen geführt. Dadurch ist aber auch die Sicherheit zurückgegangen, welche Riten im sozialen Umgang selbstverständlich sind. Wir – auch die Kinder – sind stärker denn je auf die Situationsenschätzung, auf die Einfühlung in die Wahrnehmungen und Interessen der anderen, auf die je aktuelle Interpretation der Lage angewiesen. Das schafft Unsicherheit und verlangt eine individuelle Wertorientierung, die für das Handeln Entscheidungshilfen liefert. (Nicht der „Werteverlust" ist heute das Problem, sondern daß wir jeweils unterschiedliche Wertmuster leben und uns deshalb ständig auf gemeinsame Geschäftsgrundlagen im privaten wie im öffentlichen Leben einigen müssen.)

Moderne Kindheit ist auch Kindheit ohne Geschwister oder mit wenigen. 40 % aller Kinder unter 18 Jahren wachsen als Einzelkinder auf, in Ost und West, und weitere 40 % mit einem Geschwister. In einer weiteren Generation werden deren Kinder also keine oder nur noch einen Onkel bzw. eine Tante haben. Das familiäre Großnetz verengt sich. Mehr als drei Geschwister haben fast nur Kinder ausländischer Familien, proletarischer deutscher Randfamilien oder einige Ausnahmen. Das Leben ohne Geschwister, als ein dauerhaft bestehendes Generationsschicksal, heißt zum einen, daß eine intime kindliche Erfahrung mit dem anderen Geschlecht, aber auch mit anderen des gleichen Geschlechts, kaum möglich ist – und nur gelegentlich, etwa durch Übernachten oder gemeinsame Ferien mit den Kindern befreundeter Familien, von den Eltern organisiert wird. Es heißt aber auch, daß sich die Einzel-Kinder nun den Wünschen und Erwartungen der Eltern nicht mehr entziehen können, daß sich auf sie alles häuft, was vor einer oder zwei Generationen sich noch auf mehrere verteilen konnte. Der Leistungsdruck, der so auf heutige Kinder kommt, ist nicht nur der einer erfolgreichen Schulkarriere, son-

dern auch einer der psychischen Ansprüche von Vater und Mutter. Die wenigen Kinder pro Familie haben also einerseits die besondere Chance, sich viel vom Kuchen der Aufmerksamkeit und der materiellen Ressourcen der Eltern zu holen. Sie sind andererseits den emotionalen Zuwendungsbedürfnissen ihrer Eltern und den Hoffnungen auf den sozialen und beruflichen Erfolg besonders ausgeliefert. Zusammen mit der Erfahrung, daß diese Eltern sich womöglich auch noch zerstreiten und trennen werden, ist das moderne Familienbiotop eine für Kinder psychisch höchst ambivalente Angelegenheit geworden. Hier die Balance zu finden, verlangt starke Ich-Identität.

Ein Ausweg aus der Labilität der Familie ist die für die Krisenkinder besonders verbreitete Suche nach dauerhaften sozialen Netzen bei Gleichaltrigen und eine frühe Aufnahme sexueller Beziehungen. Vor allem das Netz der nichtsexuellen Freundschaftsbeziehungen spielt heute eine außerordentlich große Rolle schon in der späten Kindheit und wird übrigens auch nach der Heirat, wenngleich modifiziert, fortgesetzt. Keiner kann sicher sein, daß er oder sie nicht plötzlich wieder alleine dasteht, und ein Rückgriff auf Geschwister ist kaum möglich. Auf die gewachsene heutige Bedeutung von Freundschaftsnetzen haben *Klaus Allerbeck* und *Wendy Hoag* schon 1985 in ihrer vergleichenden Jugendstudie hingewiesen. Sie wird von den Jugendstudien der Deutschen Shell bestätigt. Viele Kinder und Jugendliche begreifen offenkundig frühzeitig, daß einerseits auf die sexuellen Beziehungen nicht immer Verlaß ist (wenngleich alle sich dies wünschen), daß andererseits die Familie zu klein und zu zerbrechlich sein kann und daß daher ein soziales Netz Gleichaltriger – der gemeinsame Squashbesuch, der Discobesuch der Clique, die Verabredung auf dem Platz zum Tischtennisspielen, das Treffen in einer Wohnung einfach so – ein wichtiger sozialer Kitt ist und man deshalb dafür etwas tun muß. Auch hier beobachten wir Krisenbewältiger und Krisenversager: das Ausmaß der sozialen Isolation unter Kindern und Jugendlichen ist teilweise dramatisch. In einer Studie über innerstädtische Kindheit wurde bei Zehnjährigen festgestellt, daß fast ein Viertel der Eltern den eigenen Kindern verbot, ihre Freunde unbeaufsichtigt in die Wohnung einzuladen (*Hitzler/Preuss-Lausitz*). Solche Aussperrung führt in der kalten Jahreshälfte zu einem Verlust an sozialer Attraktivität und an sozialen Kontakten. Rigider Familismus, also die Abschottung der eigenen Kleinfamilie, führt unter Modernisierungsbedingungen zur Isolation.

Pluralisierung der Lebenswelt-Erfahrungen

Kinder wachsen in den 90er Jahren nicht nur in sehr unterschiedlichen und teilweise labilen Familien- bzw. Erwachsenen-Kind-Strukturen auf, sondern auch in pluralen sonstigen Lebenswelten. Sowohl auf der Ebene abstrakter Informationen über die Medien, vor allem aber auf der Ebene der direkten Konfrontation ist die ethnische Vielfalt größer und sind die gelebten Lebensstile Erwachsener – gerade auch solcher ohne Kinder – bunter denn je. In manchen Stadtschulklassen sind bis zu zehn Nationen vertreten. 11% aller Kinder und Jugendlichen (in den alten Bundesländern) sind nichtdeutscher Herkunft, in manchen Stadtbezirken steigt dieser Anteil auf über 30%. Es sind nicht

nur die Kinder der klassischen Arbeitnehmer-Immigranten, die nun mit den Kindern deutscher Herkünfte aufwachsen: Zunehmend gibt es auch solche aus Familien mit internationalen Tätigkeiten bzw. akademischer Ausbildung, andererseits solche aus Asylbewerberfamilien bzw. Kriegsflüchtlingen. Diese ethnische Pluralisierung ist eine dauerhafte, aber doch erst seit einer halben Generation eine für die Nachwachsenden erfahrbare Erscheinung, die längst Realität ist.

Das gilt allerdings nur für die alten Bundesländer: In den neuen Bundesländern liegt der Anteil ausländischer Kinder (und Erwachsener) unter 1%, wie dies übrigens schon in der DDR der Fall war. Ethnische Pluralismuserfahrung im Alltag war dort nicht möglich und ist es auch längerfristig nicht. (Die Fremdenfeindlichkeit ist nach einigen Untersuchungen bei Ost-Jugendlichen größer als im Westen; das kann mit der fehlenden Alltagserfahrung mit gleichaltrigen ausländischen Kindern und Erwachsenen zusammenhängen.)

Pluralismus gilt nicht nur im ethnischen Bereich, sondern auch in der Erfahrung von Lebensweisen und Lebensstilen. Kinder in den 90er Jahren erfahren, im konkreten sozialen Umfeld sowie über die AV- und Printmedien, welche exotischen und weniger exotischen Lebensstile, Minderheiten, kulturelle Praktiken, religiöse Auffassungen und Riten es in anderen Ländern gibt. Das kann einerseits zur Relativierung bzw. zur Verunsicherung darüber führen, was richtig ist am eigenen Familienleben; es kann aber auch zur Identitätsfindung beitragen, zum Experimentieren mit angebotenen Varianten, natürlich auch zur Abgrenzung und Abschottung. Es herrscht gegenwärtig eine Verunsicherung in der Öffentlichkeit über den Fundamentalismus einerseits, die Orientierung an Sekten, nationalistischen Cliquen und Gewalttätigkeiten bei einem Teil der Jugendlichen andererseits. Sie kann interpretiert werden als die Unsicherheit darüber, wie es möglich ist, daß diese Pluralität für alle als Bereicherung und nicht als Bedrohung empfunden wird und was dafür im weitesten Sinn die Pädagogik – in der Familie, in der Jugendpolitik, in der Schule, und in der Literatur und den übigen Medien – leisten kann.

Krisenkindheit und Bildung

Um in der Risikogesellschaft bestehen zu können, braucht es gute ökonomische und kulturelle Konditionen. Ich brauche dafür also gute formale Bildung, ich muß das „kulturelle Kapital" (*Bourdieu*) erwerben. Moderne Kindheit und Jugend ist fast ausschließlich Schulzeit geworden. Die Ausbildungszeit reicht oft bis weit in das dritte Lebensjahrzehnt. Daß inzwischen ein Drittel der nachwachsenden Generation Abitur und mehr als ein weiteres Drittel den Realschulabschluß macht, zeigt, daß viele begriffen haben, daß das Leben in der pluralen Risikogesellschaft ein hohes Bildungsniveau erfordert. Die Expansion des Bildungsniveaus bei den Kindern und Jugendlichen beiderlei Geschlechts nicht nur in Deutschland, sondern europaweit hat drei Konsequenzen: Zum einen sichert es die demokratische Entwicklung ab. Hohes Bildungsniveau ist zwar keine Garantie für eine demokratische Haltung, aber sie korreliert insgesamt sehr stark damit, wie empirische Untersuchungen zeigen. Zweitens führt die starke Bildungsexpansion bei jungen Frauen, den künftigen Müttern, neben anderem dazu, daß sich deren Auffassun-

gen von Erziehung stark liberalisieren und kindorientierter werden. Das stärkt die Chancen, daß der Nachwuchs gewaltfreier aufwächst, Welt- und Selbstvertrauen entwickelt, also sich selbst unneurotisch lieben lernt und damit zugleich sozialfähig und demokratisch wird. Drittens führt allerdings die Expansion der höheren Bildung dazu, daß das Drittel, das diese nicht erreicht, sich verstärkt als Versager erlebt und auch objektiv weniger berufliche und soziale Chancen hat als noch die Eltern oder Großeltern mit gleicher Qualifikation und Kultur. D. h., die Expansion der höheren Bildung führt zu einer verschärften Trennung zwischen den Gebildeten und den weniger Gebildeten, zwischen denen mit Abitur und denen mit Hauptschulabschluß, sie stabilisiert also zugleich die Zweidrittelgesellschaft.

Es ist übrigens aufschlußreich, daß der zentrale Ort heutiger Kindheit und Jugend, die Schule, in der Literatur über Kinderleben kaum vorkommt, und wenn ja, dann in der Thematisierung sehr spezifischer Varianten, wie etwa dem der Internatserziehung oder der Aufarbeitung negativer biografischer Erfahrungen der Literaten selbst. Kindheit in und mit der gegenwärtigen Schule scheint kein Thema zu sein. Das ist überraschend, weil die Schule heute der einzige Ort ist, an dem die Kinder und Jugendlichen täglich ihre Freunde treffen, wo Beziehungen erprobt, wieder aufgegeben und aus der Breite der sozialen Möglichkeiten neue entwickelt werden können. Schülerbefragungen zeigen, daß viele Kinder vor allem deshalb gern zur Schule gehen, weil sie dort den sozialen Austausch mit Gleichaltrigen finden und pflegen können (*Czerwenka*).

Krisenkindheit mit Körperlust und Bewegungsdrang

Ich habe behauptet, daß Kinder und Jugendliche heute häufiger kindorientiert, triebfreundlich, zärtlich, mit wenig körperlicher Gewalt aufwachsen. Das führt, wenn wir die Aussagen der Psychoanalyse wie die der anderen Psychologen ernst nehmen, zu einem geringeren Aggressionspotential, zu einer stärkeren Selbstliebe, zu weniger Neurosen, und zugleich zu einer geringeren Sublimationsfähigkeit. Auch Kindern bürgerlicher Elternhäuser will es kaum noch gelingen, ja soll es nicht gelingen, ihre körperlichen, libidinösen, hedonistischen Bedürfnisse zurückzustellen zugunsten langfristiger – kognitiver, materieller, beruflicher, sexueller – Belohnungen. Wir können sagen, daß das klassische bürgerliche Subjekt ebenso ausstirbt wie der „autoritäre Charakter" im Sinne *Adornos*. (Dieser war beschrieben als zwanghaft, die Welt in Dichotomien wahrnehmend, die Schwächeren abwertend, zugleich mit scharfer Trennung zwischen Geist und Körper und der Fähigkeit zur Sublimation.)

Ich habe an anderer Stelle dargestellt, daß die Kindheitsgenerationen je eine eigene Körpergeschichte haben, die in sie eingeschliffen ist (*Preuss-Lausitz* 1987). Die heutigen Kinder in Deutschland wachsen in der Mehrheit in einer zuwendenden, die kindlichen Triebbedürfnisse befriedigenden Atmosphäre auf. Oft ist das Kind geradezu die stabilste Zuwendungsperson für die Mutter. Wer geschlagen und auf körperliche Distanz gehalten wurde, muß mit Selbsthaß und Fremdhaß kämpfen. Wer als Kind Wärme erfährt, liebt sich selbst. Er oder sie will diese Lust an sich selbst auch als Jugendlicher, als Erwachsener fortsetzen, nicht nur in der genitalen, sexuellen Form: Die Expansion aller möglichen Formen der körperlichen Expression bei Jugendlichen, vom individualisierten Discotanz über die gewachsene Lust an zahlreichen Sportarten, an Bewegungsformen, am Theaterspielen, an der körperlichen Selbstdarstellung, an der Ästhetisierung des Körpers durch Body-Building und Bräunung usw., können mit dieser historisch in dieser Form relativ neuen Körperlichkeit erklärt werden. Der eigene Körper wird auf diese Weise zum obersten Sinn- und Lustkriterium. Daraus folgt aber, daß jede Form der Bedrohung des Körpers als existentielle Bedrohung erlebt wird. Wenn dies so ist, dann ist die ökologische Bedrohung des Körpers durch die gesundheitlichen Risiken der Ernährung, der Luft, des Badens im Freien usw. besonders dramatisch. Auch der Zwang zur Rationalität innerhalb der Sexualität in den Zeiten von AIDS widerspricht dem sonstigen Anspruch spontaner, hedonistischer Selbstverwirklichung. Wenn Jugendliche der 90er Jahre „politisch" werden, dann werden sie das kaum über politische Theorien, sondern vorwiegend über Bedrohungsfaktoren, die etwas mit ihrer Körperlichkeit zu tun haben.

Sport, Radfahren, Bewegungsmöglichkeiten, Tanzen, sich körperlich inszenieren können, das sind für Kinder und Jugendliche zentrale Themen heutiger Kindheit, die von ihnen nicht abgespalten werden von den sozialen Beziehungen und den Pflichten des Lernens bzw. der Ausbildung.

Die Krisenkindheit hat also auch den Körper eingeholt: Im Alltag wie in der intimsten Kommunikation ist dieser in Gefahr. Zum anderen aber haben noch selten so viele Kinder und Jugendliche wie heute körperbezogen positive Aufwachsbedingungen erfahren, was ihre Identitätsfindung fördert und die Demokratie stärkt.

Dem widerspricht nicht die Debatte über mißbrauchte und geschlagene Kinder. Im Gegenteil: Weil wir heute aufmerksamer denn je solche Erscheinungen debattieren, hat sich die sozialpädagogische und juristische Intervention so stark etabliert. Wer fremde Kinder zur Bestrafung schlägt, kann nicht mehr mit dem Wohlwollen der Umgebung rechnen, sondern eher mit einer Strafanzeige. Wer die eigenen Kinder prügelt oder gar dauerhaft mißhandelt, muß damit rechnen, die Erziehungsrechte zu verlieren. Wer in den bloßen Verdacht sexuellen Mißbrauchs gerät, für den ist die rechtsstaatliche Unschuldsvermutung kaum wirksam. In allen Landesteilen haben sich Beratungsstellen und Interventionsinstanzen etabliert, die die gewaltfreie Kindererziehung unterstützen sollen.

Erfahrene Gewalttätigkeit in der Kindheit setzt die Gewalt generativ fort. Die mediale Darstellung einzelner „Fälle" von Gewalt gegenüber und von Kindern darf nicht darüber hinwegtäuschen, daß die Gesamtzahl der geschlagenen und mißbrauchten Kinder nicht steigt. Und auch die Gewalt durch Kinder, die in einem sozialen Segment auffälliger, weil spektakulärer wird, nimmt insgesamt nicht zu. Alle Dunkelziffern, auch wenn sie von Ministerien verkündet werden, bleiben Dunkelziffern. Sie sagen eher etwas über die Verkünder als über die Tatsachen aus. Die empirischen Daten – etwa aus dem Kommissionsbericht zur Gewalt der Bundesregierung (*Schwind*), über die Kriminalitätsdaten bis hin zu länderweise erhobenen Daten von Gewalt unter Schülern – bestätigen eher meine Aussage als die Vermutung zunehmender Gewalt.

Die Jugendgewalt in den neuen Bundesländern müßte allerdings besonders erörtert werden. Hier scheint sich die Verarbeitung des Umbruchs bei Jugendlichen teilweise – für einige Jahre? – in einer massiven Verletzung sozialer Regeln niederzuschlagen. Wie erste Hinweise zeigen, ist auch die Erziehungspraxis in den Familien noch stark an Mustern orientiert, die in der BRD bis weit in die 60er Jahre vorherrschend waren (*du Bois-Reymond* u. a.). Ich glaube jedoch, daß sich diese Erscheinung durch den Modernisierungszwang abschwächen wird.

Pluralisierung und Destabilisierung der Geschlechterrollen

Jungen und Mädchen wachsen nicht mehr fraglos in ihre sozialen Geschlechtsrollen hinein, weil diese selbst pluralisiert sind. Wo Erwachsene sich streiten, ob das männliche Hineinhelfen in den weiblichen Mantel Höflichkeit oder sexuelle Belästigung darstellt, wo Eltern unklar ist, ob sie dem Wunsch nach der Barbie-Puppe für Sie, dem nach dem Computer oder gar dem Schießgewehr für Ihn nachgeben sollen, wo in einer Sendung für junge Leute die lesbische bzw. schwule Lebensweise als normale Variante weiblicher bzw. männlicher Lebensart debattiert wird, da kann es für Kinder keine unstreitigen Vorbilder von Ihm und Ihr mehr geben. Wir sind auch hier in der Nach-Moderne angelangt, wo im Grundsatz jedes Mädchen und jeder Junge, trotz aller Prägekraft gesellschaftlicher Männer- und Frauen-Mythen, seine eigene Geschlechtsrollendefinition bestimmen kann, aber auch muß. Das kann das zurückhaltende, kopftuchtragende Mädchen ebenso sein wie das karriereorientierte, das sportliche oder das besonders „weibliche" Mädchen. Das kann der technik- oder fußballverliebte Junge ebenso sein wie jener, der jede neue Boutique durchstöbert oder Kochrezepte ausprobiert. Patriarchal bzw. machtorientierte Familien und Milieus werden dagegen sozial immer erfolgloser, sie geraten an den Rand sozialer Hierarchien. Ihre Männer- wie Frauen-Sozialisation entspricht nicht den Modernisierungszwängen industrieller westlicher Konsumgesellschaften.

Die Pluralisierung der sozialen Geschlechtsrollen führt einerseits zu verstärkter Orientierungssuche bei Kindern, was denn nun „richtiger" (und akzeptierter) sei als anderes. Andererseits haben Kinder und Jugendliche in Deutschland – auch und gerade Kinder aus nichtdeutschen Familien – die historisch neue Chance, an der Entwicklung des eigenen Verständnisses von Mann und Frau aktiv mitzuwirken, damit experimentell umzugehen, sich auf unbekannte Wege zu begeben, sich selbst neu zu definieren. Das geht nicht immer ohne Sport und Schmerzen ab, aber es sind Chancen – Chancen, die die Jugend der 50er und der frühen 60er Jahre nicht hatte, und die auch in anderen Ländern heute nicht selbstverständlich sind.

Um mit der Pluralisierung der sozialen Geschlechtsrollen, der Abnahme eindeutiger gesellschaftlicher Verhaltenserwartungen, produktiv umzugehen, brauche ich nicht nur viel Information und ein gewisses Selbstbewußtsein, sondern auch den sozialen Austausch mit Gleichaltrigen bzw. gleicherweise Interessierten. Ebenso brauche ich die Fähigkeit, Unterschiedliches verarbeiten zu können. Lange Schulbildung ist dafür keine Garantie, aber nützlich. Mädchen haben heute, im Vergleich zu ihren Müttern, nicht nur mehr berufliche, erotische und öffentlich erfolgreiche „Imitationsmodelle", sondern auch ein höheres Bildungsniveau. Mädchen scheinen also insgesamt von dieser Entwicklung stark zu profitieren. Ob die „kleinen Helden" dadurch in ihrer modernen Selbstdefinition vom Mann eher „in Not" geraten, wie das *Dieter Schnack* und *Rainer Neutzling* vermuten, hängt wohl stark ab vom familienkulturellen Milieu, in denen sie aufwachsen. Auch hier gibt es Modernisierungsgewinner und -verlierer.

Die empirische Kindheits- und Jugendforschung hat sich mit diesem Aspekt der Krisenkindheit noch kaum beschäftigt. Das meiste bleibt bislang Spekulation. In jedem Fall kann man davon ausgehen, daß die Pluralisierung innerhalb der beiden Geschlechterrollen zunimmt.

Ich habe versucht, anhand von acht Bereichen widersprüchlicher Modernisierungserfahrungen heutiger Kinder die Kernthese zu belegen, daß wir uns von einem allzu negativen Bild heutiger Kindheit verabschieden sollten. Wir sollten nicht nur von den Gefahren, sondern auch von den Chancen sprechen. Nur so kommen wir übrigens aus der kulturkritischen Klage heraus, dem ein Teil der Öffentlichkeit, der Pädagogen und der Kindheitsforschung erliegt - vom Kinderschutzbund und den Bekämpfer/innen des kindlichen Mißbrauchs bis hin zu *Neil Postman* oder zum Spiegel -, und das zwischen moralischen Appellen und Resignation hilflos hin und her schwankt. Im Vergleich zu den Aufwachsbedingungen und den Sozialisationsergebnissen, die etwa für die Kinder in der Weimarer Republik, im Faschismus oder in den 50er und 60er Jahren galten, können wir insgesamt sogar ein optimistisches Fazit über den Nachwuchs ziehen. Verständlicherweise wird jedoch gegenwärtig lieber über jene auffälligen Kinder und Jugendlichen gesprochen, die in der Krise sozial und biografisch scheitern oder davon bedroht sind. Der politische Schluß hieße, dieses Signal einer ökonomischen und sozialen Polarisierung, ja des Ausschlusses einer an den Rand gedrängten Minderheit in praktische Sozialpolitik, in Jugendpolitik, in Ausbildungspolitik umzusetzen. Das darf aber nicht dazu führen, die Gesamtentwicklungen des Aufwachsens, die positiven Potentiale der nachwachsenden Generation zu übersehen und die Kinder- und Jugendmehrheit mit jenen negativen Pauschalurteilen zu überziehen. Das wäre nicht nur empirisch unangebracht, sondern auch pädagogisch falsch. Ich glaube, daß es auch verfehlt wäre, anhand von Risiko und Krise – die ja auch eine reinigende, also gute Wirkung haben können – nur über Gefährdungen zu schreiben. Wie *Erich Kästner* ironisch fragte: Wo bleibt das Positive? Pluralisierung und Individualismus, Europäisierung, ja Internationalisierung von sozialem Austausch, von Waren, von Informationen, die Breite von Lebensstilen und Weltinterpretationen sind auch eine große Chance für die Kinder. Wir sollten dazu beitragen, daß sie diese Chance ergreifen können.

Literatur

Allerbeck, Klaus, und *Wendy Hoag:* Jugend ohne Zukunft? München 1985

Beck, Ulrich: Risikogesellschaft. Frankfurt/M. 1986

Büchner, Peter: Vom Befehlen und Gehorchen zum Verhandeln. In: *Preuss-Lausitz, Ulf* u. a., a. a. O. 1983, S. 196–212

Czerwenka, Kurt u. a.: Schülerurteile über die Schule. Frankfurt/M. 1990

du Bois-Reymond, Manuela u. a.: Kinderleben. Modernisierung von Kindheit im interkulturellen Vergleich. Opladen 1994

Hitzler, Sabine und *Ulf Preuss-Lausitz:* Soziale Beziehungen und Freizeitaktivitäten von Grundschülern. TU Berlin 1988

Pfeil, Elisabeth: Die 23jährigen. Eine Generationenuntersuchung am Geburtsjahrgang 1941. Tübingen 1968

Postman, Neil: Das Verschwinden der Kindheit. Frankfurt/M. 1983

Preuss-Lausitz, Ulf: Körper und Politik. Zur historischen Veränderung der Körpersozialisation im 20. Jahrhundert. In: deutsche jugend 7–8/1987, S. 299–312

Preuss-Lausitz, Ulf u. a. (Hrsg.): Selbständigkeit – die große Freiheit? Kindheit heute zwischen pädagogischen Zugeständnissen und gesellschaftlichen Zumutungen. Weinheim und Basel 1990

Preuss-Lausitz, Ulf: Soziale Beziehungen in Schule und Wohnumfeld. In: *Heyer, Peter* u. a.: Wohnortnahe Integration. Weinheim und München 1990, S. 95–128

Preuss-Lausitz, Ulf u. a.: Kriegskinder, Konsumkinder, Krisenkinder. Zur Sozialisationsgeschichte seit dem Zweiten Weltkrieg. Weinheim (1983) [4]1995

Preuss-Lausitz, Ulf: Die Kinder des Jahrhunderts. Zur Pädagogik der Vielfalt im Jahr 2000. Weinheim und Basel 1993

Rogge, Jan: Mein Teddy weiß alles von mir. Gewalterfahrungen von Kindern. In: Erziehung und Wissenschaft 10/1991, S. 6–11

Schnack, Dieter, und *Rainer Neutzling:* Kleine Helden in Not. Jungen auf der Suche nach Männlichkeit. Reinbek 1990

Schwind, Hans-Dieter (Hrsg.): Ursachen, Prävention und Kontrolle von Gewalt. (Gewaltkommission der Bundesregierung) 4 Bde., Berlin 1990

Zeiher, Helga: Die vielen Räume der Kinder. Zum Wandel räumlicher Lebensbedingungen seit 1945. In: *Preuss-Lausitz, Ulf* u. a. 1983, a. a. O., S. 176–195

Helga Zeiher

Kinderalltage: inszeniert, kollektiviert, vereinzelt?

$\mathbf{D}$ieser Beitrag beschäftigt sich mit dem sozialen Leben von Kindern. Kinder wollen und brauchen den Umgang mit Kindern. Pädagogen und Entwicklungspsychologen betonen die Wichtigkeit des Umgangs mit annähernd Altersgleichen für die Ausbildung sozialer Kompetenzen. Denn Gleichaltrige sind gleichrangig. Sie können ohne das Macht- und Kompetenzgefälle, das den Beziehungen zu Erwachsenen eigen ist, ihre Interessen miteinander aushandeln, kooperieren und streiten, sich helfen und sich verstehen. Das gilt ganz besonders in der mittleren Kindheit (*Krappmann*). Ich werde mich mit dem mittleren Kindheitsalter befassen, also dem Alter etwa zwischen acht und zwölf Jahren. Es ist viel die Rede vom Mangel an Gelegenheiten zum Miteinanderspielen in der großstädtischen Alltagswelt sowie von den Notwendigkeiten, Kindern mehr davon zu schaffen: Kindertagesstätten, Spielplätze, Freizeitheime, Sportanlagen einzurichten und Nachbarschaftstreffen, Kinderfeste, Ausflüge, gegenseitige Besuche zu veranstalten. Denn es genügt heute meistens nicht mehr und ist oft zu gefährlich, wenn Eltern ihre Kinder einfach „runter" oder „raus" gehen lassen, um mit anderen zu spielen. Vor dem Haus, auf den Straßen und in den Höfen finden sich seltener als in den Kindheiten der heutigen Eltern und Großeltern Kinder zusammen. Wie kommt das? Zwischen den drei Instanzen, die Kindern die räumlichen

und sozialen Gelegenheiten bereitstellen, ihre Nachmittagszeit zu verbringen – der Familie, der Nachbarschaft und den Kinderinstitutionen – haben sich im letzten Drittel des 20. Jahrhunderts die Gewichte verlagert. Die Umgebungen der Wohnhäuser sind vielerorts durch den Autoverkehr und durch die Art der Bebauung für Kinderspiele ungeeignet geworden. Kinder finden in der Nachbarschaft weniger Gleichaltrige, denn die Kinderzahl in der Bevölkerung ist in den letzten Jahrzehnten deutlich gesunken. Kinder bleiben in den Wohnungen oder sie suchen Orte auf, die nur für Kinder vorgesehen sind, und an denen Kinder von weit her zusammengezogen werden: Betreuungs- und Freizeitinstitutionen. Familienwohnungen sind zwar mit Kinderzimmer, Spielzeug und Fernseher für Kinder reich ausgestattet, aber oft sozial leer, denn mehr Eltern sind alleinerziehend, mehr Mütter sind erwerbstätig und Kinder haben seltener Geschwister. So sind Kinder durch veränderte familiäre Bedingungen auf besondere Betreuungs- und Freizeitarrangements angewiesen, auf Spiel- und Sportplätze und auf Einrichtungen, die professionelle Betreuung, schulergänzende Bildung und Spielanimation bieten.

Freilich treibt nicht nur die soziale Leere von Nachbarschaften und Wohnungen Kinder in besondere Arrangements; sie werden auch dorthin geholt. Denn die vermehrte Inszenierung des Kinderalltags durch Erwachsene ist nicht nur Reaktion auf raum-zeitliche Verdrängungen der Kinder, sondern auch Ausdruck vermehrter pädagogischer Bemühungen um Kinder. Einmal begonnen, verstärkt sich dieser Verlagerungsprozeß von selbst. Zum einen bleibt Kindern, wenn sie sich in Kindereinrichtungen aufhalten, wenig Zeit, um in der Wohnumgebung nach Spielplätzen zu suchen. Sie kennen Nachbarskinder kaum und finden deshalb zu diesen auch keinen Zugang, wenn sie Zeit haben. So werden selbst solche Wohnumgebungen vielerorts nicht von Kindern zum Spielen benutzt, deren Verkehrssituation und städtebaulicher Charakter dieses zuließen. Ohne nachbarschaftliches Leben im Umfeld sind Familienwohnungen tagsüber sozial verarmte Orte, aus denen die nicht erwerbstätigen Mütter und die noch nicht institutionell betreuten Kinder herausstreben: die Mütter in Erwerbstätigkeit, die Kinder in Kindereinrichtungen. Dieser Prozeß ist Teil von Modernisierungen der Alltagsbedingungen, die Ende der 60er Jahre schubartig einsetzten. Seither findet außerschulischer Kinderalltag weit mehr als zuvor in Kindereinrichtungen oder in Privaträumen statt. Kindheit ist tendenziell „verhäuslicht" (*Behnken/du Bois-Reymond/Zinnecker*). Eine Polarisierung zwischen institutioneller Kollektivierung einerseits und Vereinzelung in Familienwohnungen andererseits ist zu beobachten. Die Bedingungen für die Einbettung des sozialen Lebens unter Kindern in nachbarschaftliche Gemeinschaft sind vielerorts verschwunden.

Wie richten Kinder ihr soziales Leben in den veränderten Bedingungen ein? Können Kinder sich zwischen den beiden Polen eigene soziale Räume schaffen? Was für soziale Qualitäten haben die Verhaltensweisen, mit denen das geschehen kann? Diese Fragen berühren ein zentrales Problem unserer Gesellschaft: die Art und Weise, in der die Menschen in die Gesellschaft und damit auch in das Zusammenleben mit anderen Menschen eingebunden sind. Der historische Übergang von gemeinschaftlicher zu vergesellschafteter, von unmittelbarer zu institutionell vermittelter Einbindung hat Folgen, die in der Soziologie in jüngster Zeit viel diskutiert werden (*Beck*). Einerseits entstehen anonyme Regulierungen und Standardisierungen für das Leben der Menschen, andererseits werden die Menschen dadurch freigesetzt aus persönlichen Abhängigkeiten. Gemeinsamkeit unter Menschen besteht nicht mehr von vornherein in selbstverständlicher und dauerhaft sicherer Zusammengehörigkeit, sondern ist in zielgerichteter Aktivität immer wieder herzustellen. Ohne eigene Bemühung um zwischenmenschliche Beziehungen bleibt das freigesetzte Individuum vereinzelt. Individualisierte Lebensführung ist zur Voraussetzung für Sozialität geworden. Haben diese Prozesse nun auch Kinder erreicht? Was für Folgen hat individuelle Freisetzung aus nachbarschaftlichen Einbindungen und Institutionalisierung auf das soziale Leben von Kindern? Welcher Art Sozialität zwischen Distanz und Nähe, Egoität und Gemeinsamkeit ist in den historisch neuen Bedingungen für Kinder möglich, naheliegend oder gefordert?

Um Antworten zu finden, werde ich bestimmte moderne Bedingungen und Sozialformen daraufhin untersuchen, welche Möglichkeiten, Vorgaben und Einschränkungen sie für das soziale Leben und für die Art der Beziehungen von Kindern enthalten. Die empirische Basis sind intensive Tageslauf-untersuchungen bei zehnjährigen Kindern in unterschiedlichen Berliner Wohnvierteln. Eine ausführliche Darstellung der Untersuchung findet sich in *Hartmut Zeiher* und *Helga Zeiher* (1994). Ich werde mit dem räumlichen Zusammenhang der Bedingungen beginnen, mit der Verteilung der Möglichkeiten für Kinder in der räumlichen Welt. Anschließend werde ich Bedingungen einzelner Sozialformen untersuchen, die Kindern vorgegeben werden und die Kinder für sich selbst geschaffen haben. In der Verteilung der Orte und in den vorgegebenen Organisationsformen kommt zum Ausdruck, was die gesellschaftliche Entwicklung als „heimlichen Lehrplan" für soziales Lernen der Kinder mit sich gebracht hat. In den eigenen Formen der Kinder kommen ihre Bestrebungen nach bestimmten Qualitäten ihres sozialen Lebens zum Ausdruck.

Verinselung des Lebens-raums

Die räumliche Alltagswelt der Kinder hat sich in den letzten Jahrzehnten verändert. Zunehmend mehr Teile der räumlichen Welt sind funktionsge-bunden, davon die meisten für die Nutzung durch Erwachsene. Funkti-onsdiffuse Räume verschwinden und mit ihnen die Vielfalt der Nutzungs-möglichkeiten, die Kinder im Nah-raum der Wohnung hatten. Für das Ausüben einzelner Tätigkeiten gibt es besondere Orte. Ballspielen war früher vor nahezu jedem Wohnhaus möglich, heute muß ein Sportplatz aufgesucht werden, der weit entfernt liegen kann. Entsprechendes gilt für Geschäfte. Möglichkeiten im kleinräu-migen Bereich sind vernichtet zugun-sten großräumig verteilter Zentren. In den Stadtlandschaften und auch im ländlichen Raum liegen viele der Orte, die von Kindern benutzt werden kön-nen, wie Inseln verstreut. Die Zwi-schenräume gehören den Tätigkeiten Erwachsener, sie sind für Kinder mei-stens uninteressant, gefährlich, unzu-gänglich oder unbekannt.

Um herauszufinden, welche Folgen das für das Leben von Kindern hat, ist von der räumlichen Welt insgesamt der individuelle Lebensraum zu unter-scheiden. Das ist der von einer bestimmten Person dauerhaft und immer wieder genutzte und dadurch vertraute Teil der räumlichen Welt. Noch zu Beginn der 60er Jahre hat *Elisabeth Pfeil* die Aneignung der räumlichen Welt durch Kinder als all-mähliche Ausdehnung des Lebens-raums in konzentrischen Kreisen be-schrieben. Mit zunehmendem Alter erweiterte das Kind seinen Lebens-raum zuerst in der Wohnung, dann über das ganze Haus und schließlich in die nähere und weitere Umgebung des Hauses. Dabei blieb der Lebens-raum ein zusammenhängendes Areal innerhalb des Wohnortes, auch wenn es einzelne Stellen außerhalb dieses Areals gab, wohin das Kind gelegent-lich kam. Jedes Kind fand für das, was es zu tun pflegte, geeignete Orte im selbst erreichbaren Umkreis der Wohnung. Die Voraussetzungen dafür sind heute kaum noch gegeben. Einer räumlichen Welt, in der viele Funkti-onsräume zu voneinander getrennten Inseln geworden sind, entspricht ein verinselter Lebensraum. Er besteht aus einzelnen separaten Stücken, die wie Inseln in einem größer geworde-nen Gesamtraum verstreut sind. Der Gesamtraum bleibt als ganzer bedeu-tungslos und weitgehend unbekannt. Ein verinselter Lebensraum kann aus vielen Inseln bestehen, aber auch nur aus Wohnung und Kindertagesstätte. Nicht allein die funktionsentmischte Struktur des Gesamtraums bedingt Verinselung individueller Lebensräume. Indem Eltern und Kinder ihr Alltagsleben auf das Infrastrukturangebot und dessen räumliche Lage einstellen, werden Lebensweisen etabliert, die ihrerseits Verinselungstendenzen fördern. Wenn viele Kinder einer Wohngegend sich häufig in Kindereinrichtungen aufhalten, kann in Wohnungsnähe nachbarschaftliches Leben selbst dann nicht entstehen, wenn die räumlichen Gegebenheiten dieses zuließen. Kinder finden ihre Freunde dann nur noch in Kindergarten oder Schule. Die Wohnungen der Freunde sind für das einzelne Kind weitere Inseln im manchmal großen Einzugsbereich der Einrichtung. Auch wenn Eltern sich trennen, wächst die Zahl der Inseln; die Wohnung des ausgezogenen Elternteils, darin manchmal ein zweites Kinderzimmer, kommt hinzu.

Die Raumaneignung im Kindheitsverlauf geschieht unter modernen Bedingungen anders als *Elisabeth Pfeil* es für den einheitlichen Lebensraum beschrieben hat. Kinder weiten nicht einen zusammenhängenden Lebensraum allmählich aus, entsprechend den mit dem Alter wachsenden physischen und psychischen Voraussetzungen. Vielmehr leben Kleinkinder von vornherein in einem verinselten Lebensraum. Eltern transportieren sie zu den Inseln: zu Wohnungen von Freunden und Verwandten, zum Spielplatz, zum Kindergarten, zum Ort des Sporttrainings, zu Einkaufsorten in der Innenstadt, zum Wochenend- und Urlaubsort. Das Areal, in dem der verinselte Lebensraum kleiner Kinder liegt, ist so weit, wie die Alltagsmobilität der Eltern reicht. Erst in der mitt-

leren Kindheit, wenn das Kind selbst die alltäglichen Wege zu Fuß und mit dem Fahrrad zurücklegt, kann sich der verinselte Lebensraum auf das in dieser Weise selbst Erreichbare verengen.

Welche Folgen hat diese Verinselung für die sozialen Beziehungen unter Kindern? In traditionellen Verhältnissen konnte das einzelne Kind den sozialen Gegebenheiten in seinem nahen Umfeld nicht ausweichen. Es mußte dort leben. Im verinselten Lebensraum ist solche Notwendigkeit geringer. Hier bietet sich statt dessen an, nach Wunsch den Ort zu wechseln, ein Programmelement durch ein anderes einzutauschen. Wo der Zwang zum Aufenthalt in begrenztem Raum und der Zwang zur Auseinandersetzung mit den dort vorgefundenen Gegebenheiten vermindert ist, und wo die Aufenthalte – bei vielen Orten – am je einzelnen Ort zeitlich kürzer sind, bleiben die Orte der Person äußerlicher. Mit vielerlei und auswechselbaren Inseln kann man nicht in gleicher Weise „verwachsen" wie mit einem einheitlichen Lebensraum. Zumal viele Tätigkeitsangebote altersspezifisch sind, die Inseln also mit dem Älterwerden ohnehin gewechselt werden.

Während in nachbarschaftlichen Spielzusammenhängen mehrere Kinder das Wohnumfeld als täglichen Spiel- und Streifraum gemeinsam haben und sich somit ihre individuellen Lebensräume zu einem großen Teil gleichen, ist der verinselte Lebensraum für jedes Kind ein anderer; denn jedes hat seine persönlichen Inselzusammenstellungen und Inselrouten. Das gilt zum einen für den Besuch von institutionellen Arrangements. An den einzelnen Orten treffen sich zwar eine Zeitlang dieselben Personen, jede Person trifft aber im Prinzip an jedem Ort eine andere Personengruppe, denn jede Einrichtung hat ihr eigenes Personal und ihre eigenen Besucher. Das gilt auch für Einzelverabredungen im Verabredungszusammenhang, die mal hier, mal dort, oft auch in Wohnungen stattfinden. An jedem seiner Orte, bei jedem seiner Partner ist ein Kind nur partikular angesiedelt: nur für begrenzte Zeiten und nur mit einzelnen Interessen. Das Kind gehört also nirgends mit seiner ganzen Person hin, sondern immer nur mit Teilbereichen davon. Der Partikularisierung des Raums entspricht eine Partikularisierung der sozialen Beziehungen. Die Ausbildung stabiler Beziehungen wird dadurch erschwert, Unverbindlichkeit wird gefördert. In traditionellen Verhältnissen hatte ein jedes Kind mit den Menschen zu leben, die es in seinem Lebensraum vorfand, im Guten wie im Bösen. Ungünstigen Umständen, Konflikten konnte es nicht ausweichen. Es war gezwungen, sich mit den anderen auseinanderzusetzen. Wo dagegen Freizeitarrangements beliebig gewählt und abgewählt werden können, werden es mit diesen auch die sozialen Kontakte. Anstatt Unlust und Konflikte durchzustehen, bietet sich an, das Feld zu wechseln, zu einem anderen Spielplatz oder in einen anderen Sportverein. Zuordnungen zu Spielpartnern sind dann eher locker und im Prinzip beliebig auflösbar.

Persönliche Kontakte sind im verinselten Lebensraum entweder sekundär, wenn am Anfang ein spezieller Tätigkeitswunsch steht, zu dem ein soziales Arrangement aus einem fertigen Programm ausgewählt oder durch Verabredungen hergestellt wird, oder sie sind geplanter Zweck, wenn Kommunikationsgelegenheiten organisiert

werden. Soziale Integration kann sich nicht ungeplant herstellen. Der Isolation kann nur entgehen, wer sich aktiv zu organisierten Veranstaltungen begibt oder persönliche Kontakte selbst initiiert. Die räumlichen Trennungen und Entfernungen und die damit verbundenen Isolationsbedrohungen machen es nötig, aktiver als im einheitlichen Lebensraum soziale Beziehungen herzustellen, sich um Freunde zu bemühen und sich für andere attraktiv zu machen. Die äußere Erscheinung, nicht zuletzt Kleidung, wird in immer jüngerem Alter zu einem wichtigen Mittel, um beachtet und geschätzt zu werden und um Freunde zu gewinnen. Es gibt Eltern, die ihr Kind bewußt mit besonders kostbarem Spielzeug ausstatten, damit es ein begehrter Partner für nachmittägliche Verabredungen ist.

Das einzelne Kind hat damit ein gewisses Maß an Selbstbestimmung über seine sozialen Verhältnisse gewonnen. Denn es kann aus der Gesamtheit der erreichbaren Angebote wählen, es kann hingehen und auch wieder wegbleiben. Alltägliche Lebensführung ist eine anspruchsvolle Aufgabe geworden, die Reflexion und individuelle Zielsetzung voraussetzt. Mögliche Alternativen müssen erkannt, mit eigenen Wünschen und Zielen in Beziehung gesetzt, evaluiert und nach Präferenzen geordnet werden. Relevante Bedingungen für beabsichtigtes Handeln müssen gewußt, vorgestellt und antizipiert werden. Denn räumlich und zeitlich Fernes kann nicht sinnlich wahrgenommen werden. Somit hat eine bedeutsame Verschiebung stattgefunden in bezug auf die Aktivität, die von Kindern verlangt wird, um jenseits von Schule und Familienwohnung ein reichhaltiges und nicht isoliertes Alltagsleben führen zu können. Vor dem Hingehen, also dem motorischen Bewegen im Raum, werden Zielsetzen, Antizipieren, Planen und zeitliches Koordinieren nötig, also geistiges Bewegen in der Zeit.

Soziale Beziehungen in Freizeitinstitutionen

Auch die sozialen Folgen, die das Leben innerhalb einzelner institutioneller Freizeitarrangements hat, lassen sich am Unterschied zum freien Spielen in nachbarschaftlichen Kindergemeinschaften deutlich machen. Diese bestanden im täglich sich herstellenden sozialen Geschehen unter denjenigen Kindern, die zu gleicher Zeit in räumlicher Nähe aufwuchsen. In Entstehung und Zerfall und in den sozialen Regulierungen waren nachbarschaftliche Gemeinschaften an diese Kinder gebunden. Jedes Kind trug die Gemeinschaft mit, und es wurde von dieser getragen und ertragen. Was ist nun anders, wenn Kinder nicht mit Nachbarskindern vor dem Haus spielen, sondern zu Bastelkurs, Hockeyverein, Ballettkurs und Flötengruppe gehen? In Kindereinrichtungen ist die soziale Form für gemeinsames Tun von den Personen abgelöst und dauerhaft fixiert. Kinder finden ein fertiges Arrangement vor. Das Benutzerverhältnis ist organisatorisch und rechtlich geregelt. Die Teilnahme ist zeitlich begrenzt in der Dauer der Mitgliedschaft und der Einzelveranstaltungen. In Sportvereinen oder Kursen kann das Kind aus freien Stücken in das Benutzerverhältnis eintreten, es kann auch jederzeit wieder austreten. Die am Sachzweck orientierte Beziehung zwischen Kind und Institution ist primär, nicht die zwischen den Kindern untereinander. In diesem Neben-

einander bleiben die Kinder voneinander distanziert. Jedes steht als Einzelnes der Institution gegenüber sowie als Einzelnes neben den anderen. Das sei etwas näher erläutert: Zum Besuch eines Kurses meldet sich jedes Kind vorab bei der veranstaltenden Einrichtung an. An jeder kursförmigen Veranstaltung sind mehrere Kinder auf gleiche Weise beteiligt. Die Kinder befinden sich zu regelmäßig stattfindenden Terminen gleichzeitig am selben Ort. Doch haben sie nichts miteinander getan, um diese Situation herzustellen. Sie haben sich nicht wechselseitig als Partner gesucht und gewählt, und sie können sich auch nicht wechselseitig von der Teilnahme ausschließen. Sie haben weder das gemeinsame Tun, noch die Orte und Zeiten in eigenen Initiativen und im Aushandeln miteinander bestimmt. Diese Aspekte der Führung des sozialen Lebens hat das institutionelle Arrangement ihnen abgenommen. Was bleibt, um sich aufeinander zu beziehen, sind die Interaktionen, die sich in der Ausführung der vorgegebenen Tätigkeiten und nebenher ergeben. Aber auch im Veranstaltungsablauf steht der Bezug jedes Kindes zur Institution im Vordergrund, denn das Geschehen folgt den sachgebundenen Vorgaben sowie der Leitung der Erzieherin oder des Erziehers. Manche Aktivitäten, die in Kursen betrieben werden, separieren die Kinder mehr voneinander, andere weniger. Der Töpferkurs, wo jedes Kind nur vor seiner Arbeit sitzt, unterscheidet sich von der Flötengruppe oder dem Tanzkurs, wo das vorgegebene Tun von den Teilnehmern Bezüge aufeinander verlangt. Unpersönlich sind aber auch diese Bezüge, weil alle Kinder nur Ausführende einer externen Vorgabe und somit als Personen austauschbar sind. So besteht keine Notwendigkeit, daß aus dem Nebeneinander der teilnehmenden Kinder personbezogenes Miteinander und im Zeitverlauf eine intensivere soziale Beziehung wird.

Möglichkeiten, nebenher Freundschaften herzustellen, gibt es zweifellos, es ist jedoch wenig Zeit, sie zu nutzen. Kurse finden in der Regel nur einmal wöchentlich etwa zwei Stunden lang statt. Im Vergleich zum Schulbesuch ist das nicht nur viel weniger gemeinsame Zeit, sondern auch reine Veranstaltungszeit. Es gibt keine längeren Pausen, in denen die Kinder sich von sich aus aufeinander beziehen müßten. Die Kursbekanntschaft bei zufälligem Zusammentreffen andernorts zu anderer Zeit aufnehmen zu können, ist nicht sehr wahrscheinlich, wenn die Veranstaltung einen weiten Einzugsbereich oder einen solchen außerhalb des üblichen Aktionsbereichs hat. Das Organisationsmuster für das Sporttreiben in Vereinen unterscheidet sich von Kursen durch die aufgewandte Zeitmenge: häufig gibt es zwei wöchentliche Trainingstermine und zusätzlich Wochenendveranstaltungen. Zeitlich gesehen ist hier mehr Gelegenheit, daß aus dem Zusammensein freundschaftliche Beziehungen werden könnten. Trotzdem gelten alle genannten Bedingungen, die persönliche Beziehungen unter den Teilnehmern weder erforderlich machen noch deren Entstehung besonders begünstigen. Tatsächlich ist zu beobachten, daß sich in Veranstaltungen dieser Art kaum persönliche Beziehungen oder Freundschaften neu bilden. Um sich in solchen Veranstaltungen nicht vereinzelt zu fühlen, gehen Kinder gern mit Freundinnen oder Freunden zusammen dorthin. Dann sind die Freundinnen und Freunde in den Veranstaltungen miteinander gegen die anderen Kinder abgeschirmt, die Fremdheit der anderen nicht so sehr als unangenehm spürend. Diese wird dann aber erst recht nicht überwunden. Solche Veranstaltungen werden in unterschiedlichem Ausmaß von Kindern genutzt. Viele Kinder besuchen zeitweise eine oder zwei davon, haben aber einen Schwerpunkt ihres sozialen Lebens unter Kindern in anderen sozialen Formen. Es gibt freilich auch Kinder, deren Wochenplan mit Terminen für Kursbesuche, Sportvereine und ähnliches mehr oder weniger gefüllt ist, die im übrigen aber auf die Familienwohnung und auf die Familienmitglieder beschränkt leben. Sehr volle Wochenpläne dieser Art kommen vor allem dann zustande, wenn Kinder sonst allein zu Hause bleiben würden und Eltern ihnen auf diese Weise Wege in die außerhäusliche Welt eröffnen. Sei es, weil sie nur diese Alternative sehen, damit das Kind unter Kinder kommt, oder auch, weil Eltern auf diese Weise Bildungs- und Aufstiegsambitionen für ihr Kind verfolgen. In einem solchen Alltagsmuster wird private Isolation zwar vermieden, jedoch mit Hilfe einer Form sozialen Lebens, die über die Veranstaltung hinausreichende soziale Beziehungen unter Kindern kaum entstehen läßt.

Als Formen für soziale Beziehungen stehen die beschriebenen kursförmigen Veranstaltungen, wie gesagt, im Gegensatz zu nachbarschaftlichen Spielzusammenhängen unter Kindern. Für andere institutionelle Angebote trifft das nicht zu. Spielplätze, auch von Pädagogen betreute Spielplätze, und offene Freizeiteinrichtungen sind dafür vorgesehen, in den modernen großstädtischen Bedingungen nachbarschaftliches Leben zu ermöglichen. Dort werden attraktive

Orte als „Treffpunkte" bereitgestellt, an denen Kinder sich zusammenfinden können. Wie sind dort die Möglichkeiten für soziale Beziehungen unter Kindern? Jedes Kind behält hier räumliche und zeitliche Freizügigkeit. Wann es wohin geht, was es aus dem angebotenen Tätigkeitsspektrum aufgreift, kann ohne Vorbereitung zeitlich spontan entschieden werden. Denn Spielplätze ziehen zwar viele Kinder an, fassen sie jedoch nicht in Gruppen zusammen, wie das in Kursveranstaltungen geschieht. Manche Spielplätze sind so ausgestattet, daß ein Benutzen, das sich ans Vorgegebene hält, nicht zu sozialen Kontakten unter Kindern führen muß. Ein Kind kann dort inmitten vieler Kinder ganz allein sein. Zum Beispiel am Klettergerät mit Rutsche. Ein jedes Kind wartet, bis es an der Reihe ist, klettert hoch, rutscht hinunter, stellt sich wieder an. Wenn es davon genug hat, geht es zur Schaukel, schaukelt allein eine Weile. Den Spielplatz „durchspielen", nennen das manche Kinder. An anderen Spielplätzen brauchen Kinder Partner zum Spielen: zum Tischtennisspielen oder zum Fußballspielen zum Beispiel. Pädagogisch betreute offene Freizeiteinrichtungen haben mehr Möglichkeiten, Kinder zu gemeinsamem Tun zu animieren, weil hier längerfristige Projekte der Kinder angeregt werden können. Auf Bauspielplätzen können das größere Bauprojekte sein, auf Kinderbauernhöfen die gemeinsame Verantwortung für die Pflege der Tiere.

Weil Spielplätze und offene Kindereinrichtungen nur den Ort, nicht aber feste Kindergruppen und Veranstaltungsabläufe anbieten, müssen die Kinder selbst sozial aktiv werden. Sofern sie nicht alleine spielen wollen, müssen sie von sich aus das zufällige Nebeneinander in ein Miteinander überführen, Spielgruppen bilden und Inhalt und Ablauf des gemeinsamen Tuns bestimmen. In solcherart sozialer Aktivität, wenn diese im Laufe der Zeit oft genug wiederaufgenommen wird, können eher Beziehungen unter den Kindern entstehen. In offenen Kindereinrichtungen bilden sich gewöhnlich Kerngruppen ständiger Besucher. Trotzdem ist auch hier die Tatsache der Institutionalisierung wirksam. Diese Kindergruppen kommen durch die attraktiven Tätigkeitsmöglichkeiten zustande, die solche Einrichtungen anbieten. Die Kinder sind von Anbeginn gemeinsam auf diese Orte und Tätigkeiten hin orientiert. Das heißt, der räumliche und inhaltliche Spielraum dessen, was sie tun, wird im wesentlichen von den Sozialpädagogen abgesteckt. Die Kinder brauchen diesen also nicht von sich aus zu bestimmen. Damit braucht die Kindergruppe kaum eigene Entscheidungsverfahren und nicht entsprechende hierarchische Strukturen hervorzubringen. Das Machtzentrum liegt in dieser Hinsicht bei der Institution, auch wenn es ein indirekter Einfluß auf dem Wege der Animation ist, den diese ausübt. Von der Institution geht ein direkter Einfluß auf die Kinder aus, die dort ständige Besucher sind. Die Institution kann es nicht zulassen, daß Kindercliquen sich allzu fest organisieren und sich nach außen sozial abschotten. Denn eine Kindereinrichtung muß für alle Kinder offen sein, die kommen wollen. Die Sozialpädagogen achten darauf, daß Hinzukommende einbezogen werden.

Wie stark sind nun Kindheiten tatsächlich von Einflüssen institutioneller Strukturen betroffen? Wie gehen Kinder damit um? Offene Kindereinrichtungen gibt es nicht viele und die „Kerngruppen" der ständigen Besucher sind gewöhnlich klein. Zu Kursen, zu Sportangeboten und zu anderen institutionellen Gruppenveranstaltungen können dagegen alle Kinder Zugang finden, wenn auch oft nur mit elterlicher Hilfe. Es zeigt sich aber vielfach, daß Kinder, die über andere Möglichkeiten verfügen, solche dem Besuch von kursförmigen Veranstaltungen vorziehen. Im mittleren Kindheitsalter ist bei Kindern die Neigung zu beobachten, sich aus bisherigen Engagements zurückzuziehen, es sei denn ein Sachinteresse, etwa ein Sport, hält sie. Freundschaften, die über die Veranstaltungen hinausreichen, werden von den Kindern dort nicht gesucht. Kinder suchen vielmehr nach anderen Möglichkeiten, wo sie ihre sozialen Kontakte auf selbstbestimmte Weise unterhalten können.

Privat organisierte Beziehungen

Welche Möglichkeiten haben Kinder zu selbstbestimmten Kontakten in Verhältnissen, in denen sich nachbarschaftliche Spielgruppen nicht oder nur selten bilden? Ein viel begangener Weg verläuft im Privaten, ohne auf institutionell Organisiertes zurückzugreifen: Kinder verabreden sich untereinander. Eine Möglichkeit ist die Verabredung jeweils zu zweit, wobei die Paarkonstellationen innerhalb einer größeren Zahl von Kindern wechseln. Was für Konsequenzen für die Art und Weise sozialer Beziehungen haben solche Verabredungszusammenhänge? Jedes dieser Treffen erscheint sozial partikular: An jedem Nachmittag tun sich Kinder zu Paaren zusammen und trennen sich als solche von allen übrigen befreundeten Kindern ab. So gese-

hen, bietet sich im Zeitverlauf das Bild räumlicher und sozialer Abtrennungen. Doch zerfällt das nachmittägliche soziale Leben dieser Kinder keineswegs in Partikulares, wenn man das Geschehen über längere Zeit hin betrachtet. Der Verabredungszusammenhang stellt vielmehr einen Zusammenhang der vielen einzelnen gemeinsamen Nachmittage zu zweit dar, der in zeitüberdauernden persönlichen Beziehungen besteht. Jedes Zusammensein ist eine Realisierung einer langfristigen Beziehung. Während für die Kinder in offenen Kindereinrichtungen der Ort mit den dort verankerten Beziehungen, das Zusammenhang stiftende Zentrum des sozialen Lebens ist, ist es hier das in den einzelnen Personen verankerte Netzwerk ihrer Beziehungen zueinander, also etwas Zeitliches. Die Zugehörigkeit zu einem Verabredungszusammenhang ist ausschließlich in den Beziehungen begründet, die die Kinder wechselseitig zueinander haben. Diese Beziehungen entstehen meistens aus dem langjährigen Zusammensein in derselben Schulklasse und werden durch das gemeinsame Tun an Nachmittagen intensiviert. Jede einzelne Verabredung setzt eine entsprechend gute Beziehung voraus, und im verabredeten Zusammensein wird diese weiter gepflegt. Um mit einem bestimmten Kind immer wieder einen Nachmittag verbringen zu können, ist es wichtig, auf den Erhalt dieser Beziehung zu achten. Denn der besondere Akt sozialer Annäherung, dessen es jeden Tag erneut bedarf – Hingehen, Fragen, einen Vorschlag machen –, ist immer riskant. Es ist nicht nur ungewiß, ob das so angesprochene Kind an diesem Tag noch Zeit hat, sondern vor allem, ob es will, also ob es die anfragende Freundin oder den Freund gerade genügend mag und auch den Vorschlag attraktiv findet. Die aktuelle Qualität der Beziehung ist wichtig. Diese beruht auf gemeinsamem Tun in der Vergangenheit. Deshalb ist zeitlich vorausgreifendes Handeln in doppelter Weise notwendig: nicht nur kurzfristig, indem einige Stunden zuvor ein Termin vereinbart wird, sondern auch langfristig, indem Beziehungen gepflegt werden. Die Beziehung als solche wird zum Gegenstand der Reflexion: Wen mag ich? Was kann ich tun, um gemocht zu werden? Die Kinder betrachten sich und die anderen kritisch, vergleichend. Ein jedes erfährt sich mehr oder weniger in Konkurrenz zu anderen und sucht nach Strategien, sich für andere attraktiv zu machen. Reflexive Distanz steht zwischen den Kindern und wahrt so auch in der Beziehung eine gewisse Distanz. Jedes Kind erfährt sich bewußt als den anderen gegenüberstehend.

Beziehungen dürfen nicht so eng werden, daß sie als feste Paarbeziehungen Beziehungen zu anderen Kindern verdrängen. Ein solches Paar würde aus dem Verabredungszusammenhang herausfallen. Wenn ein Kind sich innerhalb des Zusammenhangs halten will, muß es die Beziehungen zu allen seinen möglichen Partnerinnen und Partnern pflegen. Der Wechsel der Paarkombinationen ist zugleich die Grundlage für den Fortbestand des gesamten Verabredungszusammenhangs. Denn ausschließliche Paarbeziehungen würden diesen sprengen. Ohne Verabredung haben Freundinnen und Freunde keinen direkten Zugang zueinander; weder können sie sich zeitlich spontan aufsuchen, noch können sie sich zugesellen, wenn sie auf zwei treffen, die sich an diesem Nachmittag schon verbunden haben.

Nicht Verabredete behandeln sich dann wie Fremde. Sie können allenfalls telefonisch plötzlich in die Sphäre des anderen eindringen, denn beim Telefonieren bleibt räumliche Distanz erhalten. Unter den Kindern eines solchen Verabredungszusammenhangs besteht deshalb zeitweise eine unüberbrückbare soziale Barriere. Doch wissen die Kinder, daß sie in absehbarer Zeit, an einem der nächsten Tage, Nähe wieder herstellen können.

Wie ein Gegengewicht zu dieser Distanziertheit nehmen sich die Phasen der Nähe aus. In Zweiergruppen sind die beiden Beteiligten ohnehin enger aufeinander bezogen als in größeren Gruppen, und sie sind völlig voneinander abhängig. Denn wenn eines der Kinder fortgeht, bleibt keine Gemeinsamkeit übrig. Die Ausschließlichkeit der Zweiergruppe schützt davor, daß die enge persönliche Nähe durch Dritte aufgebrochen wird. Auch daß die Beteiligten im Laufe eines Nachmittags nicht mehr in die Gesellschaft anderer Kinder wechseln können, festigt und schützt die Nähe. Denn unter diesen Bedingungen sind die beiden Beteiligten ganz aufeinander angewiesen. Wenn Nähe erst einmal hergestellt ist, ist sie sehr eng.

Solcherart Verabredungszusammenhänge und die sozialen Regeln, die darin gelten, schaffen Kinder sich selbst, wenn auch mit Hilfe alltagsorganisatorischer Mittel, die sie in ihren Familien erfahren und erworben haben. Was für Bestrebungen der Kinder im Hinblick auf die Art und Weise der sozialen Beziehungen untereinander kommen darin zum Ausdruck? Ich denke, es ist vor allem das Bestreben, Gemeinschaft, Beziehungen zu anderen zu haben, dabei aber die persönliche Unabhängigkeit nicht aufzugeben. Einerseits setzt die Beteiligung am wechselseitigen Verabreden voraus, daß die jeweils zwei Kinder sich als Personen mögen. Andererseits schützt das Wechseln der Partner über die Tage hin jedes Kind davor, daß aus solcher Freundschaft ein gleichsam selbstverständlicher Anspruch auf Gemeinsamkeit abgeleitet wird. Oder von einer anderen Seite her gesehen: Von jedem Kind wird verlangt, sich in seinen Beziehungen soweit zurückzunehmen, daß die eigene persönliche Unabhängigkeit und die der anderen erhalten bleibt. Jedes Kind will jeden Tag erneut frei sein, zu entscheiden, ob es am Nachmittag allein bleiben will oder nicht, und, falls es Gemeinsamkeit sucht, frei sein, die Partnerin oder den Partner zu wählen. Es ist eine riskante Gratwanderung mit Absturzgefahr nach zwei Seiten: Es droht der Verlust der Eigenständigkeit und Freizügigkeit, wenn Bindungen an bestimmte Freundinnen und Freunde verpflichtend werden, und es droht Alleinsein gegen eigenen Willen, wenn die Partnersuche mißlingt.

Schlußbemerkung

Nur außerhäusliche Bedingungen für soziale Beziehungen unter Kindern sind in diesem Beitrag behandelt worden. Kindereinrichtungen, Spielplätze, die Welt der Gleichaltrigen – das sind, neben der Schule, die öffentlichen Bühnen des Kinderalltags. Ich habe gezeigt, daß es auf diesen Bühnen sehr unterschiedliche Szenerien und Rollen gibt, für Kinder hergestellt und von den Kindern selbst gemacht. Kinder leben auch in der Familie. In der Familie findet das Kind seine Partner vor, ohne sie suchen zu müssen und ohne ihnen entgehen zu können. Die Familie ist der Ort, wo Kinder in dau-

erhafte, verläßliche, emotional enge Beziehungen eingebettet sind – zumindest soll die Familie das leisten, und die meisten Familien wollen das wohl auch. Die sozialen Erfahrungen, die ein Kind von Geburt an in der Familie macht, sind zweifellos die Grundlage dafür, wie dieses Kind mit den Anforderungen an soziales Verhalten umgehen kann, die auf den öffentlichen Bühnen gestellt werden. Deshalb läßt sich das Verhalten, das Kinder im öffentlichen Bereich zeigen, nicht verstehen, ohne ihre Erfahrungen im privaten Bereich dazu in Beziehung zu setzen.

Ulf Preuss-Lausitz hat in seinem Beitrag vom „Wandel der Familienerfahrungen" gesprochen. Da ist zum einen die Tatsache, daß Kinder heute als Kinder – nicht nur als künftige Erwachsene – wichtig geworden sind. Sie sind sinnstiftend im elterlichen Leben, und sie werden als Beziehungspartner der Eltern manchmal übermäßig stark an diese gebunden. Wenn keine Geschwister da sind, wenn sich alles zu Hause um das eine Kind „dreht", erfährt dieses vielleicht die Wichtigkeit und Zentralität seiner eigenen Person, aber kaum, wie man mit mehreren Gleichrangigen sozial umgehen kann. Zum anderen ist die Familie werktags für viele Kinder mehrere Stunden lang nicht vorhanden. Während die Eltern außer Haus berufstätig sind, sind die kleinen Kinder in Betreuungsarrangements und die größeren nachmittags allein zu Hause. Distanz auszuhalten, wird oft früh eingeübt. Kinder lernen, mit dem Wechsel, dem Hin- und Herpendeln zwischen Phasen sehr engen Kontaktes zu den Eltern und deren Unerreichbarkeit umzugehen. Oder sie lernen es nicht oder nur schlecht. Schließlich ist auf die Dauerhaftigkeit der Familie kein absoluter Verlaß. Daß Eltern sich trennen könnten, ist eine Möglichkeit, die ein jedes Kind in seinem Umfeld, in seiner Schulklasse erfährt. So erscheint die Beziehung zu den Eltern nicht fraglos sicher. Damit wird sie zum Gegenstand der Reflexion. Das Kind betrachtet sie bewußt, und das heißt aus einer Distanz heraus. Wo schließlich die Eltern getrennt leben, unterhält das Kind zu jedem seine eigenen Beziehungen. Das ist eine Situation, die Distanzhalten zu jedem Elternteil, zumindest zeitweise, also ein Stück innere Unabhängigkeit verlangt.

Wie Kinder mit den Möglichkeiten und Anforderungen auf den öffentlichen Bühnen ihres Lebens umgehen, bestimmen nicht zuletzt auch die Kinder selbst. Davon läßt sich einiges an den sozialen Formen ableсen, die Kinder im Laufe der Zeit in ihren jeweiligen Bedingungen miteinander entwickeln. Die sozialen Formen der von uns untersuchten Zehnjährigen (*Zeiher/Zeiher*) ließen bei aller Unterschiedlichkeit bestimmte Bestrebungen erkennen, die allen beteiligten Kindern gemeinsam waren. Alle Kinder wollten institutionellen Arrangements gegenüber eine gewisse Eigenständigkeit wahren. Sie wollten Zugehörigkeiten selbst wählen und austauschen können. Ebenso wollten sie

Freundinnen und Freunden gegenüber eigenständig bleiben, freilich im Rahmen von dauerhaften Beziehungen. Die Kinder wollten Nähe und Bindung zugleich. Sie wollten die Sicherheit, bei Bedarf Beziehungen zu Gleichaltrigen aktivieren zu können. Ihre Freundschaften sollten aber nicht enge, verpflichtende und abhängig machende Bindungen sein, sondern permanente vielfältige Möglichkeiten, auf die jedes einzelne Kind immer wieder zurückgreifen kann, in denen es relativ freizügig agieren kann.

Literatur

Beck, Ulrich: Risikogesellschaft. Auf dem Weg in eine andere Moderne. Frankfurt a. M. 1986
Behnken, Imbke, Manuela du Bois-Reymond und *Jürgen Zinnecker:* Stadtgeschichte als Kindheitsgeschichte. Lebensräume von Großstadtkindern in Deutschland und Holland um 1900. Opladen 1989
Krappmann, Lothar: Sozialisation in der Gruppe der Gleichaltrigen. In: *Hurrelmann, Klaus,* und *Dieter Ulich* (Hg.): Neues Handbuch der Sozialisationsforschung. Weinheim und Basel 1991, S. 355–375
Pfeil, Elisabeth: Das Großstadtkind. München und Basel 1965
Zeiher, Hartmut J., und *Helga Zeiher:* Orte und Zeiten der Kinder. Soziales Leben im Alltag von Großstadtkindern. Weinheim und München 1994
Zinnecker, Jürgen: Vom Straßenkind zum verhäuslichten Kind. Kindheitsgeschichte im Prozeß der Zivilisation. In: *Behnken, Imbke* (Hg.): Stadtgesellschaft im Prozeß der Zivilisation. Opladen 1990, S. 142–162

Hans-Heino Ewers

Veränderte kindliche Lebenswelten im Spiegel der Kinderliteratur der Gegenwart

Die aktuelle Kinderliteratur daraufhin anzusehen, ob und in welchem Ausmaß sie eine Spiegelung der sich verändernden kindlichen Lebenswelten darstellt, ist eine erst in jüngster Zeit mit großem Nachdruck erhobene Forderung – und zwar sowohl auf wissenschaftlicher bzw. kinderliteraturkritischer wie auch auf schulischer Ebene. Hervorgerufen wurde sie durch Anstöße der neueren historischen Kindheitsforschung: diese hat sich in den letzten 15 Jahren u. a. mit den Wandlungen der Kindheit in der Bundesrepublik befaßt und dabei eine Abfolge von unterschiedlichen Kindheitsgenerationen herausgearbeitet.[1] Da ist die Rede von der Trümmerkindheit in der Zeit vor der Währungsreform, von der Nachkriegskindheit der 50er und frühen 60er Jahre, von der Wirtschaftswunder- bzw. Konsumkindheit ab Mitte der 60er Jahre, die zugleich eine Kindheit im Zeichen der Bildungsexpansion war, schließlich von der Medienkindheit seit den 80er Jahren, die auch als Risiko-Kindheit bezeichnet worden ist, als die von sichtbaren und unsichtbaren Gefahren bedrohte Kindheit der von dem Soziologen *Ulrich Beck* so benannten „Risikogesellschaft".[2]
Wer die von der Forschung mittlerweile in einer Vielzahl von Beiträgen ausgebreitete Geschichte westdeutscher Nachkriegs- und Gegenwartskindheit Revue passieren läßt, fühlt sich mit

Sicherheit an manche Kinderbuchlektüre erinnert. Es wird deutlich, in welch großem Ausmaß die Kinderliteratur der Nachkriegszeit, mehr noch die der Gegenwart, eine Spiegelung der Kindheitsgeschichte darstellen und wie lohnend eine Betrachtung der Kinderliteratur speziell unter diesem Gesichtspunkt ist. Hierzu sind jedoch einige Vorüberlegungen erforderlich. Jegliche literarische Spiegelung von Wirklichkeit birgt Verzerrungen und Brechungen in sich, die sich aus den besonderen Eigenschaften des spiegelnden Mediums und aus dessen Traditionen erklären lassen. In welchem Ausmaß kann also, so wäre vorab zu klären, von einer im Medium der Kinderliteratur stattfindenden Reflexion kindlicher Lebenswelten gesprochen werden?

Kinderliteratur, die von Kindern und ihrer Welt handelt

Daß Kinderliteratur von Kindern handelt, kindliche Erlebnisse und Abenteuer schildert und folglich mit Kindern als Hauptfiguren aufwarten solle, ist eine Forderung, die in das späte 18. Jahrhundert, in das Zeitalter der Aufklärung, in die Geburtszeit der modernen Kinderliteratur überhaupt, zurückreicht.[3] Der Sensualismus der späten Aufklärung unterstellt, daß Kinder nur das sich wirklich zu eigen machen können, was ihnen sinnlich erfahrbar ist, was innerhalb ihres

Anschauungs- und Erlebnishorizontes liegt. So umstritten diese Annahme auch sein mag, wir verdanken ihr die Entstehung einer breiten Kinderliteraturströmung, in der die Geschichten im Milieu der Kinder angesiedelt sind, in der Welt der Familie, der Schule bzw. des Internats, der Gleichaltrigengruppen aller Art – vom Kreis der Spielgefährten über die Kinderstraßenbande bis hin zum organisierten Kinderkollektiv –, und in der Kinder die Hauptfiguren darstellen.

Es war freilich mit dieser Art von Kinderliteratur anfänglich so gut wie kein sozialkritischer Anspruch verknüpft; es ging ihr nicht darum, die je nach Klasse bzw. Schicht unterschiedlichen tatsächlichen Lebensbedingungen von Kindern schonungslos aufzudecken. Es genügte, daß es sich bei dem entworfenen Milieu um eine prinzipiell als Wirklichkeit vorstellbare kindliche Lebenswelt handelte. Diese realistisch gezeichneten literarischen Kinderwelten[4] waren wenig an der historischen Wirklichkeit orientiert, sondern mehr von Normen bzw. Idealvorstellungen her entworfen: In ihnen wurde eine normengerechte bzw. eine dem Ideal entsprechende, exemplarische Kindheit samt adäquater Umwelt als Wirklichkeit imaginiert. Diese literarischen Kinderwelten hatten mit den faktischen Lebenswelten ihrer jungen Leser/innen oft nur wenig zu tun, was schon an den Schauplätzen zu erkennen war. Es dominierten naturnahe, ländliche bzw. dörfliche Handlungsorte, während die Leserschaft zunehmend in der Stadt wohnte. Diese Art von Kinderliteratur reflektiert nur in eingeschränktem Maße die Realgeschichte von Kindheit, sagt aber um so mehr aus über die jeweils herrschenden Kindheitsbilder, -ideologien oder -klischees.

Um die Jahrhundertwende meldete sich eine kinderliterarische Strömung zu Wort, die sich kritisch mit den faktischen Lebensbedingungen der Kinder auseinandersetzen wollte: Gemeint ist die von reformpädagogischen Volksschullehrern initiierte Großstadtliteratur für Kinder, die sich als Teil eines lebens- und wirklichkeitsbezogenen Anschauungsunterrichts verstand.[5] Welch eine Fülle an Anschauungsmaterial über Kleinbürger- und Arbeiterkindheit in den Großstädten des frühen 20. Jahrhunderts bieten etwa die Berni-Bücher von *Heinrich Scharrelmann* oder die Peter-Stoll-Bücher von *Carl Dantz*, um hier nur zwei Beispiele zu nennen.[6] Das hier gesammelte und literarisch geformte Anschauungsmaterial soll nicht etwa nur für die erwachsenen Mitleser, sondern auch für die anvisierten Kinder sprechend werden. Letztere sollen sich mit den eigenen Lebensverhältnissen auseinandersetzen; sie sollen sich bewußt machen, in welchen sozialen Zwängen sie stecken. Von ihnen wird erwartet, daß sie ein reflektiertes Verhältnis zum eigenen Umfeld und zur eigenen sozialen Lage gewinnen.

Kinderliterarische Brechungen und Verzerrungen

Eine mit kindlichen Protagonisten aufwartende, kindliche Lebenswelten vergegenwärtigende, realistische Kinderliteratur steht also im Spannungsfeld zwischen gesellschaftlichen Bildern und Klischees von Kindheit auf der einen, den faktischen Lebensbedingungen von Kindern auf der anderen Seite. Die von ihr entworfenen Kinderwelten können entweder ideologische Konstrukte oder sozialkritische Realitätserkundungen sein oder aber – dies dürfte in den meisten Fällen zutreffen – eine schwer zu durchschauende Mischung von beidem. Ein weiterer Umstand verkompliziert die Sachlage: Beim Abfassen kinderliterarischer Texte kommt unweigerlich die eigene Kindheit des Autors bzw. der Autorin ins Spiel. Die Produzentinnen und Produzenten von Kinderliteratur haben es also stets mit zwei verschiedenen realhistorischen Ausprägungen von Kindheit zu tun: mit der Kindheit der Adressaten und der erinnerten eigenen Kindheit – mit der jeweils aktuellen Ausprägung von Kindheit also und einer vergangenen Stufe der Kindheitsgeschichte. In Zeiten geringen sozialen Wandels fällt dies kaum ins Gewicht; die Autorinnen und Autoren können die Lebensumstände ihrer kindlichen Adressaten weitgehend am Leitfaden der eigenen Kindheitserinnerungen erschließen. Anders in Epochen, in denen die kindlichen Lebenswelten einem starken Wandel unterliegen. Hier können die eigenen Kindheitserinnerungen die Wahrnehmung der neuen kindlichen Lebensverhältnisse beeinträchtigen – und sei es in der Weise, daß die aktuellen Lebensbedingungen nur als „derangierte Kindheit" (*Preuss-Lausitz*) empfunden werden kann. Hinzu kommt, daß bei der erinnerten Kindheit nur sehr schwer noch eine Trennungslinie zwischen Mythos und Realität gezogen werden kann. Ist erinnerte Kindheit nicht in den meisten Fällen eine Symbiose beider? Ist sie nicht eben deshalb stets eine ideale, eine Kindheit, die den Namen noch verdient? Die charakteristischen Brechungsfaktoren sind somit die herrschenden Kindheitsbilder, insoweit sie die literarische Phantasie vorgängig prägen, die unvoreingenommene Beobachtung trüben und den Wirklichkeitssinn einschränken können. Sowie weiterhin die Kindheitserinnerungen, die die Wahrnehmung aktueller Kindheit verzerren können. In den Kindheitserinnerungen ist in der Regel eine Kindheitsfiguration aufbewahrt, die dabei oft noch eine Mythisierung erfahren hat, so daß hier von einer doppelten Brechung auszugehen wäre. Sich der drohenden Wahrnehmungsverzerrungen bewußt zu sein, um ihnen eben dadurch zuvorzukommen, wäre umgekehrt das Kennzeichen einer Kinderliteratur der sozialen Wirklichkeitserkundung, einer Kinderliteratur, die den Veränderungen kindlicher Lebenswelten auf der Spur bleiben möchte.

Die Kinderliteratur aber ist nicht in allen ihren Erscheinungsformen der Wirklichkeitserkundung verpflichtet. Ein beträchtlicher Teil der Kinderliteraturproduzentinnen und -produzenten schöpft weniger aus der Beobachtung aktueller Kindheit, sondern mehr aus den eigenen Kindheitserinnerungen, die sich zu einem persönlichen Kindheitsmythos von großer Faszination verdichten können.[7] Autoren wie *James Krüss, Otfried Preußler, Michael Ende* und *Astrid Lindgren* sind Beispiele hierfür. Diese Art von Kinderliteratur kann Lebenswelten gestalten, die zu denen ihrer kindlichen Leser in großem Kontrast stehen. Sie wird dadurch keineswegs unattraktiv: Kinder schätzen ganz offenkundig auch die Literatur, die ihnen eine gänzlich andersgeartete Kindheit vor Augen führt – und sei sie noch so sehr eine Utopie wie etwa das *Lindgrensche* „Pferdezeitalter".[8] Dies hindert die jungen Leser/innen trotzdem nicht daran, in der Kinderliteratur auch ein Mittel zu sehen, die eigene Lebenswirklichkeit zu erkunden. Zu diesem Zwecke bedarf es freilich einer Literatur, deren Autorinnen und Autoren sich vorrangig in die Rolle der gewissenhaften und unvoreingenommenen sozialen Beobachtenden begeben. Bei *Christine Nöstlinger, Susanne Kilian, Renate Welsh* und *Kirsten Boie* beispielsweise ist diese Beobachtungsgabe stark ausgeprägt, was nicht ausschließt, daß auch bei diesen Autorinnen Kindheitserinnerungen oder gar ein persönlicher Kindheitsmythos eine gewisse Rolle spielen.

Wie einzelne Autorinnen und Autoren mehr zu dieser Art, andere wiederum mehr zu jener Art von Kinderliteratur tendieren, so verhält es sich auch mit den Epochen der Kinderliteraturgeschichte. Es fällt auf, daß die 50er und 60er Jahre auf bundesrepublikanischer (und österreichischer) Seite von Schreibenden geprägt waren, die in erster Linie aus Kindheitserinnerungen schöpften und darüber hinaus einem, sei es gängigen, sei es persönlichen, Kindheitsmythos verpflichtet waren. Generell wurde in dieser kinderliterarischen Epoche die Kindheit als ein der modernen Gesellschaft, ja, aller Zeitlichkeit überhaupt entrückter Naturzustand angesehen, als ein aus dem Alltagsleben ausgegliederter Frei- und Spielraum, der vor- bzw. gegenmoderne Züge trägt. Eine solche Kindheitsauffassung kam den Autorinnen und Autoren entgegen, deren eigene Kindheit noch unter vormodernen Bedingungen stattgefunden hatte, wie beispielsweise *Astrid Lindgren, James Krüss* oder *Otfried Preußler*. Dabei ist es keineswegs so, daß etwa *Astrid Lindgren* nicht die Lebensumstände moderner Großstadtkinder wahrgenommen hätte; nur sah sie darin eben eine der kindlichen Wesensnatur gänzlich inadäquate Welt, der die Kinder eigentlich nur entfliehen können.

Das Projekt, die Kinderliteratur als Reflexion der Geschichte von Kindheit zu lesen, stößt also auf geeignete oder weniger bzw. gar nicht geeignete kinderliterarische Œuvres; auf Epochen, die den alltäglichen Lebensverhältnissen der Kinder nur am Rand Aufmerksamkeit widmen, weil sie diese eben daraus befreien und in eine wahrhafte Kinderwelt entführen wollen. Aber auch auf Epochen, deren Kinderliteratur die Erkundung der realen kindlichen Lebensumstände als ihre vorrangige Aufgabe begreift.

Die neue Kinderliteratur seit Ende der 60er Jahre

Die Ende der 60er angebrochene neue kinderliterarische Epoche setzt die Traditionslinie der sozialkritischen Kinderliteratur des frühen 20. Jahrhunderts, insbesondere derjenigen der Weimarer Republik, fort: Die Produzentinnen und Produzenten begreifen sich nachdrücklich als soziale Beobachter/innen, wobei sie eine erstaunliche Sensibilität gegenüber allen Wahrnehmungsverzerrungen auf Seiten der Erwachsenen zeigen. Geleitet werden sie dabei von einer neuen, einer egalitaristischen Kindheitsauffassung, nach der Kinder als den Erwachsenen gleichberechtigt anzusehen, ihnen folglich die gleichen Rechte zu gewähren und der gleiche Respekt zu zollen sind.[9] Eine Konsequenz aus dieser neuen Kindheitsauffassung ist in diesem Zusammenhang von besonderer Bedeutung: Die Gleichberechtigung verbietet es, den Kindern mit einem vorgefertigten Bild entgegenzutreten. Genau dies aber ist überall dort geschehen, wo Kinder zu andersgearteten, fremden Wesen stilisiert, wo sie gewissermaßen durch die Brille eines Mythos wahrgenommen wurden. Gesellschaften neigen generell dazu, soziale Gruppen mit auffälligen Merkmalen zu funktionalisieren. Sie schreiben ihnen unbewußt Eigenschaften zu, die in Wahrheit dem eigenen Begehren bzw. der eigenen Phantasie entspringen. Sie stülpen solchen Gruppen ein Fremdbild über und machen sie dadurch unfrei. Kindern ist dies immer dann widerfahren, wenn sie mythisiert wurden. Befriedigung hat dies in erster Linie den durch die Anforderungen der Moderne strapazierten Erwachsenen verschafft: Sie haben sich einen Fluchtraum eröffnet. Die Verfasser/innen der neuen Kinderliteratur wehren sich vehement gegen alle Mythisierung von Kindheit; sie sind allergisch gegen alle Kindheitsstereotypen und -klischees, lehnen alle kindheitsbezüglichen Sentimentalismen und Nostalgien, alle „Kindertümelei" auf Seiten des Erwachsenen entschieden ab. Sie setzen damit zugleich einen Anspruch: Den Kindern und ihren Lebenswelten möglichst unvoreingenommen entgegenzutreten, was immer auch heißt, den eigenen Erwartungen an Kinder mit Mißtrauen begegnen. Einen günstigeren Nährboden für eine Kinderliteratur sozialer Wirklichkeitsekundung kann man sich kaum denken.

Die Produzentinnen und Produzenten der neuen Kinderliteratur gehören – von Ausnahmen wie etwa *Ursula Wölfel* abgesehen – der Generation der in den 30er Jahren Geborenen an. Deren Kindheit fiel in die letzten Kriegs- und die ersten Nachkriegs-, die Trümmerjahre, d. h. in eine Zeit, die, sei es aufgrund politischer Umstände, sei es aus schierer Not, Kindern keine Sonderbehandlung, keinen eigenen Frei- und Schonraum gewähren konnte. Die Zeitumstände bewirkten eine Art Gleichberechtigung von Kindern und Erwachsenen, wobei dies in erster Linie eine Gleichheit des Betroffenseins von Leid, Entbehrung und Not

war. Die Zeitumstände trugen jedoch auch zu einer Lockerung der Kontrolle der Erwachsenen über die Kinder bei, die dadurch eine gewisse Selbständigkeit erlangen konnten.[10] Die Kindheitserinnerungen dieser Autorengeneration fallen in der Regel unsentimental aus; es dürften weitgehend Erinnerungen an eine gar nicht idyllische, sondern ernste und schwere Kindheit sein.[11] So werden bei dieser Generation die Kindheitsauffassung der Endsechziger und 70er Jahre und das mit dieser verbundene unsentimentale Ernstnehmen der Kinder auch durch die eigenen Kindheitserinnerungen gestützt.

Von der Erkundung des Sozialen zur Erforschung des Innenlebens

Der Auftrag zur literarischen Wirklichkeitserkundung ist eine direkte Konsequenz der neuen Kindheitsauffassung: Vor Kindern darf es, will man sie wirklich als gleichberechtigt ansehen, fortan keine Geheimnisse mehr geben; es darf ihnen seitens der Erwachsenen nichts mehr verschwiegen werden. Die Gleichberechtigung impliziert den gleichberechtigten Zugang zu Wissen und Erkenntnis. Kinder haben ein Recht darauf zu erfahren, nach welchen Mechanismen die Gesellschaft funktioniert, deren Mitglieder sie sind. So macht es sich die neue Kinderliteratur zur Aufgabe, den kindlichen Lesern „Einsichten in die Konflikte, Strukturen und Verharschungen des gegenwärtigen Gesellschaftssystems"[12] zu vermitteln. Sie handelt von Kapitalisten und Lohnarbeitern, von Spekulanten, Vermietern und Mietern, vom Staatsapparat und den Bürgern als den zentralen antagonistischen Kräften der Gesellschaft.

Doch recht bald wird den Autorinnen und Autoren der neuen Kinderliteratur klar, daß das Aufklärungsbedürfnis der Kinder sich in erster Linie auf Probleme und Strukturen der eigenen Lebenswelt bezieht. Was Kinder beschäftigt, das sind die Spannungen innerhalb der Familie, die bedrückende Schulsituation, die eingeschränkten Spielmöglichkeiten im Stadtviertel, die Konflikte innerhalb der peer group, die Streitereien zwischen Mädchen und Jungen, zwischen deutschen und ausländischen Kindern. Mit der Abwendung von der allgemeinen Gesellschaftskunde in literarischer Einkleidung und der Hinwendung zum Alltag der Kinder mit seinen auf den ersten Blick noch so unscheinbaren Nöten und Sorgen hat sich die neue Kinderliteratur der 70er Jahre zu einem vorzüglichen Organ der Exploration realer kindlicher Lebensverhältnisse entwickelt.[13] Die Produzentinnen und Produzenten sind dabei von Gesellschaftstheoretikern und Propagandisten zu sozialen Beobachtern von zunehmender Unvoreingenommenheit und Gewissenhaftigkeit geworden. Die explorative Anstrengung konzentriert sich in den frühen und mittleren 70er Jahren weitgehend auf die äußeren Umstände, die Rahmenbedingungen des Kinderalltags und auf die Erwachsenen als die hierfür Verantwortlichen, als diejenigen, die Kinder in ihren Rechten beschneiden, ihre Entfaltungsmöglichkeiten einschränken, die sie mißverstehen, mißachten und unterdrücken. Dagegen sind zahlreiche kindliche Protagonisten dieser Zeit nicht aus der Beobachtung erwachsen, sondern reine Wunschfiguren der Autorinnen und Autoren: Kinder voller Selbstbewußtsein und Aufmüpfigkeit, voller Vernunft und Weitblick, voller Güte und Solidarität.[14] Daß sich schwierige soziale Verhältnisse und repressive Strukturen auf die Psyche auch schon der Kinder zerstörerisch auswirken, bleibt vorerst ausgeblendet.

Es dauert freilich nicht lange, bis auch dieser blinde Fleck beseitigt ist. Hierbei kommt der skandinavischen Kinderliteratur eine führende Rolle zu.

In *Tormod Haugens* mittlerweile zu einem Klassiker gewordenem modernen Kinderroman „Die Nachtvögel" von 1975[15] wird der Blick in das Innere des verschüchterten, von Angstträumen und Wahnvorstellungen gequälten achtjährigen Protagonisten geworfen, der unter den familiären Schwierigkeiten ebenso leidet wie unter den sadistischen älteren Kindern des Viertels. Bald hat auch die deutsche Kinderliteratur realisiert, wie komplex die Psyche des Kindes und wie schal das Klischee vom ewig unbeschwerten und heiteren kindlichen Gemüt ist. *Peter Härtlings* Kinderroman „Ben liebt Anna" von 1979 gilt als einer der Schlüsseltexte für die Wendung des kinderliterarischen Blicks ins Innere der Kinderfiguren und der damit einhergehenden Psychologisierung der Menschendarstellung im erzählenden Kinderbuch.[16] Neben die soziale Erkundung kindlicher Lebenswelten ist damit die Einfühlung in die kindliche Psyche getreten, neben die Rolle der sozialen Beobachter/innen diejenige der Deuter/innen des kindlichen Seelenlebens.[17]

Man hat in der Wendung des Blicks nach Innen eine Abkehr von der neuen Kinderliteratur, einen Bruch mit der Kinderliteraturreform der Endsechziger sehen wollen. Dem steht entgegen, daß die Kinderliteratur mit dem Ende der 70er Jahre keineswegs das Geschäft der sozialen Erkundung der fortlaufend sich wandelnden kindlichen Lebenswelten aufgegeben hat. Das Gegenteil ist der Fall. Erwähnt seien hier nur die Kinderromane *Christine Nöstlingers* und *Kirsten Boies* aus den 80er Jahren, denen die Romane der Engländerin *Anne Fine* an die Seite zu stellen wären; in ihnen wird auf höchst eindringliche Weise die progressive Familie dieses Zeitabschnitts porträtiert.[18] Doch auch von der Sache her vermag diese Annahme nicht zu überzeugen. Soziale Aufklärung und Exploration des Inneren sind keine Gegensätze, sondern nur zwei Seiten einer Medaille – derjenigen der Ende der 60er Jahre proklamierten Gleichberechtigung der Kinder.[19] Denn die Gleichberechtigung beinhaltet auch das Eingebundensein in eine Mitverantwortung, den Zwang permanenten Aushandelns und Entscheidens; sie bedeutet für die Kinder das Ende des Zeitalters der Unmündigkeit, gleichzeitig aber auch das Ende des Zeitalters der Unbeschwertheit. Die Kinder werden dadurch psychisch in erheblichem Maße gefordert, und so wundert es nicht, daß die moderne Subjektivitätsproblematik nun auch im kinderliterarischen Horizont auftaucht. Gleichberechtigung der Kinder heißt eben auch, daß die kindliche Subjektivität sich allenfalls graduell, nicht aber mehr prinzipiell von der des Erwachsenen unterscheidet. Vereinsamung, Wirklichkeitsverlust, Zerrissenheit, Bewußtseinsspaltung – all dies gilt es nun auch bei Kindern als normal anzusehen.

Statt von einer Abkehr wäre ganz im Gegenteil von einer erlangten Vollform der neuen Kinderliteratur zu sprechen. Erst mit Hinzutreten des psychologischen Realismus, mit Hinzugewinnung der literarischen See-lendeutungskunst erhält die neue Kinderliteratur ihre einmalige Bedeutung als Spiegelung aktueller Kindheit. Solange sie sich allein der sozialen Erkundung kindlicher Lebenswelten widmet, kann sie sich nur schwer von dem Odium freimachen, nicht mehr als eine literarische Umsetzung soziologischer Erkenntnisse ad usum delphini zu sein. Die Legitimität einer soziologisches Wissen veranschaulichenden Literatur – im kinderliterarischen Kontext oft „Problemliteratur" genannt – soll damit nicht in Zweifel gezogen werden. Es geht hier lediglich darum zu betonen, daß die Möglichkeiten der Kinderliteratur darüber hinausreichen. Sie ist mittels einer psychologisch vertieften Figurenzeichnung in der Lage, die gegenwärtige lebensweltliche Situation wie die aktuelle psychische Befindlichkeit, das Lebens- und Zeitgefühl von Kindern einfließen zu lassen in die Gestaltung unverwechselbarer literarischer Kindergestalten, in die Erfindung kindlicher Charaktere, die sich ins kulturelle Gedächtnis einschreiben. Erst mit der Schaffung von Kinderfiguren, in denen sich das Eigentümliche einer ganzen Generation von Kindern verdichtet, in denen eine epochale Kindheitsfiguration im wörtlichen Sinne Gestalt annimmt, steuert die Kinderliteratur einen nur von ihr qua Literatur zu leistenden Beitrag zur Diskursivierung, zur Artikulation und Reflexion aktueller Kindheit bei.

Die ältere und jüngere Generation der Kinderbuchautoren

Wer im aktuellen kinderliterarischen Angebot Texte sucht, in denen kindliche Lebenswelten von heute erkundet und die Gefühlswelt, die Ängste und die Wünsche von Kindern erspürt werden, findet in erster Linie die Werke bereits gestandener Kinderliteratinnen und -literaten, die der Generation der in den 30er und 40er Jahren Geborenen angehören und die entweder – wie etwa *Christine Nöstlinger, Renate Welsh, Dagmar Chidolue* oder *Peter Härtling* – schon in den 70er Jahren zu den tragenden Säulen der neuen Kinderliteratur gehörten oder – wie *Mirjam Pressler, Gudrun Mebs* oder *Kirsten Boie* – Anfang/Mitte der 80er Jahre hinzustießen. In Anbetracht der zahlreichen Wendediagnosen und Prophezeihungen eines kinderliterarischen Rückfalls bürgen die genannten Autorinnen und Autoren mit ihren Ende der 80er, Anfang der 90er Jahre erschienenen Kinderromanen für eine Kontinuität auf hohem Niveau. Mit Romanen wie „Drachenflügel" von *Renate Welsh*[20], „Der Zwerg im Kopf" und „Einen Vater hab ich auch" von *Christine Nöstlinger*[21], „Pischmarie" von *Dagmar Chidolue*[22], „Mariemoritz" und „Der Mond wird dick und wieder dünn" von *Gudrun Mebs*[23], „Fränze", „Mit Clara sind wir sechs" und „Lena auf dem Dach" von *Peter Härtling*[24], „Nickel Vogelpfeifer" und „Wenn das Glück kommt" von *Mirjam Pressler*[25], „Mit Kindern redet ja keiner" und „Ich ganz cool" von *Kirsten Boie*[26], um nur eine Auswahl herausragender Titel zu nennen, zeigt sich die Kinderliteratur auch jetzt noch hellwach, aufgeschlossen und zeitbewußt. Sie ist entschlossen, die Probleme heutigen Kinderlebens aufzugreifen und literarisch zu gestalten. Sie hält sich ungebrochen als ein Medium, in dem sich die gegenwärtigen Lebenswelten von Kindern reflektieren und deren innere Befindlichkeit erkundet wird.

Irritierend ist freilich, daß aus der jüngeren Generation, also aus dem Kreis der in den 50er und 60er Jahren Geborenen, Beiträge in der soeben charakterisierten Richtung bislang noch ausgeblieben sind. Dies mag damit zusammenhängen, daß die neue Kinderliteratur von 1970 generell keine ausgesprochene „Jung-Autoren-Literatur" gewesen ist. Dafür ist in ihr die Extroversion zu stark ausgeprägt: Sie ist eine Literatur der nach außen gerichteten Beobachtung. Sie erkundet Lebenswelten, die mit denjenigen der Schreibenden nicht identisch sind; sie sucht sich in Menschen zu versetzen, die lebensgeschichtlich in einer gänzlich anderen Situation sind. Die Möglichkeiten, sich selbst einzubringen, auf die es gerade jungen Autorinnen und Autoren ankommt, sind bei dieser Literatur folglich sehr begrenzt. Dem entspricht es, daß gerade Verfasser/innen, bei denen die Beobachtung stark ausgeprägt ist, das kinderliterarische Debüt oft relativ spät erleben. Häufig sind es dabei äußere Anlässe, die sie zum Abfassen von Kinderbüchern bewegen: Erfahrungen mit eigenen Kindern beispielsweise, mit Schulklassen oder mit Kindergruppen in sonstigen Institutionen. So scheint es ganz natürlich zu sein, daß die kinderliterarischen Beiträge jüngerer Autorinnen und Autoren, die in der Regel mehr mit sich selbst befaßt sind, noch vergleichsweise wenig zur Spiegelung aktueller kindlicher Lebenswelten beitragen und mehr von der vergangenen eigenen Kindheit zeugen.

Es kommt hinzu, daß die jüngere Generation auf eine andere Kindheit zurückblickt – auf eine Kindheit in den 60er Jahren, eine mit Spielzeug, aber auch mit nichtautoritären, kindgemäßen Kinderbüchern. Diese Autorinnen und Autoren sind mit *Astrid Lindgren, James Krüss, Max Kruse, Otfried Preußler* und dem frühen *Michael Ende*, mit einer phantasievollen und zugleich auf kindliche Bedürfnisse sich einlassenden Kinderliteratur aufgewachsen und dürften ihre Kindheitslektüre in der Regel in überaus guter Erinnerung haben. Sie haben vermutlich die heiteren und unbeschwerten Kinderbuchwelten dieser Jahre wirklich genossen und waren als Leser den Kinderbüchern längst entwachsen, als diese „heilen Welten" zu Beginn der 70er Jahre ins Kreuzfeuer der Kritik gerieten. Ihre Erinnerungen an die Bücher ihrer Kindheit dürften also auch jetzt noch ungetrübt sein. So wundert es nicht, wenn die jüngeren Kinderliteratinnen und -literaten wieder mehr zu den Autoren gehören, für deren Schreiben die Erinnerung an die eigene Kindheit von größerer Bedeutung ist.

Ob mit dieser Generation kinderliterarisch das Pendel wieder auf die Seite der Introversion zurückschlägt, ist augenblicklich schwer zu entscheiden. Es ist allerdings nicht zu übersehen, daß in den Kinderbüchern dieser Verfasser/innen zahlreiche Elemente auftauchen, die der Kinderliteratur vor 1970 entstammen. Der klassische Kinderroman à la *Erich Kästner* und *Astrid Lindgren* mit seinem altbewährten Kinderfigurenarsenal und seinen zwar unrealistischen, dafür aber spannungs- und effektvollen Handlungsmustern ist für sie längst nicht mehr tabu, und auch mit heiter-fröhlicher Spielerei, harmloser Ulkerei und süßlicher Idyllik, scheint sie sich nicht sonderlich schwer zu tun. So manche Titel von *Cornelia Funke* (Jahrgang 1958) nehmen sich wie Remakes aus den 60er Jahren aus; die Kindererzählung „Wilde Hühner"[27] führt uns zurück in die längst obsolet gewordene Welt der Lausemädchen und Lausejungen samt deren harmlosen Streichen und Abenteuern. Wie sehr wieder aus Kindheitserinnerungen heraus geschrieben wird, läßt sich besonders gut an einem Autor wie *Andreas Steinhövel* (Jahrgang 1962) ablesen: Sein Debüt „Dirk und Ich"[28] ist aus der Rückschau auf die eigene Kindheit hervorgegangen, was letztlich auch zugegeben wird; einen historischen Kinderroman haben wir dennoch nicht vor uns liegen. Doch auch wenn, wie im Fall von *Andreas Steinhövels* „Paul Vier und die Schröders"[29], eine Erzählung explizit in der unmittelbaren Gegenwart angesiedelt ist, wirkt die Geschichte doch eher wie ein Szenario der späten 60er/frühen 70er Jahre. Wer nach Spiegelungen aktueller kindlicher Lebenswelten sucht, wird von dieser angeblichen Gegenwartserzählung in die Irre geführt.

Themen- und Formenwandel seit Mitte der 80er Jahre

Es ist nun keineswegs so, daß sich nur die Kinderliteratur der jungen Autorengeneration verändert hat; auch die Kinderliteratur der mittleren und älteren Generation hat sich im Verlauf der 80er Jahre gewandelt. Man darf wohl mit Blick auf die jüngste Kinderliteraturentwicklung von einer Lockerung der strengen kinderliterarischen Grundsätze der 70er und frühen 80er Jahre sprechen – eine zugegebenermaßen zweischneidige Angelegenheit. Von einer eher problematischen Konsequenz dieser Lockerung war soeben die Rede: es ist die allzu unbedachte Rückkehr zu den heilen Kinderbuchwelten der 50er und 60er Jahre, wie sie besonders (aber nicht ausschließlich) bei der jungen Generation anzu-

treffen ist. Die hier angesprochene Lockerung hat aber auch etwas Befreiendes an sich: Für die 70er und frühen 80er Jahre waren zweifelsohne eine Bevorzugung, wenn nicht gar Verabsolutierung ernster, problembeladener Kinderliteratur charakteristisch, wobei heitere bzw. komische Formen verdächtigt und an den Rand gedrängt wurden. Man könnte von einer zu ausschließlichen Verpflichtung der Kinderliteratur auf Gesellschafts- und Psychoanalytik sprechen, von einer Überbetonung ihrer Erkenntnis- und Aufklärungsfunktion. Ein gewisser Überdruß an der Vorherrschaft des problemorientierten Kinderbuchs ist die natürliche Folge davon. Doch besteht keine Veranlassung, nun ins gegenteilige Extrem zu verfallen. Es käme vielmehr darauf an, neben den analytischen und aufklärenden auch anderen Funktionen und Leistungen von Kinderliteratur wieder Raum zu geben. Keine der thematischen und formalen Eroberungen der neuen Kinderliteratur der 70er und 80er Jahre scheint mir obsolet geworden zu sein; dies gilt insbesondere für die anspruchsvollste der neuen Gattungen, den modernen psychologischen Kinderroman mit seiner überaus ernsthaften Thematik. Abgelassen werden sollte lediglich von deren Überbeanspruchung auf Kosten anderer, nicht minder legitimer kinderliterarischer Möglichkeiten.

In gewissem Ausmaß läßt sich der hier angesprochene, seit Mitte der 80er faßbar werdende kinderliterarische Themen- und Formenwandel begreifen als Reaktion auf einen eingetretenen kulturellen Wandel, auf mittlerweile sichtbar gewordene Veränderungen der Familien-, der Schul- und der Freizeitkultur. Die späten 60er und die 70er Jahre waren eine Zeit der

Konfrontation, der heftigen Auseinandersetzungen, eine Zeit nicht zuletzt der erbitterten Generationenkonflikte. In Familie, Schule, Universität wie in den Betrieben standen sich die junge, aufbegehrende und die ältere, dem System verhaftete Generation so unversöhnlich gegenüber, daß es nichts zu lachen gab. Kennzeichnend für die 80er Jahre ist demgegenüber eine Entdramatisierung des Generationenkonfliktes, die nicht zuletzt daraus resultiert, daß wir es jetzt mit einer neuen Eltern- und Lehrergeneration zu tun haben. Es handelt sich bei dieser zu einem großen Teil um die generationsmäßig aufgerückten jugendlichen Rebellierer/innen von einst. Die neuen Eltern, Lehrer/innen, Erzieher/innen, Sozialarbeiter/innen etc. stehen dank ihrer Biographie von vornherein auf Seiten der kulturellen Innovation, so daß die jetzt Heranwachsenden nur noch offene Türen einrennen können. Die Generationen gehen partnerschaftlich miteinander um; die Älteren sind jetzt bereit, sich von den Jüngeren in Frage stellen zu lassen, wie sie sich überhaupt zahlreiche typisch jugendliche Eigenschaften bewahrt haben. Generell findet in den 80er Jahren eine umfassende Relativierung, ja Ironisierung von Rollen statt, in die man hinein und aus denen man wieder hinausschlüpft. Diese Rollenflexibilität und -relativität produziert eine Fülle von komischen Situationen, so daß es in der Familie, der Schule etc. wieder etwas zu lachen gibt.

Die Kinderliteratur hat auf diesen kulturellen Wandel mit einer Wiederentdeckung literarischer Komik und komischer Literaturgattungen reagiert. Im kinderliterarischen Horizont hat (neben dem Pikaro-, dem Schelmenroman[30]) in erster Linie der komische

Familienroman, eine überaus traditionsreiche Gattung der Unterhaltungsliteratur, ein Comeback erfahren. *Christine Nöstlinger, Kirsten Boie* und die Engländerin *Anne Fine*, deren Romane

in Deutschland eine große Beachtung finden, dürfen gegenwärtig als Meisterinnen dieses Genres angesehen werden.[31] Vor einem Absinken ins Triviale sind die Romane dieser Autorinnen dadurch gefeit, daß der allen Familienkomödien zugrunde liegende bittere Ernst nie verdrängt, nie verschwiegen wird. So bleibt einem das Lachen stets im Halse stecken bei diesen letztlich nicht bloß komischen, sondern tragikomischen Familiengeschichten, die den ernsten Kinderroman der vorausgegangenen Epoche eben nicht verdrängt, sondern in sich aufbewahrt haben.

Weitere Veränderungen der Kinderliteratur lassen sich ebenfalls kulturgeschichtlich erklären: Die relative Entspannung in den Familien, den Schulen etc., die Ironisierung der Rollen und das Spiel mit ihnen bewirken eine neue Sicht von Verantwortung: letztere ist angemessen nur zu tragen, wenn sie zeitweilig auch abgeschüttelt werden darf; andernfalls droht sie zu pervertieren. Kinder wie Erwachsene bedürfen, um sich nicht zu verkrampfen, einer Balance zwischen Übernahme und gelegentlicher Abschüttelung von Verantwortung, einen Wechsel zwischen Daseinsernst und Problementbundenheit, zwischen Mitbesorgtsein und zeitweiliger Unbeschwertheit, zwischen realitätsbezogener Nüchternheit und phantasiemäßiger Ausschweifung. Die Antwort auf diese Relativierung der moralisch-politischen Rigidität der 70er Jahre wäre eine Kinderliteratur, die ihre kindlichen Protagonisten einerseits in der problemreichen Alltagswelt beläßt, ihnen andererseits aber erlaubt, sich dem sorgenvollen Alltag zeitweilig zu entziehen, sich Rückzugsorte und Verstecke zu schaffen, sich vorübergehend selbst zu vergessen, der eigenen problematischen Subjektivität zu entrinnen, ohne all dies sogleich als unzulässige Flucht, als Schwäche und Versagen zu brandmarken. Es wäre dies eine Kinderliteratur, die dem Idyllischen wieder Raum gäbe.

Die Rückkehr der Idyllik stellt neben der des Komischen die zweite tiefgreifende kinderliterarische Veränderung der 80er Jahre dar. Auch hier wird ein Traditionselement wieder aktiviert, wie sich auch hier die Gefahr eines Rückfalls bzw. Absinkens ins Triviale ergibt. Darüber erhaben scheinen mir die Eddie-Romane der Schwedin *Viveca Sundvall*[32] zu sein: In ihnen ist der sozialkritische wie der psychologische Realismus der vorausgegangenen

Kinderliteraturepoche aufbewahrt. Es geht um eine höchst schwierige Familiensituation, so daß aufs Ganze gesehen ein überaus beschädigter Weltzustand vorgeführt wird, in dem Erwachsene wie Kinder an Sorgen keinen Mangel haben. Dennoch gibt es Augenblicke voller Glück, die dieses

beschädigte Leben bereithält. Es ist erschütternd und anrührend zugleich, wie der von Krankheit und Leid geprüfte Protagonist Eddie, zwischen der familiären und schulischen Sorgenwelt und seinen Rückzugsorten, seinen Phantasiewelten, hin und her pendelnd, immer wieder zu heiterer Gelöstheit findet. Diese idyllischen Erzählungen sind deshalb glaubwürdig, weil sie weder das Beschädigtsein der Welt, noch die Fragilität des erfahrenen Glücks verschweigen. Wir haben es mit einer Literatur der beschädigten Idylle zu tun.

Die Kinderliteratur der 8Cer und frühen 90er Jahre ist dem allgemeinen kulturellen Wandel, damit auch den Veränderungen von Kindheit, also durchaus auf der Spur geblieben. Und sie hat sich aus eben diesem Grunde selbst wandeln müssen: Die neue Kinderliteratur des Tragikomischen wie die der beschädigten Idylle scheinen mir der aktuellen Befindlichkeit von Kindern am nahesten gekommen zu sein; sie zeugen am deutlichsten vom Zeitgeist dieser Jahre.[33] Einer Dimension aktueller Kindheit scheint mir die Kinderliteratur dabei allerdings ausgewichen zu sein, der Mediendurchdrungenheit ihres Alltags nämlich. Die Kinderbuchwelten sind – von wenigen Ausnahmen wie *Kirsten Boies* „Ich ganz cool"[34] oder *Christine Nöstlingers* „Fernsehgeschichten vom Franz" und „TV-Karl"[35] abgesehen – über weite Strecken medienfreie Zonen. Die kindlichen Figuren geraten als Mediennutzer so gut wie gar nicht in den Blick, wie auch deren Imaginationen vom Medienangebot unbeeinflußt sind. Hier werden, wie mir scheint, die durch die Medien erzeugten Phantasiewelten unterschätzt, die durch ihre Allpräsenz mittlerweile zu einem unverrückbaren Bestandteil der Alltagswelt von Kindern geworden sind.[36] Eine pure Wirklichkeit jenseits aller Phantasmagorien läßt sich im Medienzeitalter immer weniger ausmachen, und so darf eine Kinderliteratur, die die Veränderungen von Kindheit reflektieren will, an der Realpräsenz des Phantastischen im Kinderalltag nicht länger vorbeigehen. Ähnlich dürftig ist es übrigens um die kinderliterarische Auseinandersetzung mit der Konsumkultur der Kinder bestellt. Als versierte Konsumenten, als Kenner der Angebote der Spielzeug-, der Computerspiele- und der Kleidungsindustrie werden Kinder nur selten ins Visier genommen. Für die Kinderliteratur bleibt also angesichts der sich weiter verändernden Kindheit eine Reihe von Herausforderungen noch zu bestehen.

---

[1] Vgl. vor allem den von *Ulf Preuss-Lausitz* u. a. verfaßten Band „Kriegskinder, Konsumkinder, Krisenkinder". Weinheim/Basel 1983.

[2] *Ulrich Beck:* Risikogesellschaft. Auf dem Weg in eine andere Moderne. Frankfurt/Main 1986; vgl. auch *Beck, Ulrich* und *Elisabeth Beck-Gernsheim:* Das ganz normale Chaos der Liebe. Frankfurt/Main 1990.

[3] Vgl. Kinder- und Jugendliteratur der Aufklärung. Eine Textsammlung. Hrsg. v. *Hans-Heino Ewers.* Stuttgart 1980, neue Ausg. 1990; ebenso: Geschichte der deutschen Kinder- und Jugendliteratur. Hrsg. v. *Reiner Wild.* Stuttgart 1990.

[4] Vgl. zur Geschichte und Problematik „realistischer" Kinderliteratur: *Peter Scheiner:* Realistische Kinder- und Jugendliteratur. In: Kinder- und Jugendliteratur. Ein Handbuch. Hrsg.v. *Gerhard Haas.* Stuttgart 1984, S. 37–62.

[5] Vgl. Kinder- und Jugendliteratur. Von der Gründerzeit bis zum ersten Weltkrieg. Hrsg. v. *Myriam Mieles* und *Hans-Heino Ewers.* Stuttgart 1994, S. 295 ff.

[6] *Heinrich Scharrelmann* (1871–1940): Ein kleiner Junge. Was er sah und hörte, als er noch nicht zur Schule ging (1908); Berni. Aus seiner ersten Schulzeit (1912); Berni. Im Seebad (1916); Berni lernt Menschen kennen (1922); Berni lernt Menschen verstehen (1926). *Carl Dantz* (1884–1967): Peter Stoll. Ein Kinderleben, von ihm selbst erzählt (1925). Nachdruck München 1978. Der Fortsetzungsband „Peter Stoll, der Lehrling, erzählt von Flegel-, Lehr- und Wanderjahren" (1930).

[7] Auf die Bedeutung von Kindheitsmythen hat *Walter Pape* hingewiesen in: Das literarische Kinderbuch. Studien zur Entstehung und Typologie. Berlin, New York 1981, S. 23 ff., S. 97 ff.

[8] Vgl. *Astrid Lindgren:* Das entschwundene Land. Hamburg 1977. Hier ließe sich die Unterscheidung zweier Hauptfunktionen der Literatur anschließen, die *Reinbert Tabbert* auf die Kinderliteratur bezieht: es handelt sich um „spielerische Wunschbefriedigung" auf der einen, um „Deutung von Realität" auf der anderen Seite. Vgl. *Reinbert Tabbert:* Roald Dahls phantastischer Riesenspaß oder was ein Kinderbuch erfolgreich macht. In: Erfahrungen mit Phantasie. Gerhard Haas zum 65. Geburtstag. Hrsg. v. *Bernhard Rank.* Baltmannsweiler, S. 38 f.

[9] Vgl. die am Ende dieses Bandes aufgeführten Aufsätze, die den Versuch einer Neuinterpretation der Kinderliteraturreform von 1970 unternehmen.

[10] Vgl. hierzu zwei Beiträge aus dem Band „Kriegskinder, Konsumkinder, Krisenkinder" von *Ulf Preuss-Lausitz: Yvonne Schütze/Dieter Geulen:* Die Nachkriegskinder und die Konsumkinder. Kindheitsverläufe zweier Generationen, S. 29–52; *Marina Fischer-Kowalski:* Halbstarke 1958, Studenten 1968: Eine Generation und zwei Rebellionen, S. 53–70.

[11] Vgl. etwa die Kindheitserinnerungen *Christine Nöstlingers,* literarisch verarbeitet in den Titeln „Maikäfer flieg! Mein Vater, das Kriegsende, Cohn und ich". Weinheim u. Basel 1973 und „Zwei Wochen im Mai. Mein Vater, der Rudi, der Hansi und ich". Weinheim und Basel 1981.

[12] *Schedler, Melchior:* Schlachtet die blauen Elephanten. Bemerkungen über das Kinderstück. Weinheim u. Basel 1973. Es handelt sich bei dieser Aufsatzsammlung um eine der herausragenden programmatischen Äußerungen nicht nur zum neuen Kindertheater, sondern zur neuen Kinderliteratur überhaupt.

[13] Beispielhaft für diese Entwicklung sind zwei Geschichtensammlungen: *Ursula Wölfel:* Die grauen und die grünen Felder. Wahre Geschichten. Mühlheim/Ruhr 1970 und *Frederik Hetmann:* Bitte nicht spucken. Gefundene, gehörte, erlebte Geschichten. Recklinghausen 1972.

[14] Nicht zufällig gerät dabei so mancher kindliche Held zur phantastischen Figur. Das bekannteste Beispiel hierfür dürfte wohl „Birne" sein. *Günter Herburger:* Birne kann alles. Birne kann noch mehr. Darmstadt und Neuwied 1971; Birne brennt durch. Ebd. 1975.

[15] Zürich und Köln 1978.

[16] Weinheim und Basel 1979. Vgl. zu diesem Titel das Lehrerbegleitheft von *Hannelore Daubert,* Weinheim und Basel 1990, und den Beitrag von *Birgitta Barlet* in diesem Band.

[17] Die pointierte kindliche Innenwelterzählung mit Annäherungen an die Erzähltechnik des Bewußtseinsstroms tritt mit *Gudrun Mebs* Kinderroman „Das Sonntagskind", Aarau und Frankfurt/Main 1983, auf den Plan. Vgl. hierzu die am Ende des Bandes aufgeführten Essays von *Wilhelm Steffens.*

[18] Vgl. *Kirsten Boie:* Mit Jakob wurde alles anders. Hamburg 1986; Das Ausgleichskind. Hamburg 1990; Jeder Tag ein Happening. Hamburg 1993. *Christine Nöstlinger:* Der Zwerg im Kopf. Weinheim und Basel 1989; Wie ein Ei dem anderen. Weinheim und Basel 1991; Einen Vater hab ich auch. Weinheim und Basel 1994. *Anne Fine:* Der Neue. (1989). Zürich 1992; Madame

Mirabilis/Mrs.Doubtfire. Zürich 1993; Familienkrieg. Zürich 1994; Das Baby-Projekt. Zürich 1995.

[19] Im Gegensatz etwa zu *Reinbert Tabbert,* der nach einer ersten (50er und 60er Jahre) und einer zweiten Phase (70er Jahre) mit der Hinwendung zur Innerlichkeit ein drittes Entwicklungsstadium westdeutscher Kinderliteratur sieht. Vgl. Kinder in westdeutschen Kinderbüchern. In: Informationen Jugendliteratur und Medien 41, H. 4/1989, S. 156–165.

[20] Zürich/Frauenfeld 1988 .

[21] Siehe Anm. 18.

[22] Hamburg 1990.

[23] Mariemoritz. Zürich 1988; Der Mond ... Aarau und Frankfurt/Main 1991.

[24] Fränze. Weinheim und Basel 1989; Mit Clara ... Weinheim und Basel 1991; Lena ... Weinheim und Basel 1993.

[25] Nickel Vogelpfeifer. Weinheim und Basel 1986; Wenn das Glück kommt, muß man ihm einen Stuhl hinstellen. Weinheim und Basel 1994.

[26] Mit Kindern ... Hamburg 1990; Ich ganz cool. Hamburg 1992.

[27] Hamburg 1993.

[28] Hamburg 1991.

[29] Hamburg 1992.

[30] Auf das Wiederhervortreten der kinderliterarisch traditionsreichen „Lausbuben"- bzw. „bad boy"-Geschichten sei hier nur am Rande verwiesen. Am sichtbarsten tritt der Aufstieg dieser Traditionsgattung am Erfolg der Serie eines schwedischen Autorenpaars hervor. Vgl. *Anders Jacobsson/Sören Olsson:* Berts gesammelte Katastrophen (1987). Hamburg 1990. Die bislang erschienenen Fortsetzungsbände lauten: Berts intime Katastrophen (1992), Berts romantische Katastrophen (1993), Berts Herzenskatastrophen (1994) und Berts hemmungslose Katastrophen (1995).

[31] Siehe Anm. 18.

[32] Eddie und Maxon Jaxon. Hamburg 1992; Alles wegen Valentino. Hamburg 1993; Johanna, die beste Freundin der Welt. Hamburg 1994.

[33] Inwieweit dies auch auf die neue Schelmenliteratur für Kinder zutrifft, bleibt noch zu überprüfen.

[34] Siehe Anm. 26.

[35] Fernsehgeschichten ... Hamburg 1994; Der TV-Karl. Weinheim und Basel 1995 (zuerst erschienen in dem Jahrbuch „Ein und Alles" von 1992).

[36] Vgl. hierzu den Beitrag von *Ralf Schweikart* in diesem Band.π

Birgitta Barlet

‚Ben liebt Anna' als Beispiel für ein verändertes Kindheits- und Kinderliteraturkonzept

Ein Klassiker des psychologischen Kinderromans

Der Kinderroman von *Peter Härtling* „Ben liebt Anna" in einem Band zur aktuellen Kinderliteratur? Kann ein Buch, das bereits 1979 erschienen ist, Krisen- und Medienkindheit – die Schlagworte der neueren Kindheitsforschung – bereits thematisieren?
Ohne Zweifel enthält der Roman Elemente, die Ausdruck des frühen Erscheinungsdatums sind und inzwischen als überholt gelten mögen. Um die soll es hier jedoch nicht gehen. Denn der besondere Verdienst von „Ben liebt Anna" ist, eine Fülle von inhaltlichen und formalen Kriterien zu erfüllen, die dem veränderten Kindheits- und Kinderliteraturkonzept Rechnung tragen. Sie machen ihn zu Recht zu einem – wie *Hans-Heino Ewers* es ausgedrückt hat – Schlüsseltext des neuen psychologischen Kinderromans.
Peter Härtling gehört zu der Schriftstellergeneration, der für das Umsetzen eines veränderten Kinderliteraturkonzeptes eine große Bedeutung zukommt. Er war einer der ersten, der sich Ende der 60er Jahre zu Wort meldete und eine „neue" Kinderliteratur forderte: eine Literatur, die Kinder ernst nehmen und ihre tatsächliche Lebenswelt abbilden sollte. Er sprach sich gegen Bücher aus, die eine stets unbeschwerte, von Sorgen und Nöten der Erwachsenenwelt unberührte kind-

liche Welt darstellten. Das begriff er als eben nicht kindgemäß. Diese Auffassung ist wohl auch durch seine eigene Kindheit geprägt. Als 1933 Geborener und früh mit dem Tod der Eltern konfrontiert, gab es für ihn nie die idyllische Kindheit, die seine Schriftstellerkollegen in den 50er und 60er Jahren gern in den Mittelpunkt rückten.

„Ben liebt Anna" ist Ausdruck beider Phasen der Kinderliteraturreform: Der

Intention der frühen 70er Jahre entsprechend thematisiert das Buch eine soziale Problematik (die Situation von Aussiedlerfamilien) und übt indirekt Kritik an Vorurteilen und Ausgrenzung. Es will aufklären und kindliche Lebenswelt sozial erkunden. Im Mittelpunkt des Romans stehen jedoch die Gedanken und Gefühle des Protagonisten, bezogen auf eine Situation, die sein Leben und sein Selbstwertgefühl aus dem Gleichgewicht bringt. Mit diesem „Blick ins Innere" (*Lypp*, S. 24 ff.) trägt *Peter Härtling* der Kurskorrektur der Kinderliteraturreform ab Mitte der 70er Jahre Rechnung und setzt selbst Maßstäbe, was eine angemessene literarische Verarbeitung innerer kindlicher Konflikte betrifft.[1]

Elemente der Einfachheit

Trotz der vielen neuen thematischen und formalen Aspekte darf nicht übersehen werden, daß „Ben liebt Anna" in einem bestimmten Traditionszusammenhang steht und Elemente aus dem traditionellen Kinderroman enthält, die dem Text ein Stück Einfachheit verleihen. Da ist z. B. die klar erkennbare erzieherische Funktion, die der Roman erfüllen will und die – wie oft bei *Peter Härtling* – in die Figur eines Lehrers verlagert wird. Der Klassenlehrer Seibmann übernimmt die Aufgabe, die im traditionellen Kinderroman der Erzähler innehatte: auf fehlerhaftes Verhalten der Handelnden und auf die Sinnlosigkeit von Vorurteilen hinzuweisen und im Namen Annas und aller anderen zu Unrecht Ausgegrenzter für Verständnis und Nächstenliebe zu werben. Traditionell ist auch die Figur des Onkels Gerhard, ein komisch-skurril gezeichneter Erwachsener, der für Heiterkeit und Entspannung beim Lesen sorgt.

Die Rücksichtnahme auf die kindlichen Leser, die in diesen Elementen zum Ausdruck kommt, zeigt sich darüber hinaus in den Worten, die dem Buch vorangestellt sind. *Peter Härtling* nennt die Motivation für das Schreiben und macht mit dem Thema bekannt: „Ben hat Anna eine Weile sehr lieb gehabt. Und Anna Ben." Indem er seine Leser/innen direkt anspricht, stellt er Vertraulichkeit her. Diese wird verstärkt durch die Preisgabe persönlicher Erinnerung bzw. Erfahrung: „Ich erinnere mich gut, wie ich mit sieben Jahren zum ersten Mal verliebt war." Zudem gibt er sich als Erzähler zu erkennen und erleichtert damit den Eintritt in die Buchliteratur, indem er mit der literarischen Kommunikation vertraut macht, denn: „Der Zuwendungsgestus hat Überleitungsfunktion zur Anonymität und Komplexität der schriftsprachlichen Literatur" (*Lypp*, S. 74).

Der Roman beginnt im Präsens. Dies läßt eine Atmosphäre des Gegenwärtigen entstehen und unterstreicht die Unmittelbarkeit des Geschehens. Trotz des Wissens um die Vergänglichkeit von Bens Gefühl für Anna werden die Ereignisse nicht im Rückblick erzählt, wodurch die Intensität der Gefühle nicht relativiert wird. Ab dem zweiten Kapitel wird im Präteritum erzählt. Der Tempuswechsel ist zunächst logisch, da im Rückblick von Annas erstem Tag in der Schule erzählt wird bzw. davon, was in Ben seit ihrer ersten Begegnung vorgeht. Das Kapitel „Holger petzt" schließt dagegen inhaltlich an das erste Kapitel an, ohne daß die Form des Präteritums aufgegeben wird. Eine Erklärung (von Inkonsequenz seitens des Autors mag ich angesichts der Versiertheit *Peter Härtlings* nicht ausgehen) kann meines Erachtens darin liegen, daß die kindlichen Leser/innen auf diese Weise in die Regeln der epischen Schriftsprache eingeführt werden, das in der Vergangenheit Erzählte als gegenwärtig Ablaufendes zu begreifen. Denn das epische Präteritum „... drückt die fiktive Gegenwartssituation der Romanfigur aus, von der es berichtet" (*Metzler*, S. 125).

Elemente der Komplexität

Erzählhaltung

In „Ben liebt Anna" wird personal erzählt; neben der Ich-Erzählung die Erzählhaltung für einen psychologischen Roman.[2] Nur im Prolog, also außerhalb der Geschichte, wird die Anwesenheit eines Erzählers spürbar. Im Roman selbst wird das Geschehen allein aus der Perspektive Bens geschildert, und nur die Ereignisse werden erfahrbar, die sich in seiner unmittelbaren Umgebung abspielen. Seine Person markiert den Standpunkt, von dem aus die Leser/innen die dargestellte Welt wahrnehmen. Das Hauptaugenmerk der Erzählung liegt dabei auf den inneren Vorgängen Bens, auf seinen Gedanken und Gefühlen. Hier wird also eine subjektiv gedeutete Welt vorgeführt, eine Welt, die nicht bewertet, relativiert oder richtiggestellt wird. Dies stellt neue Anforderungen an die Leser/innen, die erkennen müssen, daß sie eine interpretierte Welt vor sich haben, daß ihnen keine objektive Sicht vermittelt wird. So stehen sie vor der Aufgabe, herauszufinden, inwieweit sie Vertrauen zu dem im Mittelpunkt stehenden Charakter haben und seiner Deutung Glauben schenken können.

Der personalen Erzählhaltung entsprechen die Erzähltechniken erlebte Rede und innerer Monolog, wobei letzterer allerdings nur am Ende verwendet wird: In einem „stream of consciousness" äußern sich die Gedanken, Gefühle und Pläne Bens in kurzen, abrupten, unzusammenhängenden Sätzen, gemäß dem inneren Monolog in Ich-Form und Präsens (vgl. S. 77).

Die Technik der erlebten Rede beherrscht das Buch und führt zu größerer Unmittelbarkeit des Mitfühlers und zu größerer Eindringlichkeit des Erzählens.[3] Für kindliche, noch ungeübte Leser/innen hat dies große Bedeutung: Die Schilderung äußerer und innerer Vorgänge stimmt auf sprachlicher Ebene überein. Sie werden „ruhig und gleitend" miteinander verknüpft; „so werden Leseenergien und sprachliche Wahrnehmungsaktivitäten nicht durch Barrieren, wie sie der Wechsel von syntaktischen Gefügen und Tempusformen darstellen, absorbiert" (*Steffens*, S. 179). Gerade hier, in der Verwendung von erlebter Rede und innerem Monolog, zeigt sich die formale Veränderung der Kinderliteratur. Sie geht einher mit dem geänderten Bild von Kindheit. In dem Moment nämlich, in dem auch Kindern ein reiches Innenleben und ein hohes Maß an Subjektivität eingeräumt wird, in dem bewußt wird, daß auch ihnen die Erfahrung der Isolation und Einsamkeit des modernen Ichs nicht unbekannt ist, müssen die Erzählverfahren geändert bzw. die bisherigen erweitert werden. Die neuen Darstellungsmittel stammen aus der Erwachsenenliteratur und sind Kennzeichen des modernen Romans allgemein. Im Kinderbuch erfüllen sie zwei Funktionen: Zum einen können – auf inhaltlicher Ebene – bisher außer acht gelassene Themen in Literatur für Kinder angemessen verarbeitet werden, zum anderen bedeuten sie eine Öffnung der Kinderliteratur auf das „Gesamtliterarische" hin, indem sie eine Möglichkeit darstellen, die Ghettosituation der Kinderliteratur auf formaler Ebene zu überwinden.

Verzicht auf Geschlossenheit und Kontinuität

Ein Kennzeichen des modernen Romans ist der Verzicht auf Geschlossenheit und Kontinuität des Erzählten zugunsten der Intensität des Erzählten.[4] Bei *Peter Härtlings* Roman zeigt sich dies vor allem am unvermittelten Einstieg in die Geschichte und dem abrupten, fast brutal wirkenden Ende. Die äußere Geschehenslinie weist zwar eine gewisse Geschlossenheit auf (Schilderung der Freundschaft von Beginn an bis zu ihrem vorläufigen Ende), der Verarbeitungsprozeß Bens steht aber noch ganz am Anfang. Leser und Leserin werden im unklaren darüber gelassen, wie Ben mit der Situation fertig wird. *Peter Härtling* führt keinen Lösungsoptimismus vor und gestaltet keine Versöhnung Bens mit der Wirklichkeit. Am Ende bleibt eine große Traurigkeit in Ben und damit wohl auch in den sich mit ihm identifizierenden Leser/inne/n zurück, denn auch die Zukunft, in der sich die beiden Kinder schreiben wollen, bietet kaum Trost. Die Handlung zeigt demnach nicht, wie ein Individuum lernt, mit Schwierigkeiten und neuen Anforderungen umzugehen, sondern bringt allein zum Ausdruck, daß es dies lernen muß, um zu bestehen.

Die einzelnen Kapitel bauen nur im groben Kontext aufeinander auf. Was sich zwischen den Kapiteln ereignet hat bzw. das Fortschreiten der Zeit, wird nicht explizit genannt – dies müssen sich die Leser/innen immer wieder neu erschließen. So wird z.B. der Integrationsprozeß Annas nicht extra geschildert, sondern plötzlich als erfolgreich abgeschlossen hinge-

stellt, worauf einige, allerdings nur nebenbei erwähnte Aussagen hindeuten (vgl. z.B. das Kapitel „Bernhard ersetzt Anna", S. 36 ff.). Wegen des ungleichen Kenntnisstandes von Protagonist und Leser bzw. Leserin entsteht zunächst eine gewisse Unsicherheit beim Lesen, die jedoch nach und nach durch eingestreute knappe Hinweise (in Form von Gedanken Bens oder Dialogen) beseitigt wird. Dadurch wird der Verzicht auf einen auktorialen Erzähler kompensiert. So werden die Leser/innen zum Beispiel zu Beginn gleichsam in das Geschehen „hineingeworfen" (Beginn mit wörtlicher Rede, deutliches Übergewicht der Dialoge) doch werden in die Dialoge Informationen eingestreut, die wichtig zur Orientierung sind, z.B. was das Alter Bens betrifft („... einer, der bald zehn wird...", S. 7) oder in bezug auf die Sonderstellung Onkel Gerhards. Diese erklärenden Elemente stehen nie unmotiviert im Text, sondern beziehen sich stets unmittelbar auf das Geschehen bzw. auf Gedanken und Worte. Auch der Charakter Annas erschließt sich – zumindest zum Teil – auf diese Weise, wenn ihre Worte, die Ernsthaftigkeit und Altklugheit ausdrücken, von einem dieses Bild bestätigenden gedanklichen Kommentar Bens bedacht werden (vgl. u.a. S. 28).

Figurenkonstruktion

War es im traditionellen Kinderroman meist sehr einfach, eine Bewertung der Figuren vorzunehmen, ist dies bei *Peter Härtling* nicht mehr möglich. Die eindimensionale Figurengestaltung nach Art eines Schwarz-Weiß-Schemas ist aufgegeben. Der Autor trägt der Komplexität der Wirklichkeit Rechnung, indem er die Figuren mit positiven und negativen Seiten ausstattet, ohne ihr Fehlverhalten zu bewerten oder zu verurteilen. Die Motivation der Figuren für ihr Handeln bleibt bis über das Ende hinaus zu weiten Teilen unklar. Dies entspricht der Erzählhaltung allein aus der Sicht Bens und gilt vor allem für die Verhaltensweise Annas: Die Leser/innen werden in die Gefühlslage Bens versetzt, erleben mit ihm die Unsicherheit in bezug auf Anna, und auch für sie bleibt bis zum Schluß rätselhaft, was genau in Anna vorgeht.

Peter Härtling zeichnet in seiner Hauptfigur einen überaus schwierigen Charakter mit einem reichhaltigen Innenleben. Ben erlebt Momente des Aufgewühltseins und der Selbstzweifel, offenbart eine Ich-Gespaltenheit und Brüchigkeit in seinem Denken und seinem Verhalten seiner Umwelt gegenüber. Seine Probleme liegen vor allem in ihm selbst begründet. Sie sind zurückzuführen auf die Disharmonie in seinem Inneren, auf das Konfrontiertwerden mit widersprüchlichen Gefühlen, die er wahrnimmt, aber nicht einordnen kann. Er steckt voller Unsicherheiten und muß die Ohnmacht seiner Person erkennen, da er kaum fähig ist, das Geschehen zu lenken. Sogar eine gewisse Gespaltenheit seines Ichs ist zu erkennen und die Unfähigkeit, distanzlos wahrzunehmen, wenn er sich zugleich als Agierender und Reflektierender erlebt (vgl. z. B. S. 29 und 31). Es gibt kaum Momente, in denen er nur fühlt, nur denkt oder nur handelt; diese „Instanzen" vermischen und beeinflussen sich gegenseitig.

Ben befindet sich in einer Übergangsphase. Der Prozeß ist von ständigem Hin- und Herschwanken gekennzeichnet, was vor allem in seinem Verhältnis zur Mutter (vgl. S. 25 und S. 32) und zu seinem Freund Bernhard deutlich wird. Alte Bindungen und alte Umgangsformen (Zärtlichkeiten der Mutter, S. 25) verlieren an Bedeutung und werden als nicht mehr gemäß empfunden. Neue, außerfamiliäre Beziehungen werden geknüpft, deren Art des Kontaktes man erst lernen muß, gerade auch was die Kommunikation angeht. So kann Ben kaum über seine Zuneigung zu Anna sprechen, tut dies entweder verallgemeinernd (S. 9), unfreiwillig (S. 15) oder per Brief (S. 34). Seinen widersprüchlichen, ihn verwirrenden Gefühlen kann er zunächst nur mit Schreien oder Gewalt Luft verschaffen (z. B. S. 9, 13 und 14). Da er nicht mehr normal im Sinne von gefaßt und gelassen reagiert, sondern mit übersteigerten Emotionen und sich gerade deswegen dem Spott der anderen ausgesetzt sieht, erlebt er die eigentliche Stärke des emotionalen Empfindens als Schwäche. Selbst die gleichgeschlechtlichen Beziehungen sind weit entfernt von der Leichtigkeit und Unkompliziertheit, wie sie zwischen den Protagonisten früherer Kinderromane herrschten: sie sind geprägt von Mißverständnissen, Neid- und Eifersuchtsgefühlen.

Der Grund für Bens Schwierigkeiten hängt mit Anna nur mittelbar zusammen. Ben trägt eine Fülle der als weiblich geltenden Anteile in sich (emotionale Ergriffenheit, Schüchternheit, Unsicherheit, Wunsch nach Nähe und Geborgenheit, Sehnsucht) und entspricht damit nicht dem geforderten Bild eines „richtigen" Jungen, bei dem Coolsein die oberste Maxime ist. Da er gleichzeitig aber den Zwang, eine männliche Rolle zu spielen, verinnerlicht hat, wehrt er sich lange gegen seine Gefühle. Er will sie verheimlichen (vor den Eltern und vor allem vor der Klasse), und das Niederschreiben seines Empfindens ist ihm in hohem Grad peinlich, sogar vor sich selbst (vgl. S. 47). Damit entspricht Ben einem Jungentyp, der Einzug gehalten hat in die neueren Untersuchungen von Psychologen und Soziologen: „Stille und eher verträumte Jungen oder solche, die einfühlsame Fähigkeiten entwickelt haben und vielleicht auch gut mit Mädchen auskommen, haben es in der Gruppe oft schwer, als vollwertige Jungen akzeptiert zu werden (...), müssen (...) einiges an Niederlagen und Demütigungen einstecken. Männliche Identität zu entwickeln und zu festigen, heißt für viele Jungen, mit immer weniger Zärtlichkeit auskommen zu müssen" (*Schnack/Neutzling*, S. 64).

Wirft man einen Blick auf die Werke anderer Autoren dieser und der nachfolgenden Generation, dann zeigt sich, daß diese Art der Personenzeichnung exemplarisch ist für die neue Kinderliteratur und mit den Schlagworten Individualismus und Subjektivität umschrieben werden kann. Wieder läßt sich leicht der Bogen zur modernen Kindheit spannen: Durch die, von *Ulf Preuss-Lausitz* angesprochene, Pluralisierung der Lebenswelt-Erfahrungen machen Kinder kaum mehr ihnen allen gemeinsame Erfahrungen. Ebenso gibt es keine eindeutig definierten Entwicklungsziele mehr, wie sie in früherer Kinderliteratur propagiert werden konnten. Immer mehr setzt sich die Erkenntnis durch, daß Kinder in ihrer Emotionalität genauso differenziert zu betrachten, zu bewerten und damit auch als Buchfiguren zu gestalten sind wie Erwachsene.

Ein neues Sujet: Liebe im Kinderbuch

„Ben liebt Anna" gilt als eines der ersten, wenn nicht das erste Buch, das so ausführlich das Motiv Liebe zwischen Kindern gestaltet. Und auch heute noch (inzwischen gibt es zahlreiche Bücher zum Thema Kinderliebe) sticht es hervor, allein schon wegen der Konsequenz und Eindeutigkeit, mit dem ein Gefühl, das zwei Kinder verbindet, als Liebe bezeichnet wird, was schon der Titel zur Sprache bringt (auch wenn es sich dabei „nur" um ein ironisch gemeintes Zitat aus dem Buch handelt, vgl. S. 13 und 71).

Peter Härtling verhindert durch diese Terminologie gleichsam von vornherein mögliche Spekulationen, um welche Art Freundschaft es sich handelt, und setzt sich damit gegen die auch heute noch verbreitete Meinung zur Wehr, daß Kinder zu einer tieferen emotionalen Bindung nicht fähig seien.[5]

Als das Aussiedlermädchen Anna neu in die Klasse kommt, fühlt sich Ben wegen ihrer traurigen Augen gleich zu ihr hingezogen. Es dauert jedoch sehr lange, bis er sich das selbst eingesteht. Er hat Angst, selbst ausgegrenzt zu werden, wenn er sich für eine Außenseiterin interessiert. Die Anfänge ihrer Beziehung laufen zunächst auf nonverbaler Ebene ab: Augenkontakt, Schlag mit dem Ball (dies verdeutlicht die Unfähigkeit Bens, sich ihr auf normalem Weg zu nähern) und vor allem die Szene nach Bens Ballwurf, in der Annas Körpersprache im Mittelpunkt steht, die ihr Unglücklichsein und ihre Isolation zum Ausdruck bringt, die Ben genau wahrnimmt und die auf ihn einen großen Eindruck macht (vgl. S. 14 f.). Meines Erachtens handelt es sich hier um eine der stärksten Passagen im Text, in der es *Peter Härtling* durch wenige Details gelingt, die Szene bildhaft vor Augen zu führen und eine besondere Dynamik entstehen zu lassen, indem er Momenten der Bewegung (Ben) Momente des Stillstands (Anna) gegenüberstellt.

Zur ersten Berührung zwischen den beiden kommt es, als Ben Anna nach Hause begleitet und sie ihn vor ihrer Haustür bei der Hand nimmt. Sie scheint Bens Befremden und Unsicherheit zu spüren und will ihm mit dieser Geste Mut machen und ihm ihre Zuneigung signalisieren. Für Ben bedeutet diese Art des Kontakes etwas ganz Besonderes, geht sie doch über das bisher Erlebte hinaus, und wird von ihm gleich reflektierend eingeordnet („Es war das erste Mal", S. 29). Bezeichnenderweise ist es Anna, die die Initiative ergreift, ist sie es, von der die Berührung ausgeht. Die Selbstverständlichkeit und die Unbefangenheit, mit der sie das tut und mit der sie ein paar Augenblicke später Ben als ihren Freund vorstellt, deuten auf andere Empfindungen Annas hin und lassen auf eine andere emotionale Beteiligung schließen.

Aufgrund ihrer unterschiedlichen Charaktere erleben Ben und Anna ihre Freundschaft sehr unterschiedlich. Schwach und unsicher ist Anna nur am Anfang. Im Verlauf des Textes kristallisiert sich eine Persönlichkeit heraus, die im reinen mit sich lebt und ihre Identität als Mädchen annehmen kann. Die Freundschaft mit Ben stellt für sie keine Bedrohung dar, und die Angst, sich in etwas Unberechenbares zu verlieren, scheint sie nicht zu kennen.[6]

Ben dagegen hat Schwierigkeiten mit Annas Offenheit, mit ihrer direkten, spontanen Art (vgl. vor allem die Briefszene, S. 43). Er möchte seine Gefühle vor der Öffentlichkeit geheimhalten, wohl im Bewußtsein seiner Verletzlichkeit und seiner Angriffsfläche für den Spott der anderen. Er wehrt sich dagegen, daß seine Liebe zum Allgemeinthema wird. Sie stellt für ihn etwas Privates, ja fast Intimes dar.

Die Orte der Abgeschiedenheit sind es letztlich, an denen sich die beiden besonders nahe kommen und an denen endlich auch Ben seine Ängstlichkeit ablegen kann und den Augenblick uneingeschränkt genießen kann (erkennbar am weitgehenden Verzicht auf erlebte Rede). Ben möchte die ganze Anna kennenlernen mit all „ihren" Orten, Geheimnissen und Geschichten und teilhaben an ihrem Leben. Sie zeigt ihm das Holzhäuschen, ihr Versteck, in das sie sich von der Enge und der Unruhe ihres Zuhauses zurückziehen kann. Sie steuert das Geschehen. Das Ritual des gemeinsamen Schokoladeessens greift Ben dankbar auf, um seine Verlegenheit zu überspielen. Doch in dem Moment, in dem Anna ihm ihre Zuneigung offenbart, legt Ben einen Teil seiner Unsicherheit ab, ist fähig zu erleben und zu fühlen, vor allem zu genießen, ohne zu reflektieren. Zum ersten Mal reden die Kinder offen, unverkrampft und vor allem freiwillig über ihre Gefühle (im Gegensatz zum Anfang, vgl. S. 15).

Von diesem Augenblick der Nähe zwischen den beiden geht eine große Intensität aus, obwohl – oder gerade weil – *Peter Härtling* hier sehr sparsam erzählt und die Konzentration auf das gesprochene Wort legt. Die geradezu kargen Beschreibungen wirken wie eine Art Regieanweisung und lassen das Bild der zwei Kinder vor dem geistigen Auge des Lesers entstehen. Die Atmosphäre verdichtet sich durch Wörter, die das sinnliche Erleben Bens zum Ausdruck bringen (er fühlt ihren Atem, ihre Wärme, ihr Lachen; ihre Berührungen kitzeln ihn ...). Indem Anna Bens Gesicht und vor allem seine Lippen berührt, geht sie über das Kindlich-Naive der ersten Berührung hinaus. Ben scheint sich vor der Übermacht der in ihm aufsteigenden Gefühle, durch das Schließen seiner Augen retten zu müssen, was für das Vertrauen spricht, das er in Anna hat. Gleichzeitig scheint ein Zusammenhang zu bestehen zwischen dem Ausschalten eines Sinnes (typisch für Ben, daß es die Augen sind, mit denen er sonst immer sehr genau seine Umwelt fixiert) und seinem Mut, Anna zum ersten Mal zu berühren. Ist es „nur" als Zeichen der Verlegenheit (bzw. als Versuch, diese zu überspielen) zu deuten, daß in Bens Handlung eine gewisse – wenn auch zärtliche – Grobheit liegt? Im Gegensatz zu der sich sonst bei Ben äußernden „geschlechtsspezifischen Uneindeutigkeit" bedient er sich hier eines Verhaltensmusters, das als typisch männlich gilt und Macht symbolisiert: Er zieht sie an sich, hält sie also mit seinen Armen umfaßt, eine besitzergreifende und für Anna anscheinend zu enge Berührung, von der sie sich bald darauf befreit. Ihr Aufspringen erscheint geradezu als Flucht, um dem intimen Moment ein Ende zu bereiten – ein Eindruck, der noch verstärkt wird durch ihren Vorschlag, Mickymaus-Hefte zu lesen; eine ungefährliche Aktivität, die als der Versuch der Regression in die Kindheit gedeutet werden kann. Ähnliches geschieht auch später, als Anna der Badeszene ein Ende bereitet. Sie ist zwar diejenige, die Ben bei der Hand nimmt, doch ist das Hand-in-Hand-Gehen eine gleichberechtigte Form des Kontaktes zueinander, der beiden die gleiche Möglichkeit läßt, die Berührung zu lösen. Auch sie umarmt Ben (nach dem gemeinsamen Baden), jedoch nur, um ihn zu wärmen. Ihre Gesten enthalten nichts Bedrängendes oder Forderndes. Die spontane, offene und direkte Art, mit der Anna auf Ben zugeht, spricht einerseits für ihre gefestigte Persönlichkeit (gerade im Hinblick auf ihre Geschlechtsidentität), andererseits für die geringere Ergriffenheit, die die Angst, sich in etwas Unbekanntes zu verlieren, ausschließt. Meines Erachtens steht Anna für die kindliche Komponente einer zweigeschlechtlichen Freundschaft. Im Gegensatz zu Ben inszeniert sie „Liebe" und übernimmt dabei vorgelebte Rollenklischees. Sie spielt gleichsam Vater und Mutter, wofür sich der Ort in seiner Einsamkeit auch hervorragend eignet: Essen, Schlafen, Abschiednehmen in Form eines Kusses, bevor der „Mann" das Haus verläßt – drei typische Bilder des ehelichen Zusammenlebens.

Im Laufe der Geschichte fällt es Ben immer leichter, mit Anna umzugehen und zu ihr zu stehen. Die Freundschaft zwischen den beiden scheint ein Stück Normalität, eine Selbstverständlichkeit geworden zu sein. Die gewonnene Sicherheit macht es Ben möglich, für einige Momente von der eigenen Befindlichkeit abzusehen – sichtbar an der Dominanz der Handlung (vgl. Annas Besuch bei Ben, S. 57 ff.).

Den Höhepunkt der Liebesgeschichte zwischen Ben und Anna bilden ihr gemeinsamer Ausflug und ihr ungestörtes Bad im See (S. 64 ff.): Zum einen kommen sich die beiden hier besonders nahe und erleben einen sehr intimen Augenblick, zum anderen ist die Zeit danach von Ablösungstendenzen Annas bestimmt bis hin zu ihrem Weggehen. Bezüglich der körperlichen Nähe stellt die Badeszene eine deutliche Steigerung gegenüber der Szene im Holzhäuschen dar. Auch hier vergißt Ben für Momente seinen Kopf, er hört auf zu reflektieren. Erst im Nachhinein, als sie den See verlassen haben, ist er sich des Geschehenen bewußt, und er schämt sich. *Peter Härtling* greift zu einem einfachen Mittel, um Nacktheit ins Spiel bringen zu können, ohne die Ebene der Kindlichkeit verlassen zu müssen. Benennen und Verschweigen halten sich die Waage. Erwähnt wird die Nacktheit der beiden, die körperliche Nähe, die Neugier Bens, Anna zu betrachten (allerdings eher implizit durch Annas Worte: „Du darfst mich nicht so angucken", S. 67), und seine Faszination, sie zu spüren. Auch hier ist die Rollenverteilung klassisch, Ben hält Anna in seinen Armen und hat so die Möglichkeit, sie ganz und aus der Nähe anzusehen. Diese Situation hat aufgrund der einseitigen Blickmöglichkeit deutlich voyeuristischen Charakter. Für Anna ist sie mit unangenehmen Gefühlen verbunden, wieder reagiert sie mit Abwehr und versucht, sich von ihm zu befreien.

Ben hat also trotz einer Vielzahl als weiblich geltender Anteile auch typisch männliche Eigenschaften bzw. Verhaltensweisen verinnerlicht und zwar vor allem in Situationen, in denen er spontan und ohne zu überlegen handelt (so auch am Anfang beim Streit mit Katja, vgl. S. 13).

Der Erzählweise des gesamten Romans entsprechend, beschreibt *Peter Härtling* auch während der Szene am See wenig und vermittelt Stimmungen und Gefühle vor allem durch Gesprochenes und Gedachtes. Die erlebte Rede ist allerdings deutlich reduziert, und die genaueren Empfindungen Bens bleiben weitgehend ausgespart. Außerdem wird über das, was er sieht, als er die nackte Anna in seinen Armen hält und betrachtet, nichts gesagt. Dies kann als Indiz genommen werden für Bens Faszination und Gebanntheit über etwas für ihn völlig Neues, für das er noch keine Sprache

gefunden hat, das er für sich selbst noch nicht benennen kann. Auch hier erlebt er ein Wechselbad der Gefühle, schwankt zwischen Genießen und Abwehr, zwischen Mut und Verzagen und reagiert widersprüchlich.

Angesichts der Innigkeit und Harmonie, die in diesem Kapitel zum Ausdruck kommt, wirkt der Anfang des nächsten „wie ein Schlag ins Gesicht": „In den Ferien trafen sich Anna und Ben nicht mehr. Sie kam nicht. Und Ben wollte sie nicht besuchen." (S. 70) Die Verständnislosigkeit Bens überträgt sich auf die Leser/innen. Doch das vorhergehende Geschehen hatte eine solche Intensität, solch starke Gefühle in beiden ausgelöst, daß ein normaler Umgang miteinander nicht mehr möglich ist, es außerdem weder ein Zurück zur alten Unbefangenheit (die es von Bens Seite allerdings kaum gab) noch ein Weitergehen (aufgrund von Scham, Angst und von regressiven Wünschen) geben kann.

Vieles von dem, was jetzt erzählt wird, erinnert an den Anfang. Uneins mit sich selbst, voller Zweifel und Unsicherheiten erlebt Ben den ersten Schultag nach den Ferien. Die Vorzeichen haben sich allerdings verändert. Jetzt ist Anna ein Teil der Klasse, während Ben durch das Gespött der anderen über seine Liebe zu Anna am Rande steht und sich als Außenseiter fühlt (vgl. S. 71). Seine anschließende Krankheit ist wohl eine Art Flucht, eine körperliche Reaktion auf seelisches Leid.

Die neue Körperlichkeit

Das Thematisieren von Körperlichkeit ist – ruft man sich die Ausführungen von *Ulf Preuss-Lausitz* in Erinnerung – ein weiterer Beleg für ein neues Kindheitsbild und damit für die Modernität des Romans.

Die Erfahrungen, die Ben mit der Liebe macht, sind ambivalent: Er erlebt mit Anna einige schöne Momente, doch die beschriebenen negativen Gefühle und Erfahrungen – wie Unsicherheit, Eifersucht, Verletztheit, Abschiednehmen – nehmen innerhalb des Romans einen weitaus größeren Raum ein. Er lernt die Liebe zunächst als ein eher unangenehmes Gefühl kennen, gegen das er sich nicht wehren kann (S. 8), vor dem er nicht davonlaufen kann (trotz hartnäckiger, allerdings eher symbolischer Versuche, vgl. S. 16 und 19) und dessen Regeln man erst lernen muß (Hilfesuchen beim älteren Bruder, Schwierigkeiten mit der Umarmung, vgl. auch Kußszene). Verliebtsein bedeutet Leid: Ben hat Bauchschmerzen, spürt ein unangenehmes Spannen in der Brust und ist vor allem innerlich sehr angespannt und überaus empfindlich. Das sonst in der Liebesmetapher positiv erlebte „Kribbeln im Bauch" besetzt *Peter Härtling* bei Ben mit negativen Gefühlen; es ist Ausdruck von Wut und Unsicherheit (vgl. S. 19). Auch Bens Bewußtwerden der Körperlichkeit ist vorwiegend mit negativen Gefühlen durchsetzt, beglückende Momente in bezug auf körperliche Empfindungen wirken sich eher indirekt aus, z. B. im unbändigen Drang Bens nach Bewegung (vgl. S. 32).

Die Empfindungen Bens für Anna besetzen also seinen Geist (seine Gedanken kreisen ständig um Anna) und seinen Körper. Die Abhängigkeit von Körper und Psyche zeigt sich in mehrfacher Hinsicht[7]: Der Körper als physische Lebensgrundlage ist durch die Krankheit beeinträchtigt, ein Weg, den Ben fast bewußt gewählt zu haben scheint, um einem Teil seiner Wirklichkeit zu entgehen. Der Körper ist Träger sozialer Symbole, thematisiert vor allem in Anna, die allein durch ihr anderes Aussehen in eine Außenseiterposition gedrängt wird. Und schließlich zeigt sich der Körper als Subjekt und Objekt der Lust, die wichtigste Besetzung in einer Liebesgeschichte. Ben spürt körperliche Symptome als Ausdruck seiner Zuneigung zu Anna. Er nimmt Anna auf mit seinen Blicken, nimmt ihre Augen, Haare, Hände und ihren nackten Körper wahr, begreift sich selbst allerdings auch als Objekt, das beachtet wird, was sein ausführliches Vorbereitungsritual vor seinem ersten Besuch beweist (S. 50). Gerade in Momenten, in denen ein Funktionieren sehr wichtig ist, muß Ben die schmerzliche Erfahrung des Versagens des Körpers machen, über den er – angesichts des Beobachtetwerdens durch Anna – nicht mehr die alte Kontrolle besitzt (vgl. Fußballspiel, S. 33; Sturz, S. 56).

Verzicht auf ein Happy-End

Schon an mehreren Stellen wurde auf den Schluß hingewiesen, dem große Bedeutung zukommt. Das abrupte Ende ist letzter Ausdruck davon, daß es sich bei „Ben liebt Anna" nicht um eine klassische Entwicklungsgeschichte handelt, bei der der Protagonist es am Ende gelernt hat, sich mit sich selbst und der Umwelt zu versöhnen. Natürlich hat Ben während seiner Zeit mit Anna eine Entwicklung durchgemacht, und sicherlich hat diese erste Erfahrung der tiefen emotionalen Bindung zu einer Gleichaltrigen unauslöschbare Spuren hinterlassen (vgl. Prolog), doch ein echter Lernprozeß ist nur in Ansätzen erkennbar: Gemeinsam mit seinen Schulkameraden hat er die Unsinnigkeit von Vorurteilen erfahren, und er hat sich selbst in einer ganz anderen Situation kennengelernt. Die in einigen Texten der

Sekundärliteratur geäußerte Deutung, daß Ben gelernt habe, zu seinen Gefühlen zu stehen und diese zu äußern[8], erscheint mir jedoch zu positiv und ist innerhalb der Geschichte nicht nachvollziehbar. Denn an keiner Stelle wird spürbar, daß Ben als Person an Sicherheit und Selbstwertgefühl gewonnen hat – auch das Schlußbild ist von unterdrückten Emotionen bestimmt (vgl. S. 76).

Peter Härtling verbreitet damit keinen unglaubwürdigen Lösungsoptimismus, der Kennzeichen der antiautoritären Literatur der frühen 70er Jahre war und in den Folgejahren oft Anlaß zur Kritik bot. Der Verzicht auf einen Lernprozeß, der über das Thema Ausgrenzung Fremder hinausgeht ist meines Erachtens nicht negativ zu bewerten. Im Gegenteil: *Peter Härtling* geht es vor allem darum, kindlichen Gefühlen beinahe ungehindert Raum zu geben und sensibel zu machen für die starke Ausprägung subjektiven Empfindens bei Kindern.

Auch in bezug auf die Geschlechtlichkeit Bens bleibt die körperliche Entwicklung ausgespart, was nicht allein aufgrund des Alters von Ben stimmig ist. Ben liebt Anna als Kind und nicht als zukünftiger Erwachsener. Indem *Peter Härtling* die Liebe nicht mit einer körperlichen Entwicklung in Verbindung bringt, macht er deutlich, daß seiner Meinung nach auch schon in Kindern alle tiefen Empfindungen, die zur Liebe gehören (bis auf den Wunsch nach genitaler Vereinigung), entfaltet sind, und wird gerade dadurch dem neuen egalitaristischen Anspruch an Kindheit im Kinderbuch in vollem Umfang gerecht.

[1] Zur Kinderliteraturreform vgl. u. a. *Ewers* 1993, S. 10–13.
[2] Zu den Kennzeichen der personalen Erzählhaltung vgl. *Stanzel*, S. 39–52.
[3] Vgl. *Steffens*, S. 179.
[4] Vgl. *Migner*, S. 108.
[5] Vgl. dazu die Aussagen in *Schnack/Neutzling*, S. 88 f.
[6] „Die Vermutung liegt nahe, daß Jungen und Mädchen, die vergleichsweise unbefangen miteinander umgehen können, sich in ihrer Geschlechtsrolle sicherer fühlen als die anderen. Die Begegnung mit dem anderen Geschlecht bedroht sie weniger" (*Schnack/Neutzling*, S. 91).
[7] Die verwendete Terminologie in bezug auf eine mögliche Besetzung des Körpers wurde übernommen von *Preuss-Lausitz*, S. 89–106.
[8] Vgl. z. B. *Dücker*, S. 107.

Literatur

Dücker, Burckhard: Peter Härtling. München 1983. S. 105–108
Ewers, Hans-Heino: Zwei große Neuerungsbewegungen. Anmerkungen zur Entwicklung der westdeutschen Kinderliteratur seit den 50er Jahren. In: Festschrift für *Christian Stottele*. Sonderausgabe der Fachzeitschriften Bulletin Jugend + Literatur und Eselsohr. Dezember 1993, S. 10–13
Härtling, Peter: Ben liebt Anna. Kinderroman. Weinheim/Basel 1979
Lypp, Maria: Der Blick ins Innere. Menschendarstellung im Kinderbuch. In: GRUNDSCHULE H. 1/1989, S. 24–27
Lypp, Maria: Literarische Bildung durch Kinderliteratur. In: *Conrady, Peter* (Hg.): Literatur-Erwerb. Kinder lesen Texte und Bilder. Frankfurt/M. 1989, S. 70–79
Metzler Literatur Lexikon. Stichwörter zur Weltliteratur. Stuttgart 1984, S. 125
Migner, Karl: Theorie des modernen Romans. Eine Einführung. Stuttgart 1970
Preuss-Lausitz, Ulf: Vom gepanzerten zum sinnstiftenden Körper. In: *Preuss-Lausitz, Ulf* u. a.: Kriegskinder, Konsumkinder, Krisenkinder. Zur Sozialisationsgeschichte seit dem Zweiten Weltkrieg. Weinheim/Basel 1983, S. 89–106
Schnack, Dieter und *Rainer Neutzling:* Die Prinzenrolle. Über die männliche Sexualität. Reinbek bei Hamburg 1993
Stanzel, Franz K.: Typische Formen des Romans. Göttingen/Zürich [11]1987
Steffens, Wilhelm: Prosaformen der Kinderliteratur. Unterrichtsmodelle für den Deutschunterricht in der Grundschule. Frankfurt am Main 1986

Hannelore Daubert

Wandel familiärer Lebenswelten in der Kinderliteratur

Wohl kaum ein anderer Lebens- und Erfahrungsraum der Kinder ist gegenwärtig so stark dem kulturellen Wandel unterworfen wie die Familie. Betrachtet man die Kinderliteratur als Spiegel des Erfahrungsraums einer gewandelten Kindheit, so fällt auf, daß die für Kinder zentrale Lebenswelt Familie in ihren veränderten äußeren und inneren Strukturen häufig vorzufinden ist. Hier ist die moderne Kinderliteratur von hoher Aktualität und besitzt damit eine zeitdiagnostische Qualität, die den jungen Lesern zur Auseinandersetzung mit der eigenen Erfahrungswelt verhelfen kann. Schon immer ließen sich die jeweils gültigen Norm- und Wertvorstellungen, Erziehungsziele und Rollenbilder einer Gesellschaft aus ihrer Kinderliteratur ablesen. Soweit die Autoren nicht ausschließlich in ihren eignen, selbst erlebten Kindheitsmustern verhaftet geblieben sind, sondern den kulturellen Wandel der Lebenswelten von Kindern wahrgenommen und literarisch umgesetzt haben, kann ihre Literatur als Seismograph veränderter Kindheitsmuster angesehen werden.

Aktuelle Forschungsergebnisse der Gesellschaftswissenschaften – vor allem der Jugend- und Familiensoziologie – zeigen eine Reihe von Strukturveränderungen innerhalb der für die Kinder noch zentralen Lebenswelt Familie: „Die Grundeinheit Familie – das war bis vor kurzem eindeutig der berufstätige Vater, der mit seiner Ehefrau zusammenlebt, die als Hausfrau und Mutter einige Kinder versorgt. Selbstverständlich gab es schon immer Abweichungen und Variationen von diesem Muster. Aber auch die Abweichungen waren eindeutig als solche zu erkennen und wurden nicht selten als solche stigmatisiert. Man sprach von ‚unvollständigen‘ Familien, ‚Sonderrollen‘ der Eltern oder von problematischen Erziehungskonstellationen. Inzwischen genügt es nicht mehr, von einem Regelfall auszugehen oder gewisse Abweichungen davon zu konstatieren. Denn die ‚abweichenden‘ Formen haben in den letzten Jahrzehnten so sehr an Bedeutung gewonnen, daß es immer schwieriger wird, ‚Normalfälle‘ von ‚Sonderfällen‘ zu unterscheiden" (*Rerrich*, S. 11).

Die soziale Einheit Familie ist ständigen Veränderungen unterworfen und hat eine eigene Dynamik entwickelt. Sie wird heute vielfach nicht mehr von der Institution Ehe, sondern von der Eltern-Kind-Beziehung her definiert, d. h. neben das herkömmliche Vater-Mutter-Kind(er)schema der traditionellen Kleinfamilie treten zunehmend andere Zusammensetzungen und andere familiäre Strukturen. Jede dritte Ehe wird mittlerweile geschieden, die Ehedauer liegt statistisch bei fünf Jahren. Die Anzahl alleinerziehender Mütter und Väter nimmt ständig zu, ebenso die Anzahl der Wiederverheiratungen. Daraus ergeben sich eine Pluralität der Familienformen und eine Vielfalt von neuen Konstellationen des Zusammenlebens: die „unvollständigen" Familien mit einem alleinerziehenden Elternteil, sog. „Patchworkfamilien", d. h. Stief- und Fortsetzungsfamilien, Wochenendfamilien, Wohngemeinschaften etc. Die familiären Beziehungskonstellationen sind immer weniger auf Dauer angelegt, die Mitglieder machen die Erfahrung der Offenheit, aber auch der Instabilität. Daraus „resultiert für viele Kinder die reale oder auch nur imaginierte Angst, die geliebten Eltern, oder auch nur einen Teil von ihnen zu verlieren" (*Preuss-Lausitz*, in diesem Band).

Es haben sich nicht nur die äußeren Familienstrukturen in den letzten drei Jahrzehnten entscheidend verändert; auch die innerfamiliären Beziehungsstrukturen, die geschlechtsspezifische Aufgabenverteilung und die Erziehungsstile haben sich gravierend gewandelt. Vor allem im innerfamiliären Generationenverhältnis hat die moderne Jugendforschung entscheidende Strukturveränderungen festgestellt: Sie spricht von einer „Entdramatisierung des Generationenkonfliktes", von einer zunehmenden Angleichung der Lebensalter (*Ziehe*), von einer „Verschiebung des Macht- und Kompetenzgefälles zugunsten der Jugendlichen" (*Helsper*). Eltern büßen zunehmend ihre Rolle als Erzieher ein und werden zu Freunden ihrer Kinder. Die langsam zunehmende Veränderung der Geschlechterrollen bedingt auch eine Veränderung der Eltern- und Kinderrollen. Auffällig ist ein Wandel von der „Befehlserziehung" zur „Verhandlungserziehung" (*Büchner*). Die autoritär patriarchalisch organisierten Befehlshaushalte, in denen die Väter als alleinige Ernährer der Familie ihre Autorität walten ließen, machen Raum für mehr oder weniger demokratisch organisierte Verhandlungshaushalte, in denen Eltern und Kinder als gleich-

berechtigte Partner zusammenleben und ihre Wünsche und Bedürfnisse aufeinander abstimmen. Die Eltern füllen nicht mehr gesellschaftlich vorgegebene Rollen aus, sondern verhalten sich als Individuen, die ihre Rollenvielfalt individuell organisieren und miteinander aushandeln. Allerdings geht mit dem Verlust des unbezweifelbaren Wissensvorsprungs der Eltern auch der Verlust eines ehemals vorgegebenen allgemeingültigen Orientierungsrahmens einher, nach dem sich die Kinder ausrichten können. Auch die Eltern wissen nicht immer mit Sicherheit, was man tut und läßt: „Sie sind von Ängsten und Zweifeln geplagt: Ängste vor dem Verlust des Arbeitsplatzes und vor der midlife-crisis; Zweifel, ob sie den richtigen Partner gewählt haben; Ungewißheiten darüber, welche Normen sie vertreten sollen. Eltern sind also nicht mehr die allzuständigen Garanten für Dauer und Stabilität. Ihre Autoritätsverluste werden freilich idealiter durch neu zu entwickelnde Fähigkeiten der Einfühlung in kindliche Bedürfnisse kompensiert" (*Rülcker*, S. 42). Die Heranwachsenden sind nicht mehr ausgeschlossen von den Erfahrungen und Problemen der Erwachsenen. „Die Veränderung der Eltern- und Kinderrollen führt also zu einer Erweiterung der Zuständigkeit von Kindern. Genauer: Die Blockierung kindlicher Zuständigkeit durch die unverhandelbare Autorität der Eltern (des Vaters) treten zurück, und zugleich verschiebt sich der Schwerpunkt der Familie in Richtung auf Einstellungen, Haltungen und Aktivitäten, bei denen sich das Kind genauso einbringen kann wie die Erwachsenen" (*Rülcker*, S. 43).

Neben der Veränderung der Erziehungsstile, haben sich auch die Erziehungsziele in den letzten Jahrzehnten wesentlich gewandelt. Mit dem Ziel der Erziehung zur Emanzipation und Autonomie geht auch die Erziehung zur und die Gewährung von Selbständigkeit einher. Dabei ist es notwendig zu differenzieren, um die Ambivalenz dieser Erziehungsnorm deutlich zu machen. In der Sozialforschung werden drei Typen der Einräumung von Selbständigkeit unterschieden: Selbständigkeit als Entlastung: „Die Eltern räumen ihrem Kind Freiräume ein, weil sie keine Zeit (oder keine Kraft) haben, sich mit ihm zu beschäftigen oder möglichen Auseinandersetzungen aus dem Weg gehen wollen." Selbständigkeit als elterlicher Leistungsnachweis. „Hier geht es darum, durch frühe Selbständigkeit des Kindes den Beweis für die Qualität der elterlichen Erziehung zu liefern und nach außen zu demonstrieren." Selbständigkeit aus Überzeugung: „Das Kriterium dafür ist, daß für die Eltern die Selbständigkeit des Kindes unmittelbarer Zweck ist, auf den sie sich vor allem selbst verpflichtet fühlen. Der persönliche Sinn für die Eltern besteht in diesem Fall nicht im Tauschwert der Selbständigkeit, sondern darin, daß sie zum Selbstkonzept ihres Kindes wird." (*Rülcker*, S. 49). *Tobias Rülcker* vermutet, daß die in vielen Untersuchungen bemerkte liberale Erziehung zu einer neuen Familienkultur führt, in der Selbständigkeit zu einer Selbstverständlichkeit wird. Der günstigste Fall für die Kinder liegt nach seiner Meinung dann vor, wenn die Selbständigkeit zur normativen Orientierung der Eltern gehört und so zum familialen Grundrecht wird. „Wenn Selbständigkeit so zum Grundrecht des Kindes geworden ist, kann das Kind eine Identität als selbständiges Individuum entwickeln" (*Rülcker*, S. 51). Spiegeln sich diese veränderten Familien- und Beziehungsstrukturen, die gewandelten geschlechtsspezifischen und familialen Rollenbilder in der aktuellen Kinder- und Jugendliteratur wider? Welche Erziehungsstile und -ziele werden sichtbar? Welche Modelle des Zusammenlebens werden den Lesern angeboten? Ist es den Autorinnen und Autoren gelungen, sowohl die Risiken, als auch die Chancen, die sich aus diesen familiären Veränderungen für die Heranwachsenden ergeben, sichtbar zu machen?

Rückblick auf Familienbilder in der Kinderliteratur der 70er Jahre

Anfang der 70er Jahre kam es in der Kinder- und Jugendliteratur zu gravierenden Veränderungen. Entsprechend dem herrschenden Zeitgeist gingen die Autorinnen und Autoren einer engagiert sozialkritischen, emanzipatorischen Kinderliteratur dazu über, den kindlichen Lesern nicht mehr nur die „kindgemäßen", zumutbaren Wirklichkeitsausschnitte zu präsentieren, sondern sie ungeteilt an der sozialen Wirklichkeit der Erwachsenen mit all ihren Problemen, Defiziten und Ungerechtigkeiten teilnehmen zu lassen. Man wollte die kindlichen Leser aus dem literarischen Schonraum herausführen und sie aufklären über die Schwachstellen der Gesellschaft, über bestehende Ungerechtigkeiten und ihnen die soziale Wirklichkeit als etwas Veränderbares und Veränderungsbedürftiges vor Augen führen. Emanzipation bedeutete das Recht (oder die Zumutung) der uneingeschränkten und ungefilterten Teilhabe an jeder Information. Dies führte zu einer thematischen Öffnung in der Kinder- und Jugendliteratur und zum Brechen der bis dahin gültigen Tabus.

So stellten die engagierten Autoren dieser Zeit (wie *Susanne Kilian, Christine Nöstlinger, Peter Härtling, Dagmar Chidolue*) in den 70er und beginnenden 80er Jahren auch die Familie nicht nur als „vollständige", heile, harmonische Idylle dar, sondern als einen Ort, an dem Konflikte entstehen und ausgetragen werden müssen. Schonungslos zeichnen sie ein Bild der brüchigen Familienstrukturen und ergreifen engagiert Partei für die Kinder, die Opfer ihrer familiären Lebensbedingungen und verständnislosen Erzieher sind. Diese kindlichen Protagonisten treffen bei ihren Eltern nun nicht mehr auf liebevolle Zuwendung und Verständnis, vielmehr sind die Eltern selbst Opfer von schwierigen sozialen Lebensbedingungen und unfähig, ihrer Elternrolle gerecht zu werden. Als einziger Ausweg bleibt den kindlichen Protagonisten oft nur die Flucht von zuhause (*Nöstlinger:* Ilse Janda; *Kilian:* Angst; *Härtling:* Theo haut ab). „Die Solidarität mit den Eltern schaffe ich nur selten", bekennt *Mirjam Pressler* in einem Interview. „Kindsein ist mies!" betitelt *Susanne Kilian* ein Kindergedicht, das damals Eingang in viele Lesebücher gefunden hat. Kindsein ist für die Protagonisten im Extremfall ein schwieriges Durchgangsstadium, das man mit möglichst wenig Beschädigungen schnell überwinden muß. Eltern erscheinen dabei nicht mehr als Ratgeber und Tröster, sondern häufig sogar als Verursacher dieser Beschädigungen. So ist die Zeichnung der Elternfiguren in dieser Zeit bei vielen Autorinnen und Autoren anklagend und negativ.

Die dargestellten Familienstrukturen sind rigide und patriarchalisch organisiert. Es handelt sich in den meisten Fällen um autoritär strukturierte „Befehlshaushalte", in denen die Eltern-und Kinderrollen nach traditionellem Muster geschlechtsspezifisch klar verteilt sind: Unzufriedene Mütter, die als „Nur-Hausfrauen" ihr Leben in den Dienst der Familie gestellt haben und nun nörgelnd ihrer Enttäuschung und Unzufriedenheit Luft machen, tragen ebenso wie die autoritären Väter, die als „Familienoberhaupt" ihre Vorstellungen zur allgemeingültigen Norm machen, zu einer Verschärfung des Generationenkonflikts bei. Die jugendlichen Protagonisten müssen einen harten Kampf um Selbständigkeit und Selbstbestimmung führen. Vor allem in den emanzipatorischen Mädchenbüchern dieser Zeit ist diese krisenhafte Auseinandersetzung mit den Eltern ein tragendes Motiv. Die jugendlichen Protagonisten rebellieren gegen diese Bevormundung und Fremdbestimmung. Der Prozeß ihrer Selbstfindung ist verknüpft mit einer äußerst krisenhaften Ablösung vom Elternhaus und einer kritischen Auseinandersetzung mit den starren, hierarchischen Beziehungsstrukturen innerhalb der Familie (besonders bei *Dagmar Chidolue*). Die Jugendlichen – zumeist die Töchter – grenzen sich ab. Ihre eigene Lebensplanung läuft konträr zu den vorgelebten Modellen im Elternhaus und zu den Erwartungen der Eltern. „Aber ich werde alles anders machen", dieser Titel von *Dagmar Chidolue* ist programmatisch für den scharfen Generationenkonflikt, die Ablehnung des elterlichen Norm- und Wertsystems und für die gänzliche Abwendung von der Lebenswelt der Herkunftsfamilie. Es zeigt sich deutlich, daß die Familienstruktur in „Befehlshaushalten" einen verständnisvollen, partnerschaftlichen Umgang miteinander und eine konstruktive, auf Konsens zielende Lösung von Konflikten nicht zuläßt.

Veränderte Familienstrukturen und Rollenbilder in der Kinderliteratur der 80er und 90er Jahre

Schwierige familiäre Beziehungsstrukturen, die Pluralisierung und Instabilität der Familienformen, die Veränderung von Geschlechter- und Familienrollen, die Belastungen, aber auch die Chancen, die sich durch eine Wandlung der Erziehungsstile von der „Befehlserziehung" zur „Verhandlungserziehung" für die Kinder ergeben, werden häufig und variantenreich in unterschiedlichen Darstellungsformen zum Thema der neueren Kinder- und Jugendliteratur gemacht. Dabei zeichnen sich auf den ersten Blick drei Varianten in der Themenauswahl und Darstellungsform ab:

○ Der realistische, problemorientierte Kinderroman, in dem nach wie vor die Familie als ein konfliktträchtiger Ort voll sozialer Problematik, im Extremfall sogar als ein Ort der Auseinandersetzung und Gewaltausübung dargestellt wird. Traditionell organisierte „vollständige" Familienmodelle sind hier ebenso zu finden wie „unvollständige" oder neu zusammengesetzte Familiengebilde.

○ Der psychologische Kinderroman, der durch subtile, anspruchsvolle Darstellungstechniken einen Einblick gibt in kindliche Innenwelten und meistens die Instabilität und die Risiken veränderter Familienformen (wie z. B. den Verlust eines Elternteils durch Scheidung) in ihren Auswirkungen auf die Psyche der kindlichen Protagonisten thematisiert. Zum sozialen Realismus kommt hier ein psychologischer Realismus hinzu.

○ Der tragikomische Familienroman, der die veränderten Familienstrukturen nicht mehr nur als Defizit und Ursache für vielfältige soziale und psychische Probleme ansieht, sondern sie zunächst einmal nur als Differenz beschreibt. Die Autoren dieses Genres sehen dabei nicht nur die Risiken, sondern auch die Chancen, die sich aus den veränderten Beziehungsstrukturen für die kindlichen Protagonisten ergeben und stellen sie zumeist mit den Mitteln der Komik dar.

Die problemorientierte Darstellung des sozialen Umfeldes von Kindern und damit auch die Darstellung schwieriger Familienverhältnisse, wie sie in der realistischen Literatur der 70er Jahre zu finden war, setzt sich fort. Es erfolgt eine ständige thematische Ausweitung, in der weitere Tabus gebrochen werden. So wird seit Mitte der 80er Jahre die Familie auch als ein Ort der Gewaltausübung und des körperlichen und sexuellen Mißbrauchs von Kindern und Heranwachsenden beschrieben. Dem autobiographischen Roman von *Heidi Glade-Hassenmüller*, in dem sie ihr jahrelang erlittenes Martyrium des sexuellen Mißbrauchs durch ihren Vater schonungslos beschreibt, folgt eine Vielzahl von Veröffentlichungen mit ähnlicher Thematik. 1993 erschien das Bilderbuch „Das Familienalbum", in dem zum ersten Mal diese brisante Thematik der Verständnisebene von Vorschulkindern angepaßt wird. Auch die Ausübung von körperlicher Gewalt durch die Eltern – zumeist die Väter – wird in der Kinderliteratur nicht länger verschwiegen (z. B. *Banscherus:* Davids Versprechen).

Neben dieser schonungslos drastischen Darstellung des Machtmißbrauchs durch die Eltern gibt es nach wie vor eine Vielzahl von Titeln, in denen die Eltern – selbst Opfer von belastenden sozialen Verhältnissen – ihre Schwierigkeiten auch den heranwachsenden Kindern aufbürden. So fliehen z. B. Eltern, die ihren Lebensumständen nicht gewachsen sind, vor den Problemen der Verantwortung und legen dabei sogar oft ihre Elternrollen ab. (*Collura:* Sunny sowie *Leeson:* Es ist mein Leben). Vor allem die Mütter, die aufgrund der Mehrfachbelastung von Erwerbstätigkeit und familiären Pflichten überfordert sind, sehen oft keinen anderen Weg der Lebensbewältigung als die Flucht. Das Ausreißermotiv ist von seiner traditionellen Bindung an die Kinderfiguren gelöst. Die Kinder – vornehmlich die Töchter – übernehmen in solchen Fällen die Aufgaben ihrer Mütter. Ihnen wird ein Teil ihrer Kindheit genommen, sie werden in die Rolle von „Früherwachsenen" gedrängt und damit notgedrungen zu Helfern ihrer überforderten Eltern. Ihre Selbständigkeit wird ihnen nicht als ein Erziehungsziel von den Eltern zugestanden, sondern abverlangt. Es ist die Selbständigkeit aus Überforderung und nicht die Selbständigkeit aus der normativen Überzeugung der Erwachsenen.

Die psychisch und sozial überforderten Elternfiguren findet man in „vollständigen" Familien ebenso wie in Teilfamilien. So hat die alleinerziehende Mutter in „Ponzl guckt schon wieder" Probleme, ihr Leben zu meistern. Finanzielle Nöte belasten sie ebenso wie ihre eigene Unfähigkeit, selbständig und eigenverantwortlich zu handeln. Ihrer zehnjährigen Tochter gegenüber bemüht sie sich nicht, ihre Traurigkeit und Unzufriedenheit zu verbergen, und erwartet von ihr Unterstützung und das Verantwortungsbewußtsein einer Erwachsenen. Ihr negatives Selbstbild macht es der Tochter schwer, ein eigenes positives Selbstkonzept zu entwickeln. Als sie von einem Nachbarn ein Kind erwartet, ist sie auch

dieser Situation hilflos ausgeliefert. *Dagmar Chidolue* stellt hier die Situation einer alleinerziehenden Mutter als eine nachteilige, defizitäre Situation dar, die für alle Beteiligten sehr belastend ist.

Die Risiken, die sich aus der Instabilität familiärer Gebilde für die Kinder ergeben, werden in zahlreichen Büchern zur Trennungs- und Scheidungsthematik behandelt. Der soziale Realismus der problemorientierten Kinder- und Jugendliteratur wird hier durch den psychologischen Realismus, den „Blick ins Innere" ergänzt. Überwiegend sind es die psychologischen Auswirkungen belastender familiärer Lebensumstände, die dabei thematisiert werden. In *Tormod Haugens* psychologischem Kinderroman „Die Nachtvögel" wird der achtjährige Protagonist so stark durch die Probleme der Eltern und die existentiellen Versagensängste seines Vaters belastet, daß ihn diese unbewältigten Ängste bis in nächtliche Alpträume verfolgen und es ihm schwer machen, Ich-Stärke und ein positives Lebensgefühl zu entwickeln. Kindliche Protagonisten nehmen besorgt die zunehmenden Spannungen zwischen den Eltern wahr, die eine Trennung befürchten lassen (*Bröger:* Heini eins bis fünf, *Härtling:* Lena auf dem Dach und Fränze, *Haugen:* Die Nachtvögel), zu der es in den meisten Fällen auch kommt (Fränze; Lena auf dem Dach). In *Peter Härtlings* Romanen werden die kindlichen Verlustängste ebenso eindringlich beschrieben wie die hilflosen Versuche, das Unaufhaltsame doch noch zu verhindern. *Peter Härtling* beschönigt nichts. Eine Trennung ist ein äußerst schmerzhafter Prozeß für alle Beteiligten, ein Prozeß, der Narben auf der Seele hinterläßt und Risse in der Biographie.

„Sie haben sich alle verändert, seit Pap sie verlassen hat. Lena könnte nicht erklären, wie. Mam wird zum Beispiel nicht mehr so laut, selbst wenn sie wütend ist. Sie gibt sich Mühe, ständig freundlich zu sein. Obwohl sie viel miteinander reden, kommt Lena sich alleingelassen vor.

Sie ist sich sicher, Lars und Mam geht es ebenso. Sie würde sich nicht trauen, in der Gegenwart von Mam zu behaupten, daß Pap fehlt. Er tut es wirklich. Er fehlt auch Lars, der seit seinen gemeinsamen Ferien kein Wort mehr über ihn verloren hat. Er fehlt sicher auch Mam, die das aber aufgebracht abstreiten würde" (Lena auf dem Dach, S. 118). Wie so oft gehört auch hier *Peter Härtlings* Sympathie und Parteinahme den Kindern als den Opfern der egoistischen Interessen von Erwachsenen. Das eindringliche Plädoyer des kleine Lars vor Gericht verdeutlicht die Position des Autors: „Ich möchte mal was sagen. Weil es ja um Pap und Mam geht, hier beim Gericht. Und weil wir bloß die Kinder sind. Pap und Mam haben sich uns gewünscht. Das haben sie oft gesagt. Wir sind ihre Wunschkinder. Wenigstens ist das früher so gewesen. Heute nicht mehr. Doch wenn sie sich die Kinder gewünscht haben, müssen sie auch Vater und Mutter bleiben. Oder sie dürfen eben keine Kinder haben. Das ist meine Ansicht" (ebd. S. 127 f.). Wie inhuman das geltende Sorgerecht sein kann, wird in diesem Kinderroman in eindringlicher Weise verdeutlicht.

In vielen Büchern setzt die Handlung ein, nachdem die Trennung schon vollzogen ist. *Nele Maars* Bilderbuch „Papa wohnt jetzt in der Heinrichstraße" kann bereits Vorschulkindern als Gesprächsgrundlage für diese Thematik dienen. Ganz selbstverständlich und ohne Schuldzuweisung wird hier mit dem Bestreben nach Normalisierung das geteilte Leben des kleinen Bernd dargestellt, der sich in der neuen Situation noch nicht zurechtgefunden hat.

Auch die Auseinandersetzung mit bzw. der Gewöhnungsprozeß an einen neuen Lebenspartner des Vaters oder der Mutter wird zunehmend thematisiert. So zeigen *Anthony Browne* und *Annalena McAfee* in ihrem Bilderbuch „Mein Papi, nur meiner", wie ein kleines Mädchen nach anfänglicher Eifersucht die neue Lebensgefährtin ihres Vaters und den Stiefbruder langsam akzeptiert und schließlich auch lieben lernt. Ebenso geht es dem kindlichen Protagonisten in dem Bilderbuch „Ein Kuß für Anna" von *Norman Leach* und *Jane Browne*. Die in der Vorstellung des kleinen Jungen „böse Stiefmutter" erweist sich in Wirklichkeit als einfühlsame und liebevolle Person. Sein

Kampf gegen die eigenen Gefühle – er wehrt sich hartnäckig dagegen, sie zu mögen – wird in Text und Bild gleichermaßen eindrucksvoll wiedergegeben.

Pluralität familiärer Lebensformen

Die in der Realität anzutreffende Pluralität familiärer Lebensformen spiegelt sich auch in der modernen Kinderliteratur wider. Es gibt die unterschiedlichsten Formen des Zusammenlebens von Kindern und Eltern. Neben der traditionellen „vollständigen" Kleinfamilie zeigen sich auch zahlreiche andere Varianten: Alleinerziehende (zumeist geschiedene) Mütter, die mit ihren Kindern zusammenleben und alleinerziehende, ledige Mütter: *Dagmar Chidolue:* Ponzi guckt schon wieder; *Christine Nöstlinger:* Einen Vater hab ich auch; *Anne Fine:* Der Neue; *Kirsten Boie:* Nella Propella, Klar, daß Mama Ole/Anna lieber hat. Der alleinerziehende Vater (eher selten): *Viveca Sundvall:* Eddie und Maxon Jackson; *Anthony Browne:* Mein Papi, nur meiner; *Ulf Stark:* Als Vaters Waschmaschine streikte; *Paul Kropp:* Alle Macht dem Müsli. Die alleinerziehende Mutter mit Großmutter oder anderen weiblichen Verwandten: *Joan Lingard:* Kies und Kla-

motten; *Christine Nöstlinger:* Olfi Obermeier und der Ödipus.

Auch Familienformen, die sich aus homoerotischen Beziehungen ergeben, werden nicht länger tabuisiert. In *Michael Willhoites* Bilderbuch „Papas Freund" erlebt ein kleiner Junge, daß sein Vater zuhause auszieht, um zukünftig seine Wohnung mit einem männlichen Lebens- und Liebespartner zu teilen. Ganz selbstverständlich wird hier ein sehr idyllisches Bild einer homosexuellen Lebensgemeinschaft entworfen und ebenso selbstverständlich erfährt der kleine Junge von seiner toleranten und verständnisvollen Mutter: „Schwulsein ist nur eine andere Art von Liebe ...". Dieses Ausmaß an Selbstverständlichkeit und Normalisierung, mit dem hier eine „abweichende" Familienform gesehen und dargestellt wird, dürfte in der Wirklichkeit wohl noch die Ausnahme sein.

Doris Meißner-Johannknecht beschreibt in „Leanders Traum" eine gleichgeschlechtliche Beziehung zwischen Frauen. Leander wünscht sich einen Vater und läßt sich einiges einfallen, um seiner Mutter zu einem Lebenspartner zu verhelfen. Ihre Wahl sieht jedoch ganz anders aus. Statt des erhofften Vaters zieht Daisy zu ihnen, eine Frau, mit der sich Mutter und Sohn im Urlaub angefreundet haben.

Wandel familiärer Lebensformen und Rollenbilder im tragikomischen Familienroman

Am augenfälligsten spiegeln sich die veränderten Familienstrukturen und Rollenbilder im tragikomischen Familienroman wider, allerdings unter einem veränderten Blickwinkel: Während der ernste psychologische Kinderroman überwiegend die Familienkonflikte und die Risiken thematisiert, die sich aus der Instabilität der Familienstrukturen für die Kinder ergeben, zeigen die Autoren des tragikomischen Familienromans auch die Chancen auf, die sich vor allem durch die veränderten Eltern-Kind Beziehungen den Heranwachsenden bieten. Differenz statt Defizit – so könnte man die Darstellungsweise überschreiben.

Auch stilistisch hat sich ein Wandel vollzogen: Autoren wie *Christine Nöstlinger, Anne Fine, Kirsten Boie, Joan Lingard, Paul Kropp, Meir Shalev* lassen ihre Figuren mit Ironie und Selbstironie agieren und damit Weltanschauungen und Rollenvorstellungen verschiedenster Art parodieren. Dadurch haben ihre Bücher auf wohltuende Weise an Verbissenheit verloren und an Komik gewonnen – eine Komik, die Probleme nicht bagatellisiert und auch den Ernst mancher Situation nicht herunterspielt.

Die Pluralität der Familienformen ist im Bereich der tragikomischen Familienromane besonders häufig vorzufinden. Allerdings gehen die Figuren hier anders damit um. So sind beispielsweise die alleinerziehenden Mütter keine im Stich gelassenen, beklagenswerten Geschöpfe, sondern selbstbewußte Frauen, die ihre Entscheidung für diese Lebensform ganz bewußt getroffen haben. Veränderte familiäre Strukturen und Rollenbilder sind nicht das Ergebnis sozialer Defizite und unglücklicher Schicksalsschläge, sondern bewußt gelebte Konsequenzen eines kulturell geprägten veränderten Bewußtseins. Schließlich handelt es sich bei dieser Elterngeneration teilweise um die Anhänger der ehemaligen Protest- und Studentenbewegung der 68er Jahre, der Hippie-Generation, der Frauen-, Friedens- und Umwelt-

bewegung. Die Elternfiguren werden nicht als hilflose und überforderte Opfer ihrer Lebensbedingungen dargestellt, sondern als gebildete, aufgeklärte, liberal denkende Persönlichkeiten, die diese Veränderungen nicht nur in Kauf nehmen, sondern bewußt so herbeigeführt haben. Mit wachsendem Bildungsniveau der Eltern geht auch eine Veränderung der Erziehungsstile und Erziehungsziele einher. Die Wandlung von der Befehlserziehung zur Verhandlungserziehung wird deutlich sichtbar; ebenso hat die Erziehung zur Selbständigkeit im Wertsystem der Eltern einen selbstverständlichen Platz. Die dargestellten Elternfiguren haben eine positive Einstellung zu ihrer Lebenssituation, und dieses positive Selbstkonzept wirkt sich auch positiv auf die Entwicklung und Selbstdefinition ihrer Kinder aus. Sie stehen den Erscheinungsformen und Auswirkungen der dargestellten Familienstrukturen anders gegenüber als die Protagonisten im ernsten psychologischen Kinderroman: So betont beispielsweise *Anne Fine* die komischen Elemente, die sich aus der Situation ergeben können, wenn ein Kind plötzlich mit einem neuen Lebenspartner eines Elternteils konfrontiert wird. Die kindliche Protagonistin in „Der Neue" läßt sich viel einfallen, um „Glubschauge", den neuen Lebensgefährten ihrer Mutter, wieder zu vergraulen.

Der Einfluß eines positiven Selbstkonzeptes auf die Entwicklung der Kinder wird im Familienmodell einer alleinerziehenden Mutter besonders augenfällig: Die Protagonistin in *Kirsten Boies* Kinderroman „Nella Propella" ist Nella, die knapp siebenjährige Tochter von Jaquo, einer alleinerziehenden Studentin, die sich bewußt für diese Lebensform entschieden hat.

Jaquo fand Nellas Vater zwar nett, aber nicht nett genug, um ihn zu heiraten. Nella ist ein lebendiges, aufgewecktes, aufgeschlossenes, einfallsreiches und selbständiges kleines Mädchen, das mit seiner familiären Situation gut zurecht kommt. Jaquo wird als selbstbewußte junge Frau dargestellt, die trotz ihrer unbekümmerten, unkonventionellen und teilweise chaotischen Lebensweise viel Wärme, Zuneigung und Verständnis für die kleine Tochter

hat. Die Probleme, die sich für Mutter und Tochter aus dieser Familiensituation ergeben, sind weitgehend nur organisatorischer Art. Durch die Unregelmäßigkeiten ihres Studentenlebens muß Jaquo recht oft auch kurzfristig eine Betreuung für die Tochter organisieren. Auf die Großmutter kann dabei nur in Ausnahmefällen zurückgegriffen werden, denn auch sie ist eine selbständige Frau, die ihr eigenes Leben führt und nicht als „Notnagel"

mißbraucht werden möchte. Für das Babysitterproblem suchen Mutter und Tochter gemeinsam nach einer Lösung, oft ist es Nella, der dazu der rettende Einfall kommt. Schließlich ist sie ein unkompliziertes, aufgeschlossenes Kind mit einer starken Außenorientierung, was die Sache enorm erleichtert. Nella ist daran gewöhnt, der Mutter bei der Lösung von Problemen zu helfen: „Wenn Jaquo ‚du bist doch schon groß' sagt, bedeutet dies meistens nichts Gutes" (S. 15).
Auch wenn Nella dies manchmal mit Bemerkungen wie „So hart kann das Leben sein" (S. 18) kommentiert, ist ihr dennoch bewußt, daß es ihr besser geht als anderen Kindern. Denn zur Kontrastierung dieser gut funktionierenden Mutter-Tochter-Gemeinschaft führt die Autorin das rigide, spießige Gegenmodell einer traditionellen, „vollständigen" Kleinfamilie an. Familie Schlabermiehl, in der Nella einmal wegen eines unvorhersehbaren Betreuungsbedarfs übernachten darf, wohnt im selben Haus. Hier geht es sehr geordnet zu. Frau Schlabermiehl sorgt als Hausfrau für Mann und Sohn, dem sie zu Nellas Erstaunen sogar noch immer die Brote schmiert. Wenn Herr Schlabermiehl abends nach Hause kommt, muß vor allem Ruhe herrschen, d. h. der kleine Kai muß bereits im Bett sein. Die Familie ist hierarchisch strukturiert, die Erziehung zur Selbständigkeit wird ebenso wenig praktiziert wie eine Verhandlungserziehung. Entsprechend ist der kleine Kai auch ein schüchternes, ängstliches, wenig einfallsreiches und absolut unselbständiges Kind. Hinreißend komisch beschreibt *Kirsten Boie* das Aufeinandertreffen dieser unterschiedlichen Familien- und Erziehungskonzepte beim Besuch der kleinen Nella, der sich – da sind sich beide Seiten

einig – so schnell nicht wiederholen wird. Die früherwachsene, altkluge Nella bringt die Eltern Schlabermiehl durch ihre Spontaneität, ihre Einfälle und auch ihr umweltbewußtes Sendungsbewußtsein sehr in Verlegenheit. Einen Vater vermißt Nella nicht. Uli, ihren biologischen Vater, trifft sie zwar regelmäßig zum Eisessen, sie mag ihn, kann aber nicht allzuviel mit ihm anfangen. Außerdem sind fast immer häufig wechselnde Freundinnen des Vaters dabei. Auch Nellas Mutter hat hin und wieder einen jungen Mann zum Übernachten in der Wohnung, was Nella allerdings nicht sonderlich beunruhigt: „Das ist schon manchmal passiert, daß Jaquos Freunde bei ihr übernachtet haben, und Nella hat auch gar nichts dagegen. Sie schläft ja auch gerne mal auswärts" (S. 48). Arno, der neue Freund der Mutter, gewinnt nach anfänglichem Mißtrauen schließlich auch Nellas Sympathie. Ihn stattet die Autorin mit weitaus mehr Einfühlungsvermögen in die kindliche Psyche aus als Nellas biologischen Vater.

Unter einem ähnlich positiven Blickwinkel stellt auch *Christine Nöstlinger* in ihrem neuesten Familienroman „Einen Vater hab ich auch" die Situation eines Scheidungskindes dar, das ebenfalls in einer Einelternfamilie aufwächst. Auch sie entwirft ein Bild postmoderner Familienstrukturen und der dazugehörigen Verhandlungserziehung. Die elfjährige Ich-Erzählerin Feli ist ein früherwachsenes, sehr reflektierendes Einzelkind, das mit seiner geteilten Situation bestens zurechtkommt: „Mein Schulfreund Lorenz (...) hält es für ‚drittelnormal', geschiedene Eltern zu haben. Weil sich jedes dritte Ehepaar scheiden läßt. (...) Mir war es bis vor acht Monaten völlig wurscht, daß meine Eltern

geschieden sind. Ich bin nämlich diesbezüglich relativ gut dran: Erstens haben sich meine Mutter und mein Vater bereits scheiden lassen, als ich winzig klein war. Zwei Jahre und zwei Monate alt. Da habe ich die Streitereien und die dicke Luft zwischen ihnen nicht mitbekommen. Zumindest kann ich mich nicht daran erinnern. Zweitens verdienen meine Mama und mein Papa beide recht ordentlich und können auch geschieden gut leben, was

Christine Nöstlinger
Einen Vater hab ich auch
BELTZ & Gelberg
Leseexemplar

viele andere Menschen nicht können, weil man dann zwei Wohnungen braucht. Und zwei Autos. Und den ganzen übrigen Kram auch mal zwei. (...) Und drittens gab es bei uns nie so eine stur-blöde Einteilung, wo der Vater einmal die Woche oder einmal im Monat, ganz nach Gerichtsbeschluß, sein Kind für einen Nachmittag abholen darf. Ich konnte meinen Papa immer so oft sehen, wie ich Lust dazu – und er Zeit – hatte" (S. 7).

Gleich zu Anfang erfährt der Leser, wie Feli ihre Situation einschätzt. Sie ist ein selbstbewußtes, pfiffiges Wiener Mädchen und versteht es, schlau und voller Raffinesse Vorteile aus ihrer Situation zu ziehen. Die Einsicht, daß geschiedene Eltern gegen ihr Kind nicht wie Pech und Schwefel zusammenhalten können, erweitert ihren Handlungsspielraum enorm: So legt sie den Eltern abwechselnd mißlungene Klassenarbeiten zur Unterschrift vor, und bei der Anschaffung neuer Kleidung gelingt es ihr immer, wenigstens ein Elternteil als Spender zu gewinnen. Feli lebt bei ihrer Mutter, die als Journalistin ihre Arbeit zum großen Teil zu Hause verrichten kann, mit dem Vater, einem selbständigen Grafikdesigner, kann sie so viel Zeit verbringen wie sie möchte. Viele ihrer Klassenkameraden aus „vollständigen" Familien sind ihrer Meinung nach „elternmäßig schlimmer dran", sei es wegen ständiger Abwesenheit des Vaters, sei es wegen permanenter Nörgelei und freiheitseinschränkender Erziehungsmaßnahmen. Hier hat es Feli in der Tat besser getroffen: Zu beiden Eltern hat sie ein gutes Verhältnis, das geprägt ist von Verständnis, Großzügigkeit, Liberalität und Toleranz. Auch *Christine Nöstlinger* zeigt eine moderne, demokratisch orientierte Verhandlungsfamilie, in der die Tochter von den Eltern als gleichberechtigte Partnerin ernstgenommen und in alle Entscheidungen mit einbezogen wird. Feli ist selbständig, früherwachsen, selbstbewußt und von einer Cleverness, die es ihr leicht macht, schnell und sicher die Strategien zu durchschauen, die hinter den Handlungen der Erwachsenen versteckt sind. Ihre hohe Reflexivität wirkt manchmal etwas altklug und läßt die Erwachsenen im Vergleich

fast unreif und kindlich erscheinen. „Lob vom Co (dem Compagnion des Vaters) kann man nicht ernst nehmen, Der ist ein Charmeur und Schmeichler" (S. 21).

Der Haushalt ist partnerschaftlich organisiert, Feli ist daran gewöhnt, nach der Schule das Mittagessen zu besorgen, zu bügeln und aufzuräumen. Über ihre Freunde, die andere Vorstellungen von familiärer Aufgabenteilung haben, sagt sie: „Die drei glauben glatt, daß Mütter zu nichts anderem da sind, als für Väter und Kinder zu sorgen und denen alles recht zu machen. Darum schimpfen sie auf meine Mama und behaupten, die sei nicht o.k., sie sei egoistisch und denke nur an sich" (S. 23). Aber auch sie scheint manchmal mit der Rolle der früherwachsenen Tochter überfordert, vor allem dann, wenn es um weitreichende Entscheidungen geht, denen sogar die Mutter selbst nicht gewachsen ist. So wird Feli eines Tages mit einer „Zumutung der unzumutbaren Sorte" konfrontiert, als es nämlich um die Frage geht, ob ihre Mutter eine Stelle in einer anderen Stadt annehmen soll, was natürlich mit einem Umzug verbunden wäre. „,Aber ich tue es nur, wenn du damit einverstanden bist', verspricht die Mutter, aber das macht Feli erst recht ratlos. ‚Mich macht das völlig ratlos, ich bin ein Kind, das es haßt, zu etwas gezwungen zu werden'" (S. 11). Oder an anderer Stelle: „Wer bin ich denn, daß ich über ihr Leben bestimmen kann?" (S. 19).

Auch *Christine Nöstlinger* stellt der unkonventionellen, liberalen Verhandlungsfamilie ein negativ gezeichnetes Modell einer traditionell strukturierten „vollständigen" Familie gegenüber: In der Familie ihrer Tante, in der Feli für kurze Zeit untergebracht wird, trifft sie auf ein Wertesystem und Erziehungsverhalten, das ihr bis dahin völlig fremd war: Ordnung und Pünktlichkeit sind wesentliche Normen, die Lebensführung erstarrt in einengender Regelmäßigkeit; so herrscht z. B. zwischen den Mahlzeiten striktes Eßverbot, die Badezimmerbenutzung ist minutiös geregelt, Sauberkeit und korrekte Umgangsformen sind oberstes Prinzip, ebenso wie die selbstverständliche Unterordnung unter die Anweisungen der Erwachsenen. Felis Verhandlungskompetenz, die sie in ihrer Familie erworben hat, hilft ihr hier nicht weiter, sondern bringt sie vielmehr in starke Bedrängnis. Voll Ironie und Selbstironie karikiert die Ich-Erzählerin das Verhalten aller Beteiligten. Mit ihrem lakonischen Grundton trifft sie vermutlich recht gut die Stimmungslage und das Lebensgefühl von etwa gleichaltrigen Leserinnen. *Christine Nöstlinger* stellt in diesem Familienroman die Situation „geteilter" Kinder einmal nicht als bedrükkende, problembeladene Lebenslage dar. Ohne die Ernsthaftigkeit der Problematik zu verharmlosen, wird gezeigt, das vieles lösbar ist, vorausgesetzt, daß alle Beteiligten den guten Willen dazu haben. Mit Feli wird das Modell eines Mädchens präsentiert, das fern aller Larmoyanz eine erfolgszuversichtliche positive Grundhaltung vermittelt. Ebenso wie Nella Propella macht auch sie die Erfahrung, daß nicht die Vollständigkeit einer Familie, d. h. die permanente Anwesenheit beider Eltern ausschlaggebend ist für ein gutes Eltern-Kind-Verhältnis, sondern allein die Qualität der Beziehung und des Umgangs miteinander. Ein gutes Eltern-Kind-Verhältnis setzt allerdings auch ein partnerschaftliches, liberales Familienklima voraus, wie es sich nur in Verhandlungsfamilien entwickeln kann. So ersetzen die Autorinnen die Utopie der „heilen vollständigen" Familie durch eine Utopie des Zusammenlebens, in dem andere Werte bedeutsam sind: Einfühlungsvermögen in die Wünsche und Bedürfnisse des anderen, Akzeptieren der Persönlichkeit und der Freiräume des anderen, Liberalität, Toleranz, Flexibilität und Verhandlungsbereitschaft. Den Kampf um Selbstbestimmung und Selbständigkeit müssen die kindlichen Protagonisten hier nicht mehr führen. Selbständigkeit wird ihnen zugestanden, aber auch abverlangt. Daraus ergeben sich für sie nicht nur Zumutungen, sondern auch Chancen für ihre Persönlichkeitsentwicklung.

Veränderte Rollenbilder: „Jugendliche" Eltern und früherwachsene Kinder

Zunehmend läßt sich in der modernen Kinder- und Jugendliteratur eine allmähliche Auflösung der Altersrollen und eine Entpolarisierung der Geschlechterrollen beobachten. In partnerschaftlich organisierten Verhandlungsfamilien findet eine allmähliche Angleichung der Lebensalter statt. Die Eltern sind nicht mehr die alleinigen Garanten für Wissen und Erfahrung. Die Kinder sind nicht mehr ausgeschlossen vom Wissen der Eltern. Emanzipation bedeutet auch die Zumutung, über alles informiert zu sein. So haben die Kinder jetzt uneingeschränkt Zugang zu allen Problemen und Belastungen der Eltern. Sie nehmen Anteil an deren Sorgen, Nöten, Ängsten, Erfahrungen und Entscheidungen. Die Eltern sind nicht mehr die allwissenden Ratgeber, sie brauchen selber Rat, sie sind verstrickt in ihre eigenen Probleme, an denen sie ihre Kinder teilhaben lassen und ihnen damit die Mitverantwortung aufbürden. Da es den liberal und partnerschaftlich eingestellten Eltern nicht länger darum geht, als unfehlbare Autoritäten zu erscheinen, versuchen sie auch nicht mehr, Fehler und Schwächen vor ihren Kindern zu verbergen. Im Gegenteil: Oft sind es die Kinder, die ihnen helfen, damit umzugehen. Sie werden nicht selten zu Ratgebern und Lebensberatern ihrer Eltern. Während der ernste psychologische Kinderroman eher die Überforderung der Kinder durch diese elterlichen Zumutungen zum Thema macht, die sich sogar in psychischer Destabilisierung niederschlagen kann (z. B. *Haugen:* Die Nachtvögel), ironisieren die Autoren des tragikomischen Familienromans die aufgelösten Altersrollen und lassen die kindlichen Protagonisten ihre Überlegenheit als die „wahren Erwachsenen" den kindlich-unreifen Eltern gegenüber genüßlich ausspielen. Bereits die sechsjährige Anna (*Nöstlinger:* Der Zwerg im Kopf) fordert mit ihrer ausgeprägten Verhandlungskompetenz auch die ständige Verhandlungsbereitschaft der Eltern: „,Ich hab nur gesagt: Wenn geschiedene Eltern normal sind, weil jedes dritte Kind welche hat, dann wäre es auch normal, daß ich einen Hund habe, weil den jedes zweite Kind hat.' (...) ‚Ach Anna', murmelte die Mama und machte dabei ihren traurigen Dackelblick. Wenn die Mama so drein schaute, konnte Anna nicht böse mit ihr sein" (S. 34).

Im gleichen Maße wie die Elterngeneration ihre Jugendlichkeit bewahrt hat, werden die Kinder zu verständigen, vernünftigen, reifen „Früherwachsenen", die ihrerseits nun den Eltern mit Rat und Tat zur Seite stehen. Sie zeigen dabei oft ein erstaunliches Maß an Lebensklugheit, Organisationstalent, praktischer Intelligenz und hoher Reflexivität und kommentieren oft kopfschüttelnd die Lebensferne ihrer Eltern. Selbst die moralische Überlegenheit ist teilweise von den Eltern auf die Kinder übergegangen, die daher konsequenterweise manchmal die „Erziehung" ihrer Eltern übernehmen müssen. So läßt sich beispielsweise Feli nicht von der Mutter überreden, unter dem Vorwand einer angeblichen Krankheit die Schule zu schwänzen. Auch die Schwäche und Feigheit der Mutter, unangenehmen Gesprächen und Entscheidungen aus dem Weg zu gehen, hat Feli längst erkannt und gelernt damit umzugehen. Ebenso setzt sie alles daran, ihrem Vater die notorische Unpünktlichkeit abzugewöhnen. Selbst das Vorschulkind Nella klärt die wenig umweltbewußte Nachbarin auf: „So darfst du das nicht einpacken, das ist Alufolie! Die darfst du nicht vergeuden, die mußt du sammeln! Das sind wertvolle Rohstoffe! Das Brot muß doch in eine Brotdose. Plastiktaschen machen die Umwelt doch kaputt!" (S. 45).

Manchmal wird der Zwang zur Früherwachsenheit als lästige Zumutung empfunden, häufiger jedoch sehen die Kinder und Jugendlichen diese Herausforderung gelassen als eine Chance, sich als „Erwachsene" zu profilieren und genießen ihre Überlegenheit und Expertenschaft. Abgeklärt und nachsichtig helfen sie ihren manchmal welt- und realitätsfernen Eltern mit lebenspraktischen Ratschlägen und Taten bei der Bewältigung ihres Alltags. So überzeugt Libby ihren meditierenden Vater davon, seinen Bücherladen zeitgemäß auszustatten, damit er eines Tages auch einmal Gewinn bringen möge: „So etwas hättest du schon vor Jahren machen sollen. Wenn du dir jetzt noch einen Computer zulegst und ein vernünftiges Buch-haltungssystem, könnte ein richtiges Geschäft daraus werden" (*Kropp:* Alle Macht dem Müsli, S. 103).

Selbst bei Problemen des alltäglichen Zeitmanagements und der Organisation der eigenen Betreuung sind die früherwachsenen Kleinen ihren ge-streßten Eltern manchmal überlegen und entwickeln dabei schon von klein auf ein erstaunliches Einfühlungsver-mögen in die Gemütslage ihrer über-forderten Eltern. So schlägt die sechs-jährige Anna ihrer unter Zeitdruck stehenden Mutter vor: „Setz mich halt in ein Taxi, (...) wennst mich jetzt noch selbst heimfährst, kommst ja viel zu spät zur Probe. Die Mama nickte erleichtert (...)" (*Nöstlinger:* Der Zwerg im Kopf, S. 20).

Da die Kinder ebenso wie Erwachsene in die Reflexions- und Entscheidungs-prozesse ihrer Eltern eingebunden sind, erscheinen auch sie in hohem Maß reflexiv und selbstreflexiv: „Wenn ihre friedfertige Art, mit mir umzuge-hen, tatsächlich auf ihr altes Acht-undsechziger-Sein zurückzuführen ist, habe ich dagegen nichts einzuwen-den" (*Nöstlinger:* Nagle einen Pudding an die Wand, S. 54).

Generell zeigt sich, daß die Söhne und Töchter der „jugendlichen" Eltern sich nicht mehr gegen Bevormundung und Fremdbestimmung durchsetzen müs-sen. Ihren Anspruch auf Selbstbestim-mung und Selbstständigkeit, ihr Recht auf die Vewirklichung eigener Vorstel-lungen müssen sie nicht mehr er-kämpfen. Die Eltern lassen ihnen fast alle Freiräume und Entwicklungsmög-lichkeiten. Es besteht eine weitgehen-de Übereinstimmung im Norm- und Wertsystem. Ist dies nicht der Fall, verhandelt man in einem Klima der Liberalität und Toleranz auf gleichbe-rechtigter Ebene. Das Verhältnis zwi-schen Eltern und Kindern ist weitge-hend solidarisch. Es zielt auf Verstän-digung, nicht auf Konfrontation. Die „Entdramatisierung" des Generations-konflikts hat auch in der modernen Kinder- und Jugendliteratur stattge-funden. Dennoch ist das Eltern-Kind-Verhältnis nicht konfliktfrei. Eigen-verantwortliches Denken und Han-deln wird den Söhnen und Töchtern nicht nur zugestanden, sondern durch das oft jugendlich unbekümmerte, manchmal sogar verantwortungslose Verhalten der Eltern auch erzwungen. Im gleichen Maße wie sich die Eltern – zumeist die Mütter – aus familiären Rollenzwängen zwecks Selbstverwirk-lichung befreien, belasten sie ihre Kin-der – zumeist die Töchter – mit einem Übermaß an Verantwortung.

„Jugendliche Eltern" räumen sich auch im fortgeschrittenen Alter das Recht auf Selbstfindung ein und machen dadurch deutlich, daß die Entwick-lung von Identität ein lebenslanger, niemals abgeschlossener Prozeß ist. Flexibilität, Offenheit, Toleranz, Begei-sterungsfähigkeit, Unvernunft, Expe-rimentierfreude und Liberalität sind Merkmale, die sie zu den „wahren" Jugendlichen machen.

Veränderte Geschlechter-rollen: Mütterliche Väter und männliche Mütter

Ebenso wie sich die Altersrollen all-mählich angleichen, kann man auch eine zunehmende Entpolarisierung der Geschlechterrollen beobachten. Zum Selbstverständnis der „neuen" Mütter und Väter gehört auch eine Neuorganisation familiärer Rollen. Am auffälligsten sind die Veränderungen in der Darstellung des Mutterbildes. Die „neuen" Mütter haben ein balance-orientiertes Lebenskonzept, d. h. sie lassen sich nicht mehr auf die Rolle als Hausfrau und Mutter festgelegen, sondern versuchen ganz selbstverständlich, berufliche Tätigkeit und Mutterschaft zu vereinbaren. Die Doppelbelastung, die sich daraus ergibt, nehmen sie tatkräftig und selbstbewußt mit Flexibilität und Organisationstalent in Angriff, eine Rolle der anderen wegen aufzugeben, käme ihnen nicht in den Sinn. Sie haben in den meisten Fällen eine gute Ausbildung, einen interessanten, anspruchsvollen Beruf (Juristin, Redakteurin, Studentin, Besitzerin einer Second Hand Boutique, Angestellte bei einem Fensehsender, Sozialarbeiterin), sind selbstbewußt und selbständig und nicht mehr auf den Ehemann als Ernährer der Familie angewiesen. Einige Autoren machen die Neuorganisation familiärer Rollen zum Thema. In *Kirsten Boies* „Mit Jakob wurde alles anders" praktizieren die Eltern einen

familiären Rollentausch. Der Vater, ein Lehrer, läßt sich nach der Geburt des dritten Kindes beurlauben, um seiner Frau die Rückkehr in ihren Beruf als Juristin zu ermöglichen. Die praktische Umsetzung dieser theoretisch längst verinnerlichten Rollenflexibilität verläuft nicht immer reibungslos, was die Erzählung glaubwürdig und vergnüglich zu lesen macht. In „Gretchen, mein Mädchen" und „Alle Macht dem Müsli" setzen die Emanzipations- und Selbstfindungsprozesse der Mütter erst nach ein paar Jahren als Hausfrau und Mutter ein. „Und da war ich, mit meinen zwei Jahren Studium, und tat nichts als zwei kleine Kinder zu betreuen. Nein, drei kleine Kinder. Ich bekam das Gefühl, daß mein ganzes Leben in einer kleinen Schachtel steckte, die mit jedem Tag immer kleiner wurde. Mir wurde klar, daß ich mich selbst zerstörte, daß ich alles abtötete, was n

Platz den Spinnern dieser Welt!

Verlag Sauerländer

mir steckte. Ich mußte weg, um als echter Mensch zurückkommen zu können" (*Kropp:* Alle Macht dem Müsli, S. 81). Die „neuen" Mütter nehmen unbefriedigende Lebensumstände nicht mehr hin, sondern gehen aktiv daran, sie zu ändern. Widerstände auf Seiten der Partner können sie nicht daran hindern.

In vielen Kinder- und Jugendromanen (z. B. *Nöstlinger:* Einen Vater hab ich auch) sind die Eltern über dieses Stadium der Neuorganisation familiärer Rollen hinaus. Das individuelle Arrangement der Rollen wird ganz selbstverständlich gelebt, die geschlechtsspezifische Rollenzuweisung ist weitgehend aufgehoben. In der Darstellung der Mütterfiguren zeigen sich damit gravierende Veränderungen zur Kinder- und Jugendliteratur der 70er und frühen 80er Jahre. Zwei Stereotypen waren damals auszumachen: Die unzufriedene „Nur-Hausfrau", die der Familie zuliebe auf die Verwirklichung eigener Interessen verzichtet und die „egoistische" Mutter, die wegen eigener beruflicher und privater Interessen als „richtige" Mutter versagt. Noch 1985 konnte man feststellen: „Nach wie vor fehlen unter den Mütterfiguren Beispiele für eine geglückte Kombination der Rollenvielfalt; Frauenfiguren, bei denen sich Ich-Stärke, gesunder Egoismus und Liebesfähigkeit nicht länger ausschließen" (*Daubert*). Diese Lücke können die „neuen" Mütter schließen. Ob als Karrierefrau oder als bohemhafte Lebenskünstlerin (*Lingard:* Kies und Klamotten), sie werden übereinstimmend als interessante, ich-starke Persönlichkeiten geschildert, die lebendig, lebenslustig und unbekümmert sind, dabei aber auch ernsthaft und engagiert. Sie haben sich ihre Jugendlichkeit bewahrt, sind tolerant und

liberal und werden als Sympathieträgerinnen gezeichnet, als Mütter, die ihren Kindern emotional und intellektuell viel geben können und wenig Ähnlichkeit haben mit den larmoyanten und frustrierten Mütterfiguren der 70er Jahre. Die „neuen" Mütter sind nicht mehr nur graue Mäuse und geschlechtsneutrale Figuren, sondern treten auch als sexuelle Wesen von deutlich wahrnehmbarer Attraktivität auf.

Während die „alten" autoritären Väter als Familienoberhaupt von Befehlshaushalten nur noch als Karikatur in Erscheinung treten, bleiben die „neuen" Väter dagegen noch eigentümlich blaß. Sie spielen zumeist nur Nebenrollen, aber auch das scheint typisch für die neuen familiären Strukturen, die weitgehend von starken Frauen geprägt werden. „Mein Vater ist als Ernährer der Familie nicht von großem Nutzen. Hie und da arbeitet er, kommt und geht. Wie Treibholz, sagt meine Oma, die nicht begreift, was ihre Tochter an ihm gefunden hat" (*Lingard:* Kies und Klamotten, S. 7). Dennoch sind auch sie Sympathieträger. Sie leben in partnerschaftlichen Beziehungen, beteiligen sich gutwillig an der Neuorganisation der familiären Rollen und tragen zu einer Entpolarisierung des „männlichen" und „weiblichen" Verhaltens bei. Autoritäre und hierarchische Denkmuster liegen ihnen fern, sie verhalten sich ebenso unkonventionell wie die Frauen und sind dabei flexibel und offen für neue und alternative Ideen. Zu weit sollten sich die alternativen Väter von bürgerlichen Denk- und Verhaltensmustern jedoch nicht distanzieren, sonst erscheinen auch sie schnell als Karikaturen, die ihre Kinder in Verlegenheit bringen: „Rick (der Vater) war in seiner indischen Aufmachung, wie aus zweiter Hand von Ghandi geerbt. Du lieber Gott, warum müssen Eltern einen so in Verlegenheit bringen?" (*Kropp:* Alle Macht dem Müsli, S. 32).

Auch der Titel des Bilderbuchs „Papa nervt" erscheint symptomatisch dafür, daß Väter, die sich zu weit von herkömmlichen Männlichkeitsidealen entfernen, für ihre Kinder gewöhnungsbedürftiger und weniger vorbildlich sind als die fortschrittlich gezeichneten Mütter. Zwar wird der kleine Protagonist in *Meir Shalevs* Bilderbuch liebevoll von seinem Vater versorgt, während die Mutter als Nachrichtensprecherin für das Fernsehen arbeitet, aber dieser entspricht in seiner Unsportlichkeit, Ängstlichkeit und Unbeholfenheit nicht dem Bild, das sich sein kleiner Sohn von einem „normalen" Vater gemacht hat. Der Abschied vom herkömmlichen Männlichkeitsideal ist offensichtlich literarisch schwieriger zu bewältigen als die Gewöhnung an das Frauenbild der „neuen" balanceorientierten Mütter. Gerade die Auflockerung der Geschlechter- und Altersrollen in der modernen Kinderliteratur trägt dazu bei, die Verhandlungsfamilie als positiv besetzten Lebensraum zu erfahren, in dem Individuen agieren und nicht nur Rollenträger sind. Die karikierende Überzeichnung von Rollenträgern in traditionellen Befehlshaushalten ironisiert diese Rollen und stellt sie als unbrauchbar hin. Die Entbindung von Rollenvorgaben erfordert ein individuelles Organisieren und Aushandeln der Rollenvielfalt, was immer wieder neu geleistet werden muß. Damit erhalten die jungen Leser ein ehrlicheres, realitätsgerechteres und glaubwürdigeres Orientierungsmodell für das (familiäre) Zusammenleben von selbständigen Persönlichkeiten als bisher.

Vorläufiges Fazit

Die Erkenntnisse der Sozialwissenschaften über die veränderten kindlichen Lebenswelten lassen sich auch in einem Teil der modernen Kinderliteratur finden. Literatur und Wirklichkeit für Kinder korrespondieren miteinander und bestätigen sich. Die moderne Kinderliteratur ist durchaus auf der Höhe der Zeit und besitzt ein hohes Maß an Aktualität. Es scheint sogar manchmal, als ob die Literatur der Wirklichkeit voraus wäre, vor allem in dem Ausmaß an Selbstverständlichkeit, mit dem bisher „abweichende" familiäre Lebensformen von beispielsweise homoerotischen Beziehungen dargestellt werden. Auch die Entpolarisierung der Geschlechterrollen wie sie durch die „neuen" Väter und Mütter vermittelt wird, dürfte in der Wirklichkeit erst nur in Ansätzen erreicht sein.

Deutlich wird in jedem Fall, daß auch die familiären Lebensformen in der „Kindheit 2000" nicht nur Risiken, sondern auch Chancen bereithalten. Die Modelle des Zusammenlebens zwischen Kindern und Eltern, wie sie in der modernen Kinderliteratur präsentiert werden, machen dies deutlich: Die Pluralität der Familienformen beinhaltet zwar einerseits das Risiko der Instabilität, des Geborgenheitsverlustes und schürt vielleicht Verlustängste, aber andererseits bietet die Humanisierung der Erziehungsstile von der Befehls- zur Verhandlungserziehung auch in hohem Maße die Chancen zur Selbstbestimmung in größeren Freiräumen und damit zur Emanzipation und Persönlichkeitsentfaltung. Der Blickwinkel, mit dem die Autoren neue Familienformen beschreiben, hat sich geändert: „Abweichende" Formen des Zusammenlebens in der Familie sind eben anders, nicht mehr nur nachteilig. Im Gegenteil: So machen *Kirsten Boie* und auch *Christine Nöstlinger* übereinstimmend deutlich, daß nicht die „Vollständigkeit" einer Familie, d. h. das räumliche Zusammenleben von Eltern und Kindern und die ständige Anwesenheit beider Elternteile ausschlaggebend ist für eine gutes Eltern-Kind-Verhältnis, sondern allein die Qualität der Beziehung. Andere Werte sind jetzt bestimmend für ein harmonisches Zusammenleben: Partnerschaftlichkeit, Akzeptieren von persönlichen Freiräumen, Liberalität, Toleranz, Einfühlungsvermögen, emotionale Wärme und Solidarität, Hilfsbereitschaft, Engagement, das auch über die Grenzen der Familie hinausgeht. Verhandeln wird zum Schlüsselbegriff, nicht mehr Anweisen und Gehorchen. Die Familie ist zu einer Solidargemeinschaft zwischen gleichwertigen und fast „gleichalten" Partnern geworden. Selbständigkeit gehört zu den wichtigsten Erziehungszielen, und auch hier zeigen sich wieder Risiken und Chancen: Der Zwang zur Selbständigkeit kann für die „früherwachsenen" Kinder eine überfordernde Zumutung sein, vor allem dann, wenn er sich aus der Überforderung von hilflosen Erwachsenen ergibt. Andererseits bedeutet die gewährte oder abverlangte Selbständigkeit auch die Chance zur Nutzung von Freiräumen, zu einem Zuwachs an Erfahrung und Entwicklungsmöglichkeiten, zur Selbstbestimmung und damit letztendlich zum Aufbau von Ich-Stärke. Letztere ist in der pluralistischen Gesellschaft mit der ständigen Abnahme von Selbstverständlichkeitsriten unumgänglich, will man nicht zu den Modernisierungsverlierern gehören. In den hier erwähnten Kinderbüchern ist die Utopie von der heilen,

vollständigen, harmonischen Familie abgelöst worden durch alternative Formen des Zusammenlebens. Die traditionelle Kleinfamilie fungiert in manchen Büchern nur noch als Karikatur, als rigides spießiges Gegenmodell zum toleranten, liberalen, kreativen, liebe- und verständnisvollen Familienklima der Einelternfamilie. Die Gefahr von neuen Klischeebildungen zeichnet sich ab. Alternative Familienformen sind nicht die Garanten für eine gute Eltern-Kind-Beziehung, die Qualität der Eltern-Kind-Beziehung läßt sich auch in der traditionellen „vollständigen" Familie erreichen, auch dafür gibt es in der Kinderliteratur – ebenso wie in der Wirklichkeit – noch ausreichend Beispiele. Andererseits machen diese Karikaturen auf amüsante Weise deutlich, daß die Rigidität sich daraus ergibt, daß hier Rollenträger und nicht Individuen agieren. Patriarchalisch organisierte „Befehlshaushalte" mit vorgegebenen geschlechtsspezifischen Familienrollen verhindern Selbständigkeit, Liberalität, Toleranz, Selbstbestimmung und gewähren keinerlei Freiräume. Ob diese Differenzierung jedoch für die kindlichen Leser ohne Hilfe von Vermittlern durchschaubar ist, sei dahingestellt. Dennoch wird sichtbar: Fest umrissene Rollenvorgaben sind kein zuverlässiges Orientierungsmodell mehr für die Heranwachsenden. Der Pluralismus der Lebensstile erfordert ein balanceorientiertes Lebenskonzept, das sich nur durch individuelle Organisation der Rollenvielfalt und in partnerschaftlicher Abstimmung aller Beteiligten in einem Klima der Liberalität und Toleranz verwirklichen läßt. Autoritäre Erziehungsstile und patriarchalisch organisierte Befehlshaushalte haben im Wertkonzept postmoderner Eltern keinen Platz mehr, sie sind sozial verpönt. Individualisierung anstelle von Rollenübernahme erfordert die Entwicklung eines autonomen Wertsystems und setzt ein ständiges Überprüfen und Neuorganisieren der eigenen Normen und Werte voraus, eine permanente Arbeit an der eigenen Identität. Die dargestellten Lebensentwürfe und Beziehungsmodelle setzen dies auch bei den Lesern in Gang.

Sowohl der ernste psychologische Kinder- und Jugendroman wie auch der tragikomische sind in doppelter Hinsicht aktuell. Zum einen spiegeln sie die veränderten kindlichen Lebenswelten sehr differenziert wider und haben damit einen hohen zeitdiagnostischen Wert für ihre Leser. Zum anderen sind sie – unabhängig vom Erscheinungsdatum – psychologisch aktuell, im Sinne von „aktualisierbar für die eigenen Themen" (*Hurrelmann*). Der lebensweltliche Bezug ist für die jungen Leser also in doppelter Hinsicht gewährleistet.

Die wichtigen, ernsthaften Themen, die sich aus der Kinderliteraturreform der 70er Jahre mit aufklärerischer Funktion in einer „Literatur des Daseinsernstes" (*Ewers*) niedergeschlagen haben, werden im ernsten psychologischen Kinderroman durch den „Blick ins Innere" differenziert und erweitert. Auch im tragikomischen Kinderroman haben sie weiter ihren Platz, allerdings hat die neu hinzugewonnene Komik dabei eine psychisch entlastende Funktion. So relativieren sich möglicherweise für betroffene Leser in ähnlicher Situation die eigenen leidvollen Erfahrungen, und sie gewinnen durch die Verhaltensmodelle der ich-starken, erfolgszuversichtlichen, pfiffigen Protagonisten einen neuen Blickwinkel auf die eigene Situation. Die nachsichtig-abgeklärte und lakonische Weltsicht, mit der die jugendlichen Protagonisten ausgestattet sind und ihre überlegene Position gegenüber den Erwachsenen wird vermutlich dem Lebensgefühl und dem Selbstverständnis der „coolen" Heranwachsenden sehr entgegenkommen und dürfte entscheidend zum Lesevergnügen beitragen.

Primärliteratur

Banscherus, Jürgen: Davids Versprechen. Würzburg 1993

Boie, Kirsten: Klar, daß Mama Ole/Anna lieber hat. Hamburg 1994

Boie, Kirsten: Nella Propella. Hamburg 1994

Boie, Kirsten: Mit Jakob wurde alles anders. Hamburg 1986

Bröger, Achim: Heini eins bis fünf. Zürich/Frauenfeld 1991

Browne, Anthony: Mein Papi, nur meiner. Frankfurt 1984

Browne, Jane und *Norman Leach:* Ein Kuß für Anna. Aarau/Frankfurt 1994

Chidolue, Dagmar: Aber ich werde alles anders machen. Weinheim 1981

Chidolue, Dagmar: Ponzl guckt schon wieder. Weinheim 1988

Collura, Mary-Ellen: Sunny. Ravensburg 1991

Deinert, Sylvia, und *Tine Krieg:* Das Familienalbum. Oldenburg 1993

Fine, Anne: Der Neue. Zürich 1991

Glade-Hassenmüller, Heidi: Gute Nacht, Zuckerpüppchen. Recklinghausen 1989

Härtling, Peter: Theo haut ab. Weinheim 1977

Härtling, Peter: Fränze. Weinheim 1989

Härtling, Peter: Lena auf dem Dach. Weinheim 1993

Haugen, Tormod: Die Nachtvögel. München 1993

Kilian, Susanne: Angst. In: Die Stadt ist groß. Weinheim 1976 (vergriffen)

Kropp, Paul: Alle Macht dem Müsli. Aarau/Frankfurt a. M. 1991

Leeson, Robert: Es ist mein Leben. Weinheim 1984

Lingard, Joan: Kies und Klamotten. Aarau/Frankfurt a. M. 1993

Maar, Nele und *Verena Ballhaus:* Papa wohnt jetzt in der Heinrichstraße. Loor 1989

Meißner-Johannknecht, Doris: Leanders Traum. Kevelaer 1994

Nöstlinger, Christine: Ilse Janda, Hamburg [14]1974

Nöstlinger, Christine: Olfi Obermeier und der Ödipus. Hamburg 1984

Nöstlinger, Christine: Gretchen, mein Mädchen. Hamburg 1988

Nöstlinger, Christine: Der Zwerg im Kopf. Weinheim 1989
Nöstlinger, Christine: Nagle einen Pudding an die Wand. Hamburg 1990
Nöstlinger, Christine: Einen Vater hab ich auch. Weinheim 1994
Shalev, Meir: Papa nervt. Zürich 1994
Stark, Ulf: Als Vaters Waschmaschine streikte. München 1990
Sundvall, Viveca: Eddie und Maxon Jackson. Hamburg 1992
Willhoite, Michael: Papas Freund. Berlin 1994

Literatur

Büchner, Peter: Vom Befehlen und Gehorchen zum Verhandeln. Entwicklungstendenzen von Verhaltensstandards und Umgangsnormen seit 1945. In: *Preuss-Lausitz, Ulf* u. a. (Hg.): Kriegskinder, Konsumkinder, Krisenkinder. Zur Sozialisationsgeschichte seit dem Zweiten Weltkrieg. Weinheim und Basel 1989, S. 196–212
Daubert, Hannelore: Die „neuen" Mädchen – eine kritische Bestandsaufnahme. In: Informationen des Arbeitskreises für Jugendliteratur. Heft 4/1985, S. 46–56
Daubert, Hannelore: „Ich habe lieber Leute mit kleinen Webfehlern". Ein Werkstattgespräch mit Mirjam Pressler. In: *Daubert, Hannelore:* Lehrerbegleitheft zu Mirjam Presslers „Bitterschokolade". Weinheim/Basel ²1992
Daubert, Hannelore: Von „jugendlichen" Eltern und „erwachsenen" Jugendlichen. Familienstrukturen und Geschlechterrollen in Schülerromanen der 80er und 90er Jahre. In: *Ewers, Hans-Heino* (Hg.): Jugendkultur im Adoleszenzroman. Jugendliteratur der 80er und 90er Jahre zwischen Moderne und Postmoderne. Weinheim/München 1994, S. 43–61
Ewers, Hans-Heino: Themen-, Formen- und Funktionswandel der westdeutschen Kinderliteratur seit Ende der 60er, Anfang der 70er Jahre. In: Zeitschrift für Germanistik. Heft 2/1995, S. 257–278
Gutschmidt, Gunhild: Kinder in Einelternfamilien und Einzelkinder. In: *Fölling-Albers, Maria* (Hg.): Veränderte Kindheit – Veränderte Grundschule. Beiträge zur Reform der Grundschule Band 75. Arbeitskreis Grundschule e. V. Frankfurt/Main 1994, S. 75–85

Helsper, Werner: Jugend im Diskurs von Moderne und Postmoderne. In: *Helsper, Werner* (Hg.): Jugend im Diskurs zwischen Moderne und Postmoderne. Opladen 1991, S. 11–39
Hengst, Heinz: Verhandeln als Lebensstil? Kinder- und Jugendkultur im westlichen Europa. Vortrag anläßlich der Tagung „Kultureller Wandel jugendlicher Lebenswelten – zur Aktualität der Jugendliteratur" vom 22.–25. 11. in Tutzing
Hurrelmann, Bettina: Aktuelle Kinder- und Jugendliteratur. In: Praxis Deutsch. Heft 111/1992, S. 9–18
Kultureller Wandel jugendlicher Lebenswelten – zur Aktualität der Jugendliteratur. Dokumentation einer Tagung der Evangelischen Akademie Tutzing in Zusammenarbeit mit der Arbeitsgemeinschaft von Jugendbuchverlegern (AvJ) und dem Institut für Jugendbuchforschung vom 22.–25. November 1992 in Tutzing. Tutzing, Stuttgart und Frankfurt/Main 1993
Konsumkinder – Medienkinder – Krisenkinder. Verändertes Kindheit als Herausforderung für die Kinderliteratur. Dokumentation einer Tagung der Evangelischen Akademie Tutzing in Zusammenarbeit mit der Arbeitsgemeinschaft von Jugendbuchverlegern (AvJ) und dem Institut für Jugendbuchforschung vom 10.–12. Juni 1994 in der Evangelischen Akademie Tutzing. Tutzing, Stuttgart und Frankfurt/Main 1994
Preuss-Lausitz, Ulf u. a. (Hg.): Kriegskinder, Konsumkinder, Krisenkinder. Zur Sozialisationsgeschichte seit dem zweiten Weltkrieg. Weinheim und Basel 1989
Preuss-Lausitz, Ulf, Tobias Rülcker und *Helga Zeiher* (Hg.): Selbständigkeit für Kinder – die große Freiheit? Weinheim/Basel 1990
Rerrich, Maria: Balanceakt Familie – Zwischen alten Leitbildern und neuen Lebensformen. Freiburg ²1990
Rülcker, Tobias: Veränderte Familien, selbständigere Kinder? In: *Preuss-Lausitz, Ulf* u. a. (Hg.): Selbständigkeit für Kinder – die große Freiheit? Weinheim/Basel 1990, S. 38–54
Ziehe, Thomas: Vom vorläufigen Ende der Erregung – Die Normalität kultureller Modernisierungen hat die Jugend-Subkulturen entmächtigt. In: *Helsper, Werner* (Hg.): Jugend im Diskurs zwischen Moderne und Postmoderne. Opladen 1991, S. 57–73

Inge Wild

Kindsein heute – zwischen Lachen und Weinen

Renaissance kinderliterarischer Komik

Kindliches Lachen wird vom Erwachsenen immer als Spektakel einer noch nicht oder nur partiell domestizierten, elementaren Lebensfreude wahrgenommen. Das unspezifische kindliche Gruppenlachen, in seiner reinsten Form das Lachen über „Nichts", wird im Prozeß der Sozialisation einem kulturellen Sprach- und Formensystem adaptiert: Es wird zu einem möglichen und spezifisch geformten Ausdruck der symbolischen Interaktion innerhalb von Altersgruppen, zwischen den Generationen oder in hierarchisch bestimmten Situationen. Der Sinn für Komik[1] entwickelt sich also parallel zum allmählichen Erlernen des kulturspezifischen sozialen Rollen- und Sprachspiels. Im Prozeß der Enkulturation wird damit die primäre Komik der „reinen Lust" des kindlichen Lachens zunehmend von einer sekundären Komik überlagert, die ihre Lust aus der Durchbrechung kultureller Normierungen gewinnt. Die „freie Komik" des kindlichen Alters ist lustvolle Kontextverschiebung und freies Spiel der Imagination, sie ist zugleich strukturbildend für jede weitere Komikfähigkeit, für die „Komik der Befreiung".[2] *Sigmund Freud* spricht von den „Einschränkungen, die bei der Erziehung zum richtigen Denken und zur Sonderung des in der Realität Wahren vom Falschen Platz greifen müssen, und darum ist die Auflehnung gegen den Denk- und

Realitätszwang eine tiefgreifende und lang anhaltende. [...] Die Macht der Kritik ist in dem späteren Abschnitt der Kindheit und in der über die Pubertät hinausreichenden Periode des Lernens meist so sehr gewachsen, daß die Lust am ‚befreiten Unsinn' sich nur selten direkt zu äußern wagt" (*Freud*, S. 119).

Entwicklung der Komik im Kinderbuch

Kinderliterarische Komik ist von Erwachsenen für Kinder inszenierte Belustigung; sie ist insofern sowohl Indikator für die Rolle des Kindes in der Gesellschaft, als auch für das spezifische und zumeist stark autobiographisch bestimmte Kindheitsbild der Autorinnen und Autoren. Komisches Schreiben für Kinder steht zudem in einer literarischen Darstellungstradition, die zusammen mit dem bürgerlichen Kindheitsbild seit Ende des 18. Jahrhunderts Kontur annimmt. In der Kinderliteratur der Aufklärung, der Epoche, in der eine explizit für Kinder geschriebene Literatur nach einigen Vorformen erst eigentlich ihren Anfang nimmt, wird komisches Erzählen deutlich unter das Primat einer pädagogischen Funktion gestellt. Dieser belehrende Anspruch der aufgeklärten Pädagogik wirkt in Deutschland bis weit ins 19. Jahrhundert hinein und verzögert die Herausbildung einer spezifisch komischen Literatur für Kinder. Jedoch gehört die „Annahme einer ganz natürlichen Neigung des Kindes zur Fröhlichkeit" zu den „anthropologischen Prämissen fortgeschrittener Aufklärungspädagogik" (*Steinlein*, S. 16). Diese Annahme eines heiteren Kindergemütes war kinderliterarisch von großer Konsequenz – sie zeigt bis in unsere Gegenwart hinein ihre kinderliterarischen Ausläufer. Die Romantik, welche die Kinderliteratur entschieden poetisiert und ästhetisiert, gestaltet vor allem eine märchenhafte oder träumerische kindliche Gegenwelt, ein mythisches Kindheitsrefugium, das Ausdruck regressiver Erwachsenenphantasien ist. Romantische Komik ist Komik der Anderswelt, so im Kunstmärchen, in dem das kindliche magische oder lustige Spiel mit Wirklichkeitselementen in artifizieller Form reproduziert wird. Auch dies ist eine bis heute wichtige Traditionslinie. Im 19. Jahrhundert entwickelt sich eine neue Form kinderliterarischer Komik durch den spielerischen Umgang mit Sprache und mit Aspekten kindlicher Realität, bis hin zur Aufnahme von Elementen der politischen Satire und Karikatur, die aus der primären kindlichen Komikfähigkeit die Belachbarkeit scheinbar unveränderbarer Autoritäten und Rollenmuster ableitet. Eine solche subversive Komik ist häufig personifiziert in der Figur eines kindlichen Helden, der im Mittelpunkt des komischen Geschehens steht und als Tolpatsch oder enfant terrible Schwierigkeiten des kindlichen Status in der Erwachsenenwelt zur Anschauung bringt und gleichzeitig Widersprüche des erwachsenen Erziehungs- und Welterklärungsanspruchs entlarvt.

Die Kinderliteratur des 20. Jahrhunderts ist von diesen Darstellungsmustern des Komischen geprägt, die in vielfältigen Vermischungen literarisch realisiert werden. Vom Ende der 20er Jahre an bringen die Kinderromane *Erich Kästners* die bisherigen Elemente komischen Erzählens zu einem Höhepunkt und erheben gleichzeitig den Anspruch auf eine neue Form der realistischen Darstellung und zugleich ironisch-witziger Verfremdung kindlicher Alltagswelt. *Erich Kästner* nimmt die bereits in der Aufklärung entwickelte Tradition eines stilisierten kindlichen Erzähltones auf und perfektioniert sie durch Etablierung eines witzig-ironischen Dialogs zwischen Erzähler und fiktivem Leser. Nicht nur das Erzählte ist bei *Erich Kästner* komisch, sondern auch die Erzählerrede als witzige Verfremdung der Fiktion (vgl. *Steinlein*, S. 27 f.). Literarisch inszeniertes Lachen hat bei *Erich Kästner* eine deutlich pädagogische Funktion; es ist Befreiung von falschen Autoritäten und Appell an vernunftorientiertes kindliches Handeln. „Freie Komik" und „Komik der Befreiung" vermischen sich auch in *Astrid Lindgrens* „Pippi Langstrumpf"-Trilogie, die nach dem Zweiten Weltkrieg neue Dimensionen einer anarchischen Komik erschloß und eine Debatte über die Wirkungsästhetik des kinderliterarisch Komischen und seiner subversiven Kraft auslöste.

Seit Beginn der 70er Jahre hat es in der Kinder- und Jugendliteratur einen einschneidenden Paradigmenwechsel gegeben. Der Bruch mit Darstellungskonventionen und die Aufnahme bisher tabuisierter Themen wurden zu dominanten Gestaltungselementen. Die Literatur für Kinder nahm den gesellschafts- und sozialkritischen Impetus der Studentenbewegung auf und wandte sich vorwiegend ernsten Themen zu. Komische Themen und

Darstellungsformen wurden zwar nicht verbannt, aber sie standen im Dienst einer mitunter aggressiven „Komik der Befreiung" von autoritärer Strukturen und Deformierungen der kindlichen Psyche durch repressive Erziehung. Eine anarchische Komik diente – vorwiegend im Bilderbuch – der lustvollen Entfaltung einer autonomen und kreativen kindlichen Persönlichkeit und war dem Erziehungsziel des von gesellschaftlichen Zwängen befreiten Menschen verpflichtet. Der Elan der Studentenbewegung und auch der daraus abgeleitete Elan einer politisch und sozial engagierten Kinderliteratur brach sich jedoch bald an gesellschaftlichen Beharrungskräften. In der Kinderliteratur waren es vor allem die phantastischen Erzählungen *Michael Endes*, die Bedürfnisse nach „neuer Innerlichkeit" und einen postromantischen Kindheitsmythos erfolgreich literarisch umsetzten.

In diesem raschen Wandel gesellschaftlicher Mentalitäten und ihrer Abbildung in der Literatur spielt nun die Weiterentwicklung komischer Darstellungsformen eine aufschlußreiche Rolle. Ein breites Spektrum komischer Kinderliteratur, die bereits in den 70er, verstärkt aber seit den 80er Jahren in einer neuen Form und mit einer neuen thematischen Brisanz hervortritt, bewahrt den kritischen und emanzipatorischen Impetus der Studentenbewegung – auch noch in ironischen Distanzierungen davon – und spiegelt die Verwicklung kindlichen Lebens in den Wandel gesellschaftlicher Prozesse besonders eindrucksvoll wider. Signifikant für die Entwicklung realistischen Erzählens für Kinder und Jugendliche sind seit Beginn der 70er Jahre insbesondere die Romane *Christine Nöstlingers*; mit ihrem unverwechselbaren „komischen Erzählton" steht sie deutlich in der Tradition *Erich Kästners*. Ähnlich wie *Erich Kästner*, der Ende der 20er Jahre den mimetischen Anspruch der „Neuen Sachlichkeit" kinderliterarisch umsetzte, erheben auch die Romane *Christine Nöstlingers* einen besonderen Realitätsanspruch, wie er zusammen mit einer konsequenten Durchbrechung darstellerischer Tabus generell Merkmal der erzählenden Kinderliteratur seit den 70er Jahren ist. Jedoch zeigt gerade das umfangreiche Romanwerk *Christine Nöstlingers* auch den Verlust gesellschaftlicher und erzieherischer Illusionen. Komik und eine Grundhaltung des Humors werden bei dieser Autorin zunehmend zu einer Form der Bewältigung gesellschaftlicher Frustrationen und zu Gestaltungsmitteln der unaufhaltsamen Veränderung kindlicher Lebenswelt, die sie in einer Fülle einprägsamer komischer Figuren und komischer Situationen literarisch abbildet.[3] Ähnlich wie *Erich Kästner* verzichtet auch *Christine Nöstlinger* nicht auf die erzieherische Funktion des Lachens: die komische Wahrnehmung von Alltagswirklichkeit ist gekoppelt mit einem Appell zu vernünftigem kindlichen Handeln, gerade auch – hier zeigt sich wiederum die Analogie zu *Erich Kästner* – wenn die Erwachsenenwelt zunehmend unvernünftig wird. Eine Reihe anderer Autorinnen und Autoren hat ebenfalls diese Ironisierung des raschen Wechsels von Lebensformen, Erziehungskonzepten und Rollenbildern im Medium des realistischen Kinderromans vorgenommen. Vier durchaus ernste und konflikthafte Themen seien hier genannt, die in kinder- und jugendliterarischen Texten in komische oder mitunter auch tragikomische Darstellungsmuster überführt werden:

○ Wandel der Familie: Veränderung traditioneller Erziehungskonzepte, Aufbrechen von Geschlechtsrollenstereotypen, Verwischung der Generationsgrenzen.
○ Infragestellung des tradierten kulturellen Wert- und Normensystems und damit Wandel von Autoritätsstrukturen.
○ Kinderliterarische Enttabuisierung von Liebe und Sexualität.
○ Probleme der Welt und Umwelt.

Komik durch Geschlechtsrollenwandel

Das Fließendwerden von Geschlechterrollen ist ein wesentlicher Aspekt der kulturellen Veränderungen der letzten 25 Jahre. Bereits die Mode als äußeres Zeichen des Geschlechtshabitus zeigt die Angleichung weiblicher und männlicher Rollenmuster; das Bild des Androgynen wird zum provokanten jugendlichen Bild und Selbstbild.[4] Diese Mentalitätsveränderungen reichen weit in psychische Tiefenstrukturen hinein; die Geschlechtsrolle kann nicht mehr durch Identifizierung mit klar definierten und in Familie und Gesellschaft vorgelebten geschlechtsspezifischen Rollen eingeübt werden. Dies bietet die Möglichkeit emanzipatorischer, gesellschaftlich nicht von vornherein determinierter Selbstfindungsprozesse, erschwert aber auch kindliche und jugendliche Identitätsfindung und führt zu Trennungsprozessen innerhalb der Familie und zu neuen Formen der Abgrenzung zwischen den Generationen.
Die Trennung einer Familie beschreibt *Anne Fines* Roman „Mrs. Doubtfire – das stachelige Kindermädchen", der 1994 als komische Familiengeschichte verfilmt wurde. Die Mutter ist erfolgreiche Geschäftsfrau, der Vater ein arbeitsloser Schauspieler. Gerade wegen seiner Unangepaßtheit, seiner Neigung zum Rollenspiel und zu bohèmehaften Lebensformen ist der Vater Freund und Spielpartner der drei Kinder, während die Mutter bürgerliche Erziehungsziele wie Ordnung und Leistungsbereitschaft personifiziert. Sie will den Vater als anarchisches und chaotisches Element aus ihrem

Leben und aus dem Leben der Kinder ausschließen. Nach der Scheidung entwickelt sich zwischen den Eltern ein gnadenloser Kampf um die Zuneigung der Kinder. Den Verlust patriarchaler Familienherrschaft kompensiert der Vater durch Gewaltphantasien gegen seine Frau, die er pantomimisch und mit den Kindern als Zuschauern ausagiert (z. B. S. 15, S. 69); dieses provokante Darstellungselement bestenfalls schwarzen Humors wird nur im

Buch, nicht filmisch realisiert. Um die Kinder öfter sehen zu können, bewirbt sich der Vater in einer grotesk-komischen Verkleidung als ältere Dame (vgl. S. 76 f., S. 84 f.) bei seiner eigenen Familie als Kindermädchen. Das Haus der Familie wird nun der eigentliche Lebens- und Handlungsraum des als Kindermädchen verkleideten Vaters und der Kinder. Die traditionellen männlichen und weiblichen Lebensbereiche sind ebenso verkehrt wie tradierte väterliche und mütterliche Gefühlsmuster.

Solche Verkehrung von Gewohntem ist ein klassisches Element von Komik. Während in der bürgerlichen Familie die Emotionalität der Frau auf ihre Mutterrolle zentriert war, ist es hier der Vater, der seine Kinder mit eigentlich „unmännlicher" Emphase liebt. Die libidinöse Besetzung der Vaterrolle erklärt sich jedoch nicht nur aus der Auflösung geschlechtsspezifischer Festlegungen, sondern auch daraus, daß der Vater selbst noch kindliche Verhaltensweisen zeigt; auch dies ist ein komisches Darstellungselement. Als Schauspieler, als Künstler geht er mit Identitäten und Rollenmustern spielerisch um und ist dadurch der kindlichen Welt- und Wirklichkeitsaneignung näher. Mrs. Doubtfire greift damit auf ein traditionelles Motiv des bürgerlichen Kindheitsbildes zurück; seit der Romantik schien die Identität von Kind und Künstler eine subversive Möglichkeit zum Überschreiten bürgerlicher Normierungen zu eröffnen. Der gemeinsame Phantasieraum von Kind und Künstler, von *Sigmund Freud* als Tagtraum beschrieben, wird hier als Phantasieraum von Vater und Kindern gestaltet, der gegen die Realitätsansprüche der Mutter verteidigt werden muß. In der traditionellen bürgerlichen Familie

war dagegen die Durchsetzung des Realitätsprinzips ein Teilaspekt der männlich-väterlichen Rolle. Aus der väterlichen Realitätsverweigerung, der Durchbrechung festgelegter Rollenmuster, werden im Buch und im Film komische Effekte abgeleitet. Allerdings resultiert daraus nicht nur Komik; insbesondere das Buch macht eindringlich klar, wie sehr dieses Rollenspiel des Vaters kindliche Identität gefährdet. Generell ist diese Familiengeschichte ein Beispiel dafür, daß Komik immer auf der Grenzlinie zum Grotesken oder Tragischen steht. Im Film ist die Dimension einer gefährlichen Grenzüberschreitung abgeschwächt und zugunsten einer mitunter rasanten Folge komischer Lachinszenierungen trivialisiert.

Daß Vater und Kinder sich in einem gemeinsamen Phantasieraum bewegen, zeigt sich auch darin, daß der Vater den Kindern vorliest. Das Bilderbuch „Der Spiegelfluß", in dem die utopische Suche nach einem Familienleben ohne Zank und Streit gestaltet ist, wird für Vater und Kinder zu einer Metapher für die verlorene Familienharmonie. Literatur ist somit Medium der Realitätsflucht, jedoch auch der Realitätsbewältigung. Im Film wird dies noch deutlicher; in seiner Verkleidung als Mrs. Doubtfire tritt der Vater im Kinderprogramm des Fernsehens auf und erzählt dort Geschichten. In dieser potenzierten Rolle (als Frau und als Schauspieler) formuliert er auch die abschließende „Lehre" des Films und den Trost für die Kinder, die Leidtragenden der Auflösungstendenzen der bürgerlichen Familie. Die Liebe zu den Kindern sei ein unerschütterlicher Gefühlswert, sie könne in vielen neuen Beziehungsformen zwischen Kindern und Erwachsenen ihren Ausdruck finden. Die altenative Beziehungsform, die der Film als durchaus melancholisch getöntes Happy-End präsentiert, wird durch die Rührung der Mutter über die männliche Kinderliebe herbeigeführt; sie gewährt ihm wieder Zutritt zum Haus, und er darf nun in seiner wahren männlichen Identität die Funktion eines Kindermädchens ausüben. Er darf als Vater zurückkehren, nicht jedoch als Ehemann. Dieses gebrochene Happy-end ist ein Beweis für die Mentalitätsveränderungen der letzten Jahrzehnte. Im traditionellen Familienroman und -film stand am Ende immer die Restitution der intakten Familie.[5]

Die Komik der Handlung entwickelt sich aus der Umkehrung und damit Infragestellung festgelegter geschlechtsspezifischer Rollenmuster. Die Trennung von der Familie wird vom Mann als Auflösung von Ordnung erfahren. Ins Bild gebracht wird dies durch das Chaos, das in seiner Junggesellenwohnung herrscht. Aus dieser Gefühlsanarchie wird die Idee des Geschlechtsrollentauschs geboren. Buch und Film, die als Familiengeschichte Kinder und Erwachsene ansprechen, sich also in einem rezeptionsästhetischen Zwischenfeld bewegen, bringen kindliche und erwachsene Rollenunsicherheit in eigentümlicher Form zusammen. Transvestismus wird als innerfamiliäres Beziehungsproblem inszeniert, die Kinder sind die Zuschauer in einem Spiel mit Familienrollen, die sich aus ihren traditionellen Fixierungen zu lösen beginnen.[6] Ein eher groteskes Darstellungselement ist das Posieren des Vaters als Aktmodell für eine Hobbymalgruppe, wobei die Kinder als Betrachter durchaus mitgedacht sind. Aus der Demütigung des nackten, von allen sozialen Insignien entkleideten männlichen Körpers

kann auch eine subversive „Komik der Befreiung" von patriarchaler Macht abgeleitet werden. Diese scheinbare Entmachtung des Vaters wird jedoch in bemerkenswerter Weise kompensiert. Er ist unbestreitbar die Hauptfigur des Buchs und des Films, ein zwar beschädigter und komischer Held, aber der emotionale Mittelpunkt des Geschehens. Indem der Vater die Frauenrolle übernimmt, wird er zum Erzieher nicht nur der Kinder, die er einem energischen Regiment unterwirft, sondern auch der Mutter, die er in Fragen des Geschmacks und „anständigen" weiblichen Auftretens berät; dies ist im Film deutlicher als im Roman ein komisches Darstellungselement. Diese Figur ist Ausdruck einer regressiven Phantasie, die nur noch in einem komischen Rollentausch realisierbar ist; Mrs. Doubtfire restituiert das Bild der bürgerlichen Frau als Hüterin der Ordnung und der Moral des Hauses.

Generationskonflikte in komischer Darstellung

In *Kirsten Boies* „Jeder Tag ein Happening" gibt es zwei ernste Sachverhalte, die in komischer Form oder auf der Grenzlinie zwischen Scherz und Ernst behandelt werden: der Generationskonflikt zwischen Großmutter, Mutter und Enkelin, also dreier weiblicher Generationen, und das Thema der Umweltverschmutzung. Die dreizehnjährige Ich-Erzählerin Anna verbündet sich mit der Großmutter, von ihr liebevoll „Ömchen" genannt, gegen die Mutter. Die besondere Beziehung zwischen Großeltern und Enkeln, die Einverständnis gegen die mittlere, im Leben agierende und Verantwortung tragende Generation erzielt, ist eine vertraute Beziehungsstruktur der Kinderliteratur. In *Kirsten Boies* Roman nehmen sich die Großmutter und Anna besondere Freiheiten heraus, sie unternehmen eine Reihe von Aktionen, die im Sinne erwachsener Verhaltensstandards komisch und belachbar sind. Die Lieblingsbeschäftigung der Großmutter ist es, sich als vertriebene und verarmte Nachfahrin eines ostpreußischen Gutsbesitzergeschlechtes auszugeben und vornehme Villen als angebliche Mieterin zu besichtigen. Bei diesem kindlich konnotierten Verkleidungs- und Rollenspiel leistet ihr die Enkelin mitunter Gesellschaft. In komischen Kontrast zu diesem unkonformen Verhalten tritt der großmütterliche „Umgangsformen-Tick", also die Bewahrung gesellschaftlicher Regeln, als ein residuales Verhaltensmuster.

Auch das Verhalten der Mutter ist von einer Ambivalenz geprägt, die zum Auslöser familiärer Beziehungsprobleme wird. Sie ist eine emanzipierte und sozial engagierte Frau, die in einer Beratungsstelle zum Kampf gegen „Miethaie" arbeitet.[7] Ihre Kinder will sie zu ökologisch bewußtem, antikonsumistischem und pazifistischem Verhalten erziehen; sie steht damit deutlich in der Tradition von 1968. Der Text macht jedoch auf komische und häufig auch tragikomische Weise immer wieder klar, daß auch die Erziehung zu begründbar richtigem Verhalten repressiven und autoritären Charakter annehmen kann, weil sie in einen unauflösbaren Widerspruch zur freien Entfaltung der kindlichen Persönlichkeit stehen, dem anderen Erziehungsziel in der Folge der Studentenbewegung. Darunter leiden insbesondere die jüngeren Geschwister, die noch nicht wie Anna rebellieren können, wenn die Mutter ein Brecht-Gedicht für den Eintrag ins Poesie-Album und ein Fünfhunderter-

Puzzle statt Barbie-Zubehör als Geburtstagsgeschenk für die Freundin der Tochter aussucht oder wenn Sie dem kleinen Jungen ein Picasso-Bild statt des gewünschten Alf-Plakates ins Kinderzimmer hängt.

Anna dagegen darf rebellieren, sie hat als Pubertierende mütterliche Lizenz, auch als sie sich den Kopf kahlscheren läßt. Die Provokation gegen die Mutter läuft ins Leere, denn diese hat sich

geschworen, „mich später in die Frisuren meiner Kinder nie, nie, niemals einzumischen. Niemals! Und daran halte ich mich." Und sie hatte sich tatsächlich daran gehalten: „Nicht einmal über meine Glatze hatte sie sich aufgeregt, und das war doch wirklich das Äußerste, was man ihr bieten konnte. Ich seufzte" (S. 14). Diese komische jugendliche Klage ist ein Indiz für neue Formen des Generationskonflikts, die ironischerweise gerade aus

dem vermeintlichen elterlichen Verzicht auf autoritäres Verhalten erwachsen. Gleichzeitig wird damit die Flut pädagogischer Ratgeberliteratur ironisiert, die in den 70er und 80er Jahren die neuen antiautoritären Erziehungskonzepte populärpsychologisch aufbereitete und den Verlust traditioneller Erziehungssicherheit teilweise verstärkte. Im Kontrast zur forcierten Toleranz von Annas Mutter steht ihre autoritäre „Erziehungsarbeit" an den jüngeren Geschwistern; Kontrast ist in diesem Fall kein Auslöser von Komik, wie die Tränen des kleineren Mädchens immer wieder zeigen. Ein Beispiel für repressive Toleranz ist auch die Szene, in der die Mutter Anna bittet, den kleinen Bruder abzuholen: „‚Bitte Anna, tu's doch', sagte Irene. ‚Über die Unterdrückung von Töchtern können wir ein anderes Mal diskutieren. (...)' Ich hatte sowieso nicht vorgehabt zu diskutieren, aber jetzt stank es mir schon wieder ganz entsetzlich, wie Irene mit mir redete. ‚Wenn's sein muß, Mama', sagte ich, weil ich wußte, daß es nicht viele Dinge gibt, die sie so aufregen können. Und ich hatte recht. ‚Gott, Anna, ich weiß ja, daß das nur zu dieser pubertären Auflehnung gegen die Autorität gehört', sagte Irene (...), ‚aber kannst du nicht trotzdem damit aufhören, mich immer Mama zu nennen? Oder, Kompromiß, wenigstens, wenn meine Freundinnen da sind?' ‚Nein, leider nicht, Mama', sagte ich freundlich und machte mich auf den Weg, um Jason zu holen" (S. 22 f.).
Diese kurze Szene mit der Schlußpointe der ironischen töchterlichen Replik liest sich wie eine Parodie auf heutige Generationsprobleme. Dem Schwanken der Elterngeneration zwischen Ausüben und Nichtausüben von Autorität korrespondiert ambi-

valentes jugendliches Bemühen um partnerschaftliche Beziehung zu den Eltern und die Selbstbehauptung als junge Generation gegen die Älteren.[8] Dies ist nicht mehr die heitere und unbeschwerte Komik des traditionellen Kinderbuchs, sondern eine Komik, die aus der Kompliziertheit der Verhältnisse und menschlicher Beziehungen resultiert. Die Ratlosigkeit, die sich für den Leser daraus ergibt, wird nicht auf einer erzählerischen Metaebene bearbeitet; ohne wertende Erzählerkommentare werden die Verunsicherung klassischer familiärer Autoritätsstrukturen und der Verlust eines verbindlichen Wertesystems dem kindlichen Leser vor Augen gestellt.

Umweltzerstörung dargestellt durch komische Elemente

Kindliches Bewußtsein der ökologischen Gefährdung ist einer der Aspekte zeitgenössischer „Krisenkindheit" (vgl. *Preuss-Lausitz* in diesem Band). Eine Reihe zeitgenössischer Kinderromane hat dieses Thema aufgenommen und in ernster Form oder im Rückgriff auf traditionelle Erzählmuster der Erzeugung von Spannung und komischer Effekte gestaltet. So wirkt der Kampf der Ich-Erzählerin Anna in *Kirsten Boies* Roman um die Entsorgung und Wiedereröffnung eines dioxinverseuchten Spielplatzes zumindest auf den erwachsenen Leser wie eine Reihe komischer jugendlicher Streiche – eben als die Abfolge von „Happenings", die schon im Titel genannt sind. Die größte Komik wird in der Szene entfaltet, in der die Großmutter ihrer Enkelin, die mit einer Gruppe kleiner Kinder in eine Bürgerratssitzung eingedrungen war, zu Hilfe eilt. Sie gibt sich als Vertreterin des Fernsehens aus – spielt also wieder eine Rolle – und rettet damit die Situation. Sie ist es auch, die Anna zu weiteren Protestaktionen ermuntert.

Die ökologische Problematik ist auch Thema von *Christine Nöstlingers* „Nagle einen Pudding an die Wand!". Auch hier wird das ernste Thema der Umweltzerstörung zumindest partiell in Komik überführt, wird erzählerisch gestaltet als eine Reihe von spannenden oder lustigen Schülerstreichen. KOKU, im Geiste von 1968 erzogen, will gegen die Umweltzerstörung ankämpfen. Zunächst allein, dann mit einer Gruppe Gleichaltriger unternimmt er eine Reihe „aufklärerischer" Aktionen, die jedoch alle in Chaos und Verwirrung enden. Grotesk übersteigert ist dieses Verhalten im Chaos, das der große undressierte Hund der Familie immer wieder anrichtet. Mit einer solchen Spiegelung von menschlichem in tierischem Verhalten greift *Christine Nöstlinger* auf ein traditionelles Muster kinderliterarischer Komik zurück (vgl. *Lypp* 1992). Die Kinder haben mit ihren Aktionen keinen Erfolg; sie brauchen die Hilfe und Solidarität der Eltern, die ihrerseits angesichts der komplexen Realität nur partielle Lösungsstrategien anzubieten haben. Gerade die ironisch-distanzierte Art der Behandlung dieser ernsten Thematik ist ein Indikator für gesellschaftliches Problembewußtsein und Ausdruck einer Ratlosigkeit, die Eltern und Kinder gemeinsam empfinden. Dies ist ein neues Element von Realismus in der Kinder- und Jugendliteratur, der Verzicht auf die kinderliterarische Utopie vom autonomen kindlichen Handeln. Immerhin sind es in beiden Romanen Kinder bzw. Jugendliche, die die Erwachsenen aus ihrer resignativen Haltung herausholen und so ein Element produktiver

Unruhe darstellen. Die aufgeklärte Utopie von der kindlichen Vernunft, die über erwachsene Unvernunft siegt, zumindest aber ein Versprechen auf die Zukunft darstellt, ist somit nicht ganz verabschiedet, aber sie ist angesichts eines dominanten Krisenbewußtseins brüchig geworden.

Pädagogische Autorität im Blick komischer Kinderliteratur

Die Hinterfragung pädagogischer Autorität in Familie, Schule und Universität stand im Zentrum der Studentenbewegung. Für die Kinder- und Jugendliteratur ergaben sich daraus wesentliche Impulse, die zur Durchbrechung bisheriger formaler und vor allem thematischer Tabus führten. Jedoch ist auch in diesem Bereich in der Literatur der 80er und 90er Jahre eine Zurücknahme der Aggressivität, mit der diese Auseinandersetzung teilweise geführt wurde, und eine Rückkehr zu komischen Darstellungsmustern festzustellen. In einer Reihe von Texten zeigt sich dabei eine neue komische Potenz der Kinderliteratur. Sie bewahrt die Ziele der antiautoritären Erziehung und einer ideologiekritischen Sicht gesellschaftlicher Zwänge und institutionalisierter Machtverhältnisse, wie sie im kindlichen Leben vor allem die Schule repräsentiert, und führt sie in eine „Komik der Befreiung" über, die autoritäre Strukturen und Verhaltensweisen entlarvt und den kindlichen und jugendlichen Leser von ihrem Zwang entlastet.[9] Der offen oder subversiv geführte Kampf zwischen Lehrern und Schülern ist ein durchgängiges Thema der Romane *Christine Nöstlingers*, so in den Schulszenen von „Luki-live" und „Nagle einen Pudding an die Wand!". Dabei wird zwar durchaus auf die traditionelle Komik des Lehrer-Schüler-Machtkampfes zurückgegriffen, die als literarische Inszenierung des solidarischen Gruppenlachens gegen die Autoritätsperson immer ein wichtiges kinderliterarisches Darstellungsmuster war; darüber hinaus werden jedoch aggressivere und komplexere Aspekte des Komischen entfaltet. Eine bissige und entlarvende Komik bildet kindliche und pubertäre Auflehnung gegen schulische Autorität, die häufig nicht offen ausagiert werden kann, in befreiender Weise literarisch ab. Die Auseinandersetzungen zwischen Schüler und Lehrerin in „Luki-live" zeigen besonders eindringlich, wie sehr sich ein solcher Machtkampf auf der Grenzlinie zwischen Komik und Tragik bewegt. Sowohl der Schüler Luki als auch die Lehrerin geraten durch ihre ständigen Auseinandersetzungen, die sich schließlich zum komischen Spektakel für die Klassengemeinschaft verselbständigen, in eine schwierige psychische Situation, die mit dem psychischen Zusammenbruch der Lehrerin und ihrem Rückzug aus der Klasse endet. Diese Konsequenz gnadenlosen Verlachens wird nüchtern und ohne Appell an das Mitleid der Leser und Leserinnen mit der depotenzierten Autoritätsfigur dargestellt. Eine gesellschaftskritische Dimension erhält der Roman dadurch, daß Luki gerade durch seine pubertäre Sinnsuche in schulische Schwierigkeiten gerät. Sein Entschluß, immer die Wahrheit zu sagen, kann in einem hierarchisch strukturierten System nur komisch wirken und komisch-hilflose Gegenreaktionen der auf ihre Autoritätsposition fixierten Lehrerin provozieren.

Eines der großen Diskussionsthemen vor allem der 70er Jahre war die antiautoritäre Erziehung. Mehrmals hat *Christine Nöstlinger* der Darstellung antiautoritär erzogener Kinder komische Wirkung abgewonnen. Die Figur der kleinen Schwester Mädi in den „Gretchen Sackmeier"-Bänden, bei der sich traditionelle Züge des verwöhnten Nesthäkchens mit dem Auftrumpfen des anti- oder zumindest unautoritär erzogenen Kindes vermischen, hat mit seinem Raunzen und Quengeln und seinen eigenwilligen Eßgewohnheiten die Funktion, Fehlentwicklungen neuer Erziehungskonzepte zu karikieren. In anderer und subtilerer Weise komisch ist die Figur der kleinen Schwester Katharina in „Luki-live", die – obwohl auf sie „kein Erziehungsaufwand mehr verwendet wurde" – vornehm spricht, also mit dem Sprachverhalten einer höheren Tochter aus gutem Hause, das hier ironisch verfremdet wird, ein Erziehungsziel traditioneller rollenfixierter Mädchenerziehung realisiert. Der Anspruch, durch Zurücknahme erzieherischer Autorität die Genese des neuen, „befreiten" Menschen zu ermöglichen, und dessen unerwartete Sozialisationsergebnisse treten in diesen Texten in einen komischen Kontrast zueinander. Diese Komik wird jedoch keinesfalls in den Dienst der Wiederherstellung alter Autoritätsstrukturen und Verhaltensnormen gestellt; gerade die Familienromane *Christine Nöstlingers* zeigen eine Vielfalt neuer familiärer Beziehungsformen und neuer Gewichtung familiärer Rollen. Figuren, die auf alten Machtansprüchen insistieren, werden in diesen Texten immer als komisch und bemitleidenswert (so Vater Sackmeier in der „Gretchen Sackmeier"-Trilogie) oder als böse und autoritär dargestellt (so eine Reihe dominanter Großmutter-Figuren, die mit besonders bissiger Komik porträtiert werden).

Sexualität in komischer Darstellung

Im Rahmen des allgemeinen gesellschaftlichen Diskurses über Sexualität seit Ende der 60er Jahre wurden pubertäre Probleme bei der Herausbildung einer weiblichen oder männlichen Geschlechtsidentität, frühpubertäre und pubertäre Körpererfahrungen, die Erprobung neuer Beziehungsformen und deren Durchsetzung gegenüber den Eltern zu einem wichtigen Thema des aktuellen Kinder- und Jugendromans. Für die Darstellung kindlicher Liebe gilt *Peter Härtlings* „Ben liebt Anna" nach wie vor als paradigmatischer Text. In einem zweiten, distanzschaffenden Schritt wurde auch diese Thematik komisiert. In einer Art von melancholischer Komik wird das Thema der frühpubertären Annäherung der Geschlechter in *Kirsten Boies* „Moppel wär gern Romeo" thematisiert. Der Titel des Buches spricht bereits für sich; die Paarung der Namen „Moppel" und „Romeo" hat in ihrer Inadäquatheit komischen Charakter. Sie zeigt die Spannung zwischen der Realität eines pummeligen Jungen und seinem Phantasie- und Traumbild von Männlichkeit. Der Ich-Erzähler Jochen möchte in einer Schüleraufführung Romeo spielen, bekommt aber vom Lehrer die Rolle von Julias Amme zugeteilt. Die Szene ist nicht nur in sich komisch, die Komik steigert sich noch durch das geschilderte Lachen der Mitschüler, welches das Lachen der Lesenden in den Text hineinnimmt. Jochen wird nicht nur in seinem Wunsch zurückgewiesen, Romeo zu spielen und damit Romeo zu sein, er wird noch weitergehend zurückgestoßen in eine vormännliche, weibliche Identität, in einen Bereich im Umfeld von Mütterlichkeit. Der Text thematisiert damit in komischer und somit psychisch entlastender Form die Furcht vor mütterlicher Vereinnahmung, die gerade in der männlichen Frühpubertät als besonders bedrängend erfahren wird [10] Jochen stellt seine „männliche" Ehre wieder her, indem er den Lehrer beschimpft. Als er mit der Familie nach Tunesien fährt, beschließt er, dort „die Liebe zu üben". Er muß jedoch einsehen, daß er selbst zum Küssen noch zu jung ist: „,Ja, also dann – fangen wir an', sagte Hannah. (...) ,Am besten zuerst vielleicht ... Küssen vielleicht, oder? Sag du mal.' ,Mhm, ja, egal', sagte ich." (S. 155). Es handelt sich hier um eine geradezu empfindsame Form von Komik, eingebettet in eine poetische Naturstimmung, die jugendliche Beschämung über das eigene Noch-nicht-Reifsein einleuchtend abbildet.[11] Gleichzeitig zeigt sich im Vergleich zu vielen anderen Texten der 70er und 80er Jahre eine Zurücknahme der Direktheit der Darstellung erotischer oder sexueller Anziehungskräfte zwischen den jugendlichen Protagonisten; dies spiegelt die inzwischen bereits wieder gewandelte gesellschaftliche Einstellung zu diesem Thema.

Kindliche Wahrnehmungsformen des Komischen sind heute durch audiovisuelle Medien und Comicstrips vorgeprägt. Dieser neuen Rezeptionshaltung kommen *Anders Jacobsson* und *Sören Olsson* mit ihrem Buch „Berts intime Katastrophen" entgegen. Die Tagebucheinträge des dreizehnjährigen Protagonisten sind eine Folge locker aneinander gereihter Episoden, die der Abfolge von Bildsequenzen im Comicstrip oder Videoclip entsprechen. Dem entspricht auch das Stilmittel der Übertreibung, der überdrehten Komik mit rascher Folge der

komischen Effekte bis hin zum Non-
sense, wofür die stereotypen Ein-
gangs- und Schlußformeln „Halli hal-
lo, liebes Tagebuch!" und „Alles okeh
– Kartoffelpüreh" bzw. „Nix ist okeh –
Leberpüreh", Beispiele sind. Bert ist
ein Pechvogel, der durch falsche Rea-
litätseinschätzung in für ihn blamable
Situationen gerät, die „intimen Katastrophen", die immer sexuell konno-
tiert sind. Auch in diesem Text wird
also jugendliche Unerfahrenheit im
Umgang mit dem anderen Geschlecht
und Probleme mit dem sich verändernden eigenen Körper belachbar.
Durchgängiges Gestaltungsmerkmal ist
ironische Distanz zum eigenen Tun,
die sich schon in der Kommentierung
des Erzählvorganges zeigt: „Es gibt
ein Gesetz, das Menschen männlichen
Geschlechts verbietet, ihre Gedanken
und Überlegungen in Tagebüchern
festzuhalten. Statt dessen sollen sie an
Mopeds herumbasteln und sich voller

Begeisterung auf Gewichtheben konzentrieren. Menschen weiblichen Geschlechts dürfen dagegen hemmungs-
los Tagebücher führen und Liebesge-
schichten, Küsse und geheime Gedanken darin niederschreiben" (S. 9). Mit
Berts Absichtserklärung: „Ich jedoch
breche dieses Gesetz" (*ebd.*) steht
auch dieses Buch im Kontext der Fle-
xibilisierung von Geschlechterrollen
und der daraus abgeleiteten komischen Effekte.
Ein weiteres komisches Element des
Buches ist das Spiel mit Sprache: „Die
Lampe, die ist blau. Sage ich ganz
schlau. Ein Mann ist keine Frau, und
ich trink gern Kakau" (S. 18). Die Auflösung der Verweisungsfunktion von
Sprache, die Verwandlung von Sinn in
Unsinn (oder komischen Hintersinn)
durch freies Kombinieren von Wör-
tern und Herstellung lautlicher Asso-
nanzen ist eine Form „freier" Komik,
die schon kleine Kinder anspricht
(vgl. *Helmers*) und die in der pubertären Lust am „befreiten Unsinn"
(*Freud*) nochmals einen Höhepunkt
erreicht. Der „geheime Hintersinn" ist
im Wortpaar Mann und Frau zu finden, welches das Generalthema des
Buches, die Suche nach der eigenen
geschlechtlichen Identität, zum Ausdruck bringt.

Andere Formen komischer
Kinderliteratur

Parallel zu den vorgestellten Büchern,
die die Veränderung kindlicher und
jugendlicher Lebenswelt aufnehmen
und deren Problematik in komischer
Verfremdung belachbar machen, gibt
es viele Bücher, die traditionelle Formen kinderliterarischer Komik als
regressive Utopie eines heiteren Kinderlebens weiterführen, so *Christama-
ria Fiedlers* „Frühstück für den Waran"

(1993). Die Ich-Erzählung ist stilistisch konventionell, sie tradiert geschlechtsspezifische Familienrollen, überschreitet nicht den Horizont eines traditionell Kindern zugestandenen Problembewußtseins. Ihre Komik bezieht sie aus dem Stilmittel der Übertreibung, der Überforderung eines Schülers, der immer mehr Tiere als Feriengäste bekommt. Schließlich gibt der Schuldirektor seinen großen Hund in Pflege, so daß also in komischer Steigerung zwei „große Tiere" metaphorisch aneinander gebunden sind.

Die andere, konfliktreichere Komik des modernen Kinder- und Jugendbuchs entspringt dagegen immer wieder existentiellen kindlichen Krisenerfahrungen und der Bedrohtheit kindlicher Sicherheit in der Familie. Die Schwierigkeit familiärer Beziehungen war immer komisches Darstellungselement des bürgerlichen Familienromans und seiner kinderliterarischen Variante (vgl. auch *Ewers* in diesem Band). Jedoch war die Komik eingebettet in ein intaktes Autoritätsgefüge mit festgelegten Rollenmustern für Vater, Mutter und Kinder, wobei Mädchenverhalten von Jungenverhalten nochmals klar geschieden war und die Beziehung zwischen den Geschwistern und zu den Eltern regulierte. Einer der klassischen tragikomischen Familienromane für Kinder ist *Agnes Sappers* „Die Familie Pfäffling" von 1906, der die Familie als intakte Idylle zeigt, die nur von außen, nicht jedoch in ihrem Kern bedroht ist. Familiäres Leben und seine traurigen und komischen Zwischenfälle spielen sich im Rahmen tradierter Werte und eines kulturell geformten Tages- und Jahresablaufs ab. Der Familienlebensraum ist, obwohl er in diesem literarischen Beispiel aus ökonomischen Gründen beschränkt und bedroht ist, ein Refugium gegen die Außenwelt. Im Kontrast dazu löst sich der Familienraum im aktuellen Kinderroman im buchstäblichen und im metaphorischen Sinne auf. Aus familiären Trennungsprozessen resultieren wechselnde kindliche Lebensräume mit wechselnden Eltern- oder anderen erwachsenen Partnern; aus der Auflösung aller Autoritätsstrukturen und Beziehungsmuster resultiert gleichzeitig eine Entsentimentalisierung der Eltern-Kind-Liebe. Bemerkenswert ist nun, daß gerade familiäre Trennungsprozesse und die Infragestellung familiärer Rollen zum Auslöser von Komik werden. Wirkungsästhetische Absicht dieses neuen tragikomischen Familienromans ist die Bewältigung des sich rasch wandelnden kindlichen Lebens. Eine solche komplexe kinderliterarische Komik steht in Konkurrenz zu den zahlreichen Familienserien des Fernsehens, die durch einfache Gestaltungsmuster möglichst viele kindliche (und erwachsene) Bedürfnisse nach kompensatorischer Trost- und Unterhaltungsfunktion befriedigen wollen. Der Erfolg der Familienserie „Nicht von schlechten Eltern" gerade bei Schülern zeigt Sehnsüchte nach verlorener Familieneinheit, wie sie im Titelsong „We belong together" sprachlich verdichtet sind.

---

[1] Der komplexere Sinn für Humor als Ausdruck einer dialektischen Weltsicht zwischen ernster Anteilnahme und ironisch-heiterer Distanz wird frühestens am Ende des adoleszenten Reifeprozesses erworben.
[2] Zu den Begriffen „freie Komik" und „Komik der Befreiung" vgl. *Lypp* 1986. Über die aktuelle Diskussion kinderliterarischer Komik informiert *Hans-Heino Ewers* in diesem Band.
[3] Vgl. dazu *Wild* 1991 und 1992.
[4] Vgl. *Badinter*.
[5] Ein Beispiel dafür ist *Erich Kästners* „Das doppelte Lottchen".

[6] Unterhalb dieser Ebene des komischen Rollentauschs bedient der Film populäre Erwartungshaltungen. Dies zeigt sich in der Einkleidungsszene, in der zunächst weibliche Stars parodiert werden, die dann aber durch Daniels Anlegen einer weiblichen „Körpermaske" ins Groteske abgleitet. Sie wird von Daniels Brüdern, Maskenbildnern, vorgenommen, die aufgrund ihres überzeichneten Verhaltens leicht als Homosexuelle zu identifizieren sind. Männliche Identität wird hier generell zur Disposition gestellt, wobei die Problematisierung der männlichen Rolle nicht mit aufklärerischem Gestus geschieht, sondern inszeniert wird als Spektakel, das seine Komik aus dem kleinbürgerlich-voyeurhaften Blick auf den Transvestiten ableitet. Da Daniel in die Maske einer älteren Frau schlüpft, wird hier nicht wie in früheren und zeitgenössischen Gestaltungen der Transvestitenrolle die erotische Spannung und das spielerische Element des Geschlechtsrollentauschs ins Bild gesetzt. Durch Rückgriff auf trivial-komische Effekte wie das behaarte Bein unterm Nylonstrumpf und derbe männliche Körpergestik, die mit den Signalen von Weiblichkeit in Aufmachung und Kleidung in komischen Kontrast tritt, gleitet der Film mitunter ins Vulgäre ab. Die Problematik männlicher Identität gestaltet auch *Christine Nöstlinger* in ihrem Jugendroman „Olfi Obermeier und der Ödipus" von 1984. Auch hier gibt es eine Transvestitenszene, in der Olfi sich als Frau verkleidet, um seinen sieben weiblichen Familienmitgliedern dreier Generationen zu demonstrieren, was es für einen pubertierenden Jungen bedeutet, ohne männliche Identifikationsfigur aufzuwachsen. Die Einkleidungsszene ist nicht nur komisches Spektakel, sondern hat aufklärerische Absicht, wie schon die argumentative Verknüpfung mit der psychoanalytischen Theorie des Ödipus-Komplexes zeigt.

[7] Dies ist die ernsthafte Variante des Verhaltens der Großmutter, die auf ihre Weise ebenfalls Maklerfirmen um ihren Profit bringt.

[8] Zur Entdramatisierung und zu neuen Formen des Generationskonflikts vgl. *Ziehe.*

[9] Das führt in den Romanen *Christine Nöstlingers* jedoch nicht zu jener Verharmlosung und Beschwichtigung, die eine häufige Wirkungsabsicht kinderliterarischer Komik ist (vgl. *Lypp* 1986, S. 447 f.).

[10] Vgl. *Kaplan*, S. 198 ff.

[11] Bei dieser kinderliterarischen Kußszene ist die Frage nach einer alterstypischen Perzeption des Komischen zu stellen; eine komische Wahrnehmung stellt sich hier nur für den bereits älteren jugendlichen und den erwachsenen Leser her. Es ist also eine Komik, die sich aus der Distanz des Reifeprozesses ergibt.

Primärliteratur

Boie, Kirsten: Moppel wär gern Romeo. Hamburg 1991

Boie, Kirsten: Jeder Tag ein Happening. Hamburg 1993

Fine, Anne: Mrs. Doubtfire. Das stachelige Kindermädchen. Aus d. Engl. v. *Ursula Kösters-Roth.* Zürich 1994 (Dt. zuerst 1993 unter dem Titel „Madame Mirabilis")

Jacobsson, Anders und *Sören Olsson:* Berts intime Katastrophen. Hamburg 1992

Nöstlinger, Christine: Luki-live. Hamburg 1978.

Nöstlinger, Christine: Nagle einen Pudding an die Wand! Hamburg 1990

Literatur

Badinter, Elisabeth: Ich bin Du. Auf dem Weg in die androgyne Gesellschaft. Aus d. Franz. v. *Friedrich Griese* (zuerst Paris 1986). München 1994

Ewers, Hans-Heino (Hg.): Komik im Kinderbuch. Erscheinungsformen des Komischen in der Kinder- und Jugendliteratur. Weinheim und München 1992

Freud, Sigmund: Der Witz und seine Beziehung zum Unbewußten. In: *Mitscherlich, Alexander* u. a. (Hg.): Freud-Studienausgabe Bd. IV. Frankfurt a. M. [3]1970, S. 9–219.

Helmers, Hermann: Sprache und Humor des Kindes. Stuttgart [2]1971.

Kaplan, Louise J.: Abschied von der Kindheit. Eine Studie über die Adoleszenz. Aus d. Amerik. v. *Hilde Weller.* Stuttgart [3]1993

Lypp, Maria: Lachen beim Lesen. Zum Komischen in der Kinderliteratur. In: Wirkendes Wort 36. H. 6/1986, S. 439–455

Lypp, Maria: Tiere und Narren. Komische Masken der Kinderliteratur. In: *Ewers, Hans-Heino* (Hg.): Komik im Kinderbuch. Weinheim und München 1992, S. 45–57

Steinlein, Rüdiger: Kinderliteratur und Lachkultur. Literarhistorische und theoretische Anmerkungen zu Komik und Lachen im Kinderbuch. In: *Ewers, Hans-Heino* (Hg.): Komik im Kinderbuch. Weinheim und Basel 1992, S. 11–32.

Wild, Inge: Christine Nöstlingers Gretchen Sackmeier. In: Fundevogel 82 1991, S. 9–13.

Wild, Inge: Komik in den realistischen Jugendromanen Christine Nöstlingers. In: *Ewers, Hans-Heino* (Hg.): Komik im Kinderbuch. Weinheim und München 1992, S. 173–200.

Ziehe, Thomas: Vom vorläufigen Ende der Erregung. Die Normalität kultureller Modernisierungen hat die Jugend-Subkulturen entmächtigt. In: *Helsper, Werner* (Hg.): Jugend zwischen Moderne und Postmoderne. Opladen 1991, S. 57–71.

Peter Scheiner

Kindsein in der Risikogesellschaft

Wie verarbeitet die Kinderliteratur die neuen Risiken?

Leitvorstellung zeithistorischer Betrachtungen der westdeutschen Kinder- und Jugendliteratur ist, nach dem Erscheinen von *Michael Endes* „Unendlicher Geschichte" (1979), auf einen literarischen Paradigmawechsel zu verweisen, der für die 80er und 90er Jahre eine „Wende von der Realität zur Phantasie, von der Außen- zur Innenwelt, vom kritischen Engagement zur Restauration" bedeutet – von einer schmalen Sparte kritischer Literatur einmal abgesehen. Gegenüber der sozialkritisch realistischen Literatur der beginnenden 70er Jahre scheint die Kinder- und Jugendliteratur der letzten zwei Jahrzehnte „neuen individualistischen und wundergläubigen Maximen" zu folgen (*Wild*, S. 354).

Doch auch bei der realistischen Literatur, die die sozialkritischen Tendenzen der 70er Jahre über die Zeit des konstatierten Paradigmawechsels hinüberzutragen scheint, fällt ein Wandel auf: Er führt von der Thematisierung gesellschaftlicher Konflikte in der Nahwelt des Kindes hin zur Inszenierung von Katastrophensituationen, wie sie sich nach dem Abwurf einer Atombombe (*Pausewang*: Die letzten Kinder von Schewenborn) oder dem GAU eines Kernkraftwerkes (*Pausewang*: Die Wolke) ergeben könnten. Utopien, die ein Jahrzehnt zuvor der kritischen Darstellung sozialer Veränderungsprozesse dienen sollten, schlagen nun zu negativen Utopien aus (*Heidtmann*: Auf der Suche nach dem Garten Eden). Eschatologische Motive

und Endzeitstimmung gehören zum neuen Erzählrepertoire realistischer Kinder- und Jugendliteratur. Und auch wo sich Kinder und Jugendliche selbst als Autoren zu Wort melden, drücken sie ihr Lebensgefühl und ihre Zukunftsangst in entsprechenden Bildern aus (*Hunold*, S. 74 ff., *Nedelmann*, S. 37 f.). Durch den bis in die Kinderzimmer reichenden Einfluß der Massenmedien sind sie aus den alten Schonräumen der Kinderwelt freigesetzt und werden unverblümt mit den Krisensituationen der Gesellschaft konfrontiert. *Christine Nöstlinger* leiht diesen Kindern ihre Stimme, wenn sie eine „letzte Warnung" an die Erwachsenen richtet: „Und hört ihr nicht auf, euch gegen das Leben zu versündigen, so müssen wir euch leider demnächst entmündigen!" (*Nöstlinger*, S. 252)

Andererseits fällt in realistischen Kinderbüchern, die sich weiterhin am Erzählmuster der Familien- und Alltagsgeschichte orientieren, eine Abkehr vom gesellschaftskritischen Impetus der 70er Jahre zugunsten einer Akzentuierung der individuellen und kommunikativen Bedürfnisse des Kindes auf. Ein Vergleich von *Peter Härtlings* „Das war der Hirbel" (1973) mit dem „Sonntagskind" (1983) von *Gudrun Mebs* macht dies deutlich. *Reinbert Tabbert* stellt diese Entwicklung in einen Zusammenhang mit der Krisensituation der Familie in der zeitgenössischen Industriegesellschaft, die sich in den meisten dieser Erzählungen spiegele.

95

Die skizzierten literarischen Entwicklungen verweisen auf einen radikalen sozialen Wandel, der die Industriegesellschaft in den letzten zwei Jahrzehnten erfaßt hat und mit tiefgreifenden, alle sozialen Schichten in gleicher Weise betreffenden Krisenerfahrungen zusammenhängt: atomare Aufrüstung und Atomenergieproduktion, ökologische Krise, Brüchigwerden tradierter Gesellschafts- und Lebensformen wie Klasse, Schicht oder Familie. Nach *Ulrich Beck* manifestieren sich in solchen Krisenerfahrungen die Gefährdungslagen einer heraufziehenden Risikogesellschaft, in der sich die charakteristischen Merkmale der Industriegesellschaft durch Weiterführung des Modernisierungsprozesses und fortgesetzte Reichtumsproduktion zu verlieren beginnen.

Unter der Zuhilfenahme des soziologischen Modells der Risikogesellschaft kann man einen inneren Zusammenhang zwischen den skizzierten literarischen Entwicklungstendenzen der letzten zwei Jahrzehnte konstatieren. Er erstreckt sich nicht nur auf die inhaltlichen Akzente der realistischen Kinder- und Jugendliteratur, in denen sich die Konturen der neuen Risikogesellschaft spiegeln; er bezieht auch die individualistischen, wundergläubigen und innenweltzentrierten Tendenzen der phantastischen Literatur ein, die in den 80er Jahren trendbestimmend wurde. Die neue Phantastik korreliert mit den gesellschaftlichen Verarbeitungsmustern der heraufziehenden Risikogesellschaft, die sich nicht nur in aufklärerischen Tendenzen, sondern auch in einem Wandel gesellschaftlicher Lebensformen zeigen, der zu einer zunehmenden Individualisierung von Lebensstilen führt, zum Rückzug ins „Refugium der Privatheit und Innerlichkeit" (*Beck*, S. 203), und

der auch Wegbereiter eines neuen Irrationalismus sein kann.

Bei einer Betrachtung der skizzierten literarischen Entwicklungen unter dem von *Ulrich Beck* geprägten Begriff der Risikogesellschaft scheint die kritische und realistische Kinder- und Jugendliteratur der 80er und 90er Jahre mit ihren neuen Akzenten dem konstatierten sozialen Wandel ziemlich genau zu entsprechen. Mit Blick auf diesen Bereich kann daher nicht von einem einschneidenden Tendenzwandel der Kinderliteratur mit Beginn der 80er Jahre gesprochen werden. Eher von einem weiteren Modernisierungsschub, der von einer Literatur der Industriegesellschaft zu einer Literatur der Risikogesellschaft führt.

Die neuen Risikolagen

Die neuen Risikolagen der Industriegesellschaft entspringen unsichtbaren und latenten Gefahren, wie sie die Abstrahlung von Atomkraftwerken, die Vergrößerung des Ozonlochs oder die allmähliche Vergiftung der Atmosphäre durch technische Eingriffe in die Natur darstellen. Sie betreffen alle Menschen über nationale Grenzen und Grenzen von Klassen und Schichten hinweg. Unter diesen Voraussetzungen haben die modernen Risikolagen nichts mehr mit den äußeren Gefahren von der Art zu tun, wie sie einst der Abenteurer auf sich nahm. Und sie überschreiten auch die sozialen Konfliktsituationen der Industriegesellschaft, in denen es um die Behebung von Mangel und die Beseitigung sozialer Ungleichheit ging. Solche traditionellen Risikolagen der Not und des Mangels waren durch Mut und Tatkraft des Einzelnen bzw. durch solidarisches Handeln zu bewältigen. Demgegenüber eröffnen sich nach *Ulrich*

Beck für die neuen Gefährdungslagen der Risikogesellschaft nur sehr begrenzte Bewältigungsperspektiven. Dies führt zu einem Verlust an gesellschaftlichen Utopien, und es erzeugt eine zunehmende Überlebensangst der Menschen, was auch zur Etablierung eines neuen Wertesystems beiträgt. An die Stelle des Gleichheitsideals der modernen, aufgeklärten Gesellschaft treten defensive oder negative Utopien (vgl. *Beck*, S. 65). An die Stelle offensiver, wagnisreicher Utopien tritt ein Denken in Sicherheitskategorien zum Schutz vor den unsichtbaren Gefahren oder zum Erhalt bestehender Ressourcen. Und vor dem Hintergrund der damit einhergehenden Auflösungstendenzen traditioneller Gesellschaftsformationen und Lebensformen geht das soziale Engagement der 70er Jahre in einem fortschreitenden Individualisierungsprozeß unter, in dessen Kontext es zu Entwürfen neuer Formen des Zusammenlebens kommt. Gerade dieser Individualisierungsprozeß aber soll den Einzelnen nicht nur in ein unbestimmtes soziales Risiko entlassen, sondern ihm auch persönliche Chancen eröffnen.

Solcherlei Gefährdungslagen der Risikogesellschaft sind in der Kinder- und Jugendliteratur seit Beginn der 80er und 90er Jahre verschiedentlich thematisiert worden. Insbesondere wurde die ökologische Krise der Gesellschaft zu einem neuen Leitthema der erzählenden Literatur und der Sachliteratur (vgl. Ministerium f. Umwelt). Doch treffen solche Thematisierungen von Risikolagen der Gesellschaft allein noch nicht das Lebensgefühl der neuen Gesellschaft mit all ihren Risiken und Chancen. Eine Vielzahl einschlägiger Erzählungen verläßt nach dem thematischen Einstieg wieder das Paradigma der Risikogesellschaft,

um in das der Industriegesellschaft zurückzufallen. So werden den Lesern wieder die alten Sicherheiten angeboten: Beispiele hierfür sind die erfolgreichen individuellen Bewältigungen einzelner Gefährdungslagen in Erzählungen zum Natur- und Umweltschutz (z. B. *Heyne:* Der Krötenkrieg von Selkenau), die umweltkriminalistischen Erfolge der Protagonisten in der neuen Mischform des Ökokrimis (z. B. *Pestum:* Nur große Fische für den Joker) oder triviale Mythisierungen, mittels derer sogar die Entstehung der Risikolage personalisiert, auf eine Verschwörung einzelner Verursacher zurückgeführt wird (z. B. *Cruickshank:* Die Ozonloch-Verschwörung). Solche Erklärungs- und Lösungsmuster können lediglich Scheinlösungen für die gesellschaftlichen Konfliktlagen der Risikogesellschaft anbieten. Überall dort jedoch, wo die Erzählhandlung das Paradigma der Risikogesellschaft nicht verläßt, steht die realistische Kinder- und Jugendliteratur vor dem Problem, ihren Lesern kaum positive Perspektiven anbieten zu können.

Gegenüber der Jugendliteratur, die globale und latente Risikolagen der Gesellschaft im reflektierenden Bewußtsein der Protagonisten ablichten kann (z. B. *Kordon:* Ich möchte eine Möwe sein), steht die Kinderliteratur vor der Schwierigkeit, diese Gefährdungslagen sowie Inhalte eines theoretischen Risikobewußtseins veranschaulichen und in den Erfahrungshorizont der Rezipienten einordnen zu müssen. Dies mag erklären, daß nur eine schmale Sparte der realistischen Kinderliteratur wirklich vom Lebensgefühl der Kinder in der modernen Gesellschaft handelt. In ihr kristallisieren sich drei bevorzugte Themenfelder heraus, deren Darstellungsmuster im folgenden anhand je einer ausgewählten Erzählung exemplarisch erörtert werden sollen: die eingetretene ökologische Katastrophe, die Krise der Familie, die offenbar gewordene ökologische Krise. Dabei zeichnen sich zwischen den drei Erzählungen bezeichnende Gemeinsamkeiten und Unterschiede in der Erzählstrategie ab, mit der die thematisierten Risikolagen veranschaulicht und vermittelt werden.

In den beiden ökologischen Erzählungen ist es der Erzähleinstieg, der mit Hilfe des Motivs einer eingetretenen Katastrophe oder des Motivs einer drohenden Gefahr die latente Gefährdungslage hervortreten und damit anschaulich werden läßt. Der nicht mehr nachlassende Schneefall, mit dem *Jean Joubert* seinen Roman „Das darf nicht das Ende sein" eröffnet, kündigt die eingetretene Umweltkatastrophe an. In *Jean Craighead Georges* Erzählung „Vermißt im Gumbo Limbo" fungiert die einem Alligator drohende Gefahr, abgeschossen zu werden, als erstes Anzeichen für den Widerspruch zwischen Natur und Zivilisation, der sich im Hammock, einem unberührten Fleckchen Natur im südlichen Florida, zu einer sozialen und ökologischen Krise zuspitzt. Beide Erzählungen stellen in erster Linie nicht den Umgang von Menschen mit latenten Gefährdungslagen dar, sondern ihre Reaktionen auf akut gewordene Krisensituationen der Risikogesellschaft.

Nortrud Boge-Erli wählt ein anderes Erzählverfahren. In „Zwei Väter sind besser als keiner" tritt die Krisensituation der Familie erst offen zutage, nachdem sich die Konflikte zwischen den Erwachsenen allmählich zugespitzt haben und es zur offenen Konfrontation zwischen Vater, Mutter und ihrem Freund kommt. Die Familien-

erzählung bezieht sich auf die Krisenerfahrungen eines Kindes, das nach und nach die latente, zunächst kaum durchschaubare, dann immer deutlicher zutage tretende Konfliktsituation zwischen seinen Eltern begreift. Über diese Erzählform vermittelt sich Risikoerfahrung als Ertragen von Ungewißheit, als „Selbstverarbeiten von Unsicherheit" (*Becker*, S. 102).

Katastrophen und der Mythos von der Kraft der Natur

Das darf nicht das Ende sein von *Jean Joubert* steht mit in der Reihe apokalyptischer Katastrophenliteratur, die zu Beginn der 80er Jahre, zu einem Zeitpunkt, an dem strategische Ideen eines begrenzt führbaren Atomkrieges erstmals das Risikobewußtsein der Öffentlichkeit wachriefen, zu einer politisch motivierten literarischen Modeerscheinung wurde. In der deutschen Kinder- und Jugendliteratur waren vor allem die Erzählungen „Die Kinder von Schewenborn" und „Die Wolke" von *Gudrun Pausewang* wegweisend. Die Katastrophe im Zukunftsroman von *Jean Joubert* erscheint zunächst harmlos; sie wirkt in der Folge aber wegen ihrer vorstellbaren, in den Erfahrungsbereich der Rezipienten übertragbaren Realistik um so schauerlicher: Eine plötzliche Klimaveränderung führt im Jahr 2006 zu einem nicht mehr enden wollenden Schneefall.

Der Roman wird rückblickend aus der Sicht des damals 13jährigen Simon erzählt. In einer abgelegenen Almhütte in den französischen Alpen wird seine Familie durch die sich auftürmenden Schneemassen gänzlich von der Umwelt abgeschlossen. Zunächst bewirkt der Schneefall ein gemütliches Zusammenrücken der Familie. Doch nachdem das Telefon, der Fernsehempfang und der elektrische Strom ausgefallen sind, spitzt sich die Lage zu einem dramatischen Überlebenskampf der Familie zu. Nahezu vier Monate muß sie in der Almhütte zubringen, deren Dach die sechs Meter hohe Schneedecke gerade noch überragt.

Anders als in den Erzählungen von *Gudrun Pausewang* erfährt der Leser wenig über die genaue Ursache der Katastrophe. Als die Sonne wiederkehrt, der Schnee schmilzt und die Natur zu neuem Leben erwacht, taucht eine vage Hypothese auf: Thermonukleare Versuche, die von Wissenschaftlern am Nordpol durchgeführt worden waren, könnten zu der vorübergehenden Klimaveränderung geführt haben. Und der knappe Ausblick zum Schluß des Romans, in dem der Erzähler von einem Umdenken

der Menschen spricht, das nach der Katastrophe eingesetzt habe, unterstreicht die Funktion der Erzählung als warnendes Exempel vor den Risiken des Modernisierungsprozesses, die in der Erzählung selbst allerdings mit sehr vagen und ausgesprochen vormodernen Begriffen umschrieben werden: „Hochmut", „Maßlosigkeit" (*Joubert*, S. 139). Daß hier die alten Mythen von der Sintflut, von Babylon und Hiob durchschimmern, wird im Verlauf der Erzählung deutlich, als Simon Auszüge aus dem Tagebuch seines Vaters einblendet, in dem dieser unter Anspielungen auf die eschatologischen Motive der Bibel sich mit Sinn und Bedeutung der Katastrophe auseinanderzusetzen sucht (vgl. *Joubert*, S. 108 f.). Der Titel der französischen Originalausgabe lautet auch: „Die Kinder Noahs".

Wie *Gudrun Pausewangs* Schewenborn-Erzählung ist auch der Roman von *Jean Joubert* der Weltkatastrophen-Literatur (*Wessels*, S. 100 ff.) zuzuordnen, deren Erzählmuster ein oft verwendetes literarisches Mittel darstellt, auf die globalen Zusammenhänge der Risikolagen der Weltgesellschaft zu verweisen. Doch anders als in der Erzählung von *Gudrun Pausewang*, wo sich die überlebenden Kinder und Jugendlichen nach der atomaren Katastrophe gegen die Generation ihrer Eltern auflehnen und nach neuen, sozialen und lebenserhaltenden Wertmaßstäben für die Gesellschaft suchen, führt die über die menschliche Zivilisation hereingebrochene Katastrophe bei *Jean Joubert* zum Rückfall in vormoderne, antiquiert anmutende Wertvorstellungen. Erkennbar wird dies am Verhalten der Protagonisten: an der väterlichen Einschätzung der Religion als einzigem Rettungsanker in der ausweglos erscheinenden Situation (vgl. *Joubert*, S. 44, 71, 79 f., 108); an der mythischen Ausrichtung seines Denkens (das Erscheinen eines Vogels am Himmel deutet der Vater als Zeichen dafür, daß sich – wieder eine Anspielung auf die Sintflutlegende – das Ende der weißen Schneeflut ankündigt); an dem irrationalen Verhalten der Mutter, die Karten zu legen beginnt; an der patriarchalischen Rolle, in die der Vater als Familienober-

haupt zurückfällt. Er allein stellt den Tagesplan zur Erledigung der häuslichen Pflichten auf, regelt den weiteren Unterricht der Kinder, führt die Inventur der Essensvorräte durch. Seiner Frau bleibt in diesem Haushalt nur die traditionell untergeordnete Rolle der Hausfrau und Mutter.

Religiöse Symbolik und eine Handlungslogik, die in vormoderne gesellschaftliche Zustände zurückführt, sind offenbar typische Merkmale der apokalyptischen Katastrophenliteratur. Auch in der Schewenborn-Erzählung von *Gudrun Pausewang* wird der Zusammenhalt der Familie zur letzten Überlebensstrategie in einer Zeit der Barbarei und des Rückfalls in die vorindustriellen Tauschhandel nach der Katastrophe. Und in „Kreuzweg für die Schöpfung" spiegelt *Gudrun Pausewang* die sachliche Nachzeichnung der Etappen einer politischen Anti-Atomkraft-Demonstration im Jahre 1988 in der Legende eines Kinderkreuzzuges, die man sich in der Zukunft einmal erzählen wird: als Geschichte einer Tat, mit der Kinder ein Zeichen der Hoffnung setzen wollten für den Erhalt der Schöpfung. Doch anders als bei *Gudrun Pausewang*, wo über solche Motive und religiöse Symbolisierungen die Notwendigkeit einer neuen politischen Ethik für die Industriegesellschaft demonstriert wird, bedeutet bei *Jean Joubert* das Aufbrechen archaischer Zustände und Denkweisen in der Katastrophensituation auch eine Rückführung in archaische Wertvorstellungen. Während der Roman im Versagen der kommunalen Institutionen und der Informationsmedien beim Eintritt der Schneekatastrophe die Krisenanfälligkeit der modernen Gesellschaft unterstreicht, verweist er in seinem Motivbestand sowie in der Darstellung sozialer Lebenszusammenhänge auf alte religiöse Vorstellungen und antiquierte gesellschaftliche Lebensformen als letzten Rettungsanker in der extremen Gefährdungslage. Im Weg zurück zu den Wurzeln menschlichen Daseins sieht der Autor den Heilsweg der Gesellschaft. Diese nicht nur defensive, sondern rückwärtsgewandte Utopie überschreitet schließlich auch den Horizont der Geschichte; sie endet im Mythos von der unerschöpflichen lebenserhaltenden Kraft der Natur, indem das Überleben von Pflanzen, Tieren und Menschen als „Zeichen der unbeugsamen Heilskraft des Lebens" (*Joubert*, S, 135) gedeutet wird.

Die Krise der Familie und die Chance des Kindes

Erzählungen aus dem familiären Alltag von Kindern akzentuieren heute wohl am deutlichsten die Risikolagen einer Gesellschaft, in der tradierte soziale Lebensformen zunehmend ihre sozialen und sozialisierenden Funktionen verlieren. „Zwei Väter sind besser als keiner" von *Nortrud Boge-Erli* kommt unter den Familienerzählungen ein besonderer Stellenwert zu, weil das Buch sehr unterschiedliche Vaterbilder beleuchtet und auf die Chancen verweist, die sich einem Kind bei einer sich abzeichnenden Lockerung der Familienstruktur eröffnen können.

Dies wird bereits im provozierenden Titel des Buches deutlich wie auch im Titelbild von *Sabine Lochmann*, das den krassen Gegensatz der Vaterbilder unterstreicht, um die es in der Erzählung geht: Ein Mädchen liegt neben einem jungenhaft wirkenden Mann auf einer Blumenwiese. Beide Figuren tragen Freizeitkleidung und sind in leuchtenden Farben gehalten. Daneben steht, grau in Grau und korrekt gekleidet, ein Herr mit Aktenmappe unter dem Arm. In der Erzählhandlung kristallisieren sich rasch die Rollen heraus, die die Figuren des Titelbildes verkörpern: Das Mädchen ist Isabel, aus deren Perspektive die Geschichte erzählt wird; der Mann neben ihr ist Rüdiger, der Freund der Mutter, zu dem sich Isabel wie zu einem Vater hingezogen fühlt; der graue Herr ist Isabels leiblicher Vater. Die Erzählung orientiert sich an bekannten Muster einer Dreiecksgeschichte. Isabels freiberuflich tätige Mutter ist zufällig ihrem Jugendfreund Rüdiger wiederbegegnet. Er lebt auf einem Bauernhof in einer Wohngemeinschaft zusammen mit seinem Sohn Matze. Isabels Mutter verliebt sich aufs neue in Rüdiger, der sie seinerzeit, seinen persönlichen Neigungen folgend, verlassen hat. Als der Vater erfährt, daß sie gegen seinen Willen Rüdiger in ihr Haus eingeladen hat, kommt es zu einer heftigen Auseinandersetzung zwischen den Eltern. Damit zerbricht für Isabel das Bild einer fest gefügten, ganz selbstverständlich nach eingeschliffenen sozialen Mechanismen funktionierenden familiären Ordnung. Sie nimmt ihre Eltern auf einmal ganz neu wahr: „Bisher habe ich nicht über Mutti und Vati nachgedacht. Sie waren einfach meine Eltern. Jetzt sind sie zwei ganz verschiedene Menschen" (*Boge-Erli*, S. 58). Isabel gewinnt so eine neue Einstellung zu ihren Eltern. Wie gleichberechtigt sie sich den Erwachsenen gegenüber empfindet, zeigt ihr zustimmendes Lachen, als Matze sagt: „Erwachsene sind doch bloß zu groß geratene Kinder" (ebd., S. 106). Sie spürt, wie dünn die Freundlichkeit zwischen ihren Eltern geworden ist. Und unbewußt ahnt sie, daß sich die Mutter zwischen den beiden Männern wird entscheiden müssen und es auch zu einer Trennung der Eltern kommen kann: „Eine Hälfte von mir ist Mutti, die andere Vati. Die Hälften reißen an mir, reißen mich auseinander. Es tut weh" (ebd., S. 58). Die Familie ist für Isabel kein Hort fragloser Sicherheit mehr.

Die Erzählung aus der Sicht des Kindes ist durch klare Gegensätze bestimmt. Dem freizügigen Leben in der

Wohngemeinschaft auf dem Bauernhof steht Isabels Elternhaus gegenüber, in dem das Einzelkind wenig soziale Kontakte hat. Das freie Leben in der Natur, das Isabel genießt, wenn sie zusammen mit der Mutter Rüdiger besucht, steht im Gegensatz zu ihrem sterilen Zuhause und zum Beruf des Vaters, der auch daheim nur vor seinem Computer sitzt. Die offene und spontane Zuwendung, die Isabel von Rüdiger erfährt, kontrastiert zum Gefühl der Beziehungslosigkeit, das sie gegenüber ihrem nüchternen, in seine beruflichen Pflichten eingebundenen Vater empfindet: „Ich habe doch überhaupt keine Beziehung zu Vati. Er ist ständig weg ..." (ebd., S. 61).

Daß Isabel unter dieser Konstellation ihre Gefühl spontan und direkt dem Freund ihrer Mutter zuwendet, hängt mit ihrer Auffassung von der Vaterrolle zusammen: „Richtige Väter sind wie Rüdiger. Sie schauen einen an und verstehen, was man sagt. Mit einem richtigen Vater kann man herumalbern und ernst reden" (ebd., S. 61). Wichtiger als die formale und institutionelle Bedeutung der Vaterrolle ist für sie die Erwartung einer echten menschlichen Beziehung, die sie damit verbindet. Daher kann sie es akzeptieren, daß Rüdiger bereits am ersten Wochenende, das sie und ihre Mutter bei ihm verbringen, sich als ihren Vater bezeichnet. Und als die Mutter dagegen protestiert, nennt Isabel ihn ihren „Traumpapi" (ebd., S. 26). Dieses überraschend schnelle Zugehen auf den Freund der Mutter mag überzeichnet sein. Es zeigt aber, wie unterbesetzt die Vaterposition als menschliche Beziehungsinstanz in ihrem familiären Leben bislang gewesen ist. Mit seinen hilflosen Versuchen, die traditionelle Vaterrolle aufrechtzuerhalten, wäre Isabels leiblicher Vater unweigerlich der „Modernisierungsverlierer" in dieser familiären Krise; doch er bemüht sich, eine neue Position in seiner Familie zu erlangen. Er ist die einzige Figur in der Erzählung, die eine deutliche Verhaltensänderung zeigt. So geht er auf einmal liebevoll auf seine Tochter ein, kocht für sie, verspricht ihr sogar, ihr einen Hund zu schenken. Doch das sind nur schwache Signale einer Beziehungssehnsucht. Erst als er keinen Ausweg mehr sieht aus der Abseitsstellung, in die er in seiner Familie geraten ist, kann er seine Gefühle zeigen: „Er sitzt im Wohnzimmer, hat die Ellenbogen auf den Tisch gestützt und weint" (ebd., S. 137). Isabel erschrickt. Noch nie hat sie ihren sachlichen und vernünftigen Vater weinen sehen. Die Zärtlichkeit zwischen Vater und Tochter, zu der es in dieser Szene zum ersten Mal kommt, geht jedoch allein von der Tochter aus, die sich dessen bewußt ist: „Ich weiß ja auch, daß Vati uns braucht. So, wie er lebt, hat er nur seine Arbeit und uns, die Familie. Aber wer jemanden so sehr braucht, verbraucht auch die Liebe" (ebd., S. 141). Das Kind erscheint in dieser Szene verständnisvoller und verantwortungsbewußter als der Vater. Isabel weiß, daß sie auch die Liebe des Vaters braucht, um ihm ihre Liebe geben zu können.

Es bleibt zum Schluß der Erzählung offen, für welchen der beiden Männer sich die Mutter entscheiden wird. Die Eheprobleme der Eltern bleiben in der Erzählung ungelöst, ihr kritischer Schwebezustand weist über das Ende der Geschichte hinaus. Isabel aber fühlt sich in ihrer Verantwortung für sich und den Vater stark genug, die Chance zu nutzen, aus dieser Krisensituation der Familie heraus neue soziale Zusammenhänge für sich zu schaffen. Zu ihrem leiblichen Vater, der für sie zunächst kein Vater war, hat sie erst eine schmale Beziehungsbrücke geschlagen, als sie ihn als vereinsamten Menschen erkannt hat. Rüdiger aber wird sie als neuen sozialen Vater behalten, ganz gleich, wie sich die Mutter zwischen den Männern entscheidet. So ist der provozierende Titel der Erzählung zu verstehen: Dem vaterlosen Zustand steht nach dem Eintritt der Krise in der elterlichen Ehe ein Zustand gegenüber, in dem das Kind in freier Entscheidung soziale Beziehungen zu zwei Vätern aufbauen kann, zu seinem leiblichen und zu seinem sozialen Vater.

Kinderleben in der Unsicherheit bedeutet hier ein Sich-Arrangieren mit den gegebenen Beziehungen als einzige Möglichkeit des Überlebens in der Risikogesellschaft. Das Überschreiten herkömmlicher sozialer Rollen und Bindungen, das damit einhergeht, mag allerdings für einzelne Leserinnen und Leser eine Überforderung darstellen. Mädchen im Alter zwischen 12 und 15 Jahren, die mit Studentinnen der Sozialpädagogik über das Buch diskutierten, lehnten es in der Mehrheit wegen des ungewöhnlichen Verhaltens der Protagonistin ab. Ein Mädchen, das eine ähnliche Familiensituation durchlebt hat, wie sie in dem Buch dargestellt wird, sagte: „Die Isabel spinnt doch. Wenn der Rüdiger meine Mama so eingelullt hätte, dann hätte ich ihn verdroschen oder es dem Papa gesagt."

Neue soziale Orte in der Natur und die Idylle

So unterschiedlich sich das Erzählrepertoire der Katastrophenliteratur und der Erzählung aus dem familiären Alltag von Kindern auch darstellt, in typischen Erzählmustern, die auf ein von sozialen Zwängen befreites Leben in und mit der Natur verweisen, zeichnet sich doch ein auffallender gemeinsamer Bedeutungshintergrund ab. Sowohl Simons Vater in *Jean Jouberts* Roman als auch Rüdiger in der Erzählung von *Nortrud Boge-Erli* sind Aussteiger, die in der Natur, abseits der städtischen Zivilisation, neue alternative Lebensformen gefunden haben. Dem Zerbrechen aller Sicherheiten in der modernen Industriegesellschaft neue Sicherheiten gegenüberzustellen, die der Einzelne in einem Leben in und mit der Natur finden kann, scheint eine Grundintention der Literatur zu sein, die sich am Paradigma der Risikogesellschaft orientiert. Unterhalb dieser gemeinsamen Grundintention erhält das Verhältnis von Natur, Individuum und Gesellschaft in den einzelnen Erzählungen jedoch eine sehr unterschiedliche Gewichtung. In „Das darf nicht das Ende sein" von *Jean Joubert* stehen sich Natur und Gesellschaft als voneinander klar getrennte Lebensbereiche gegenüber. Dies wird zunächst aus der Verwendung des Aussteigermotivs deutlich: Drei Jahre vor der Schneekatastrophe ist die Familie des Erzählers aus Paris in eine Almhütte in den Alpen gezogen, weil sich der Vater entschlossen hat, ein einfaches, beschauliches Leben im Einklang mit der Natur zu führen. Vor allem aber wird die wertende Polarisierung von Gesellschaft und Natur aus der idyllischen Schäferszenerie deutlich, mit der der Autor das Aussteigermotiv ergänzt: Oft besuchen Vater und Sohn einen Schäfer, der mit seiner Herde hoch oben über ihrer Almhütte lebt. Einen „guten Wilden" nennt der Vater den Schäfer, der auch den Gelehrten noch einiges zu sagen habe (*Joubert*, S. 21). Deutlicher als mit dieser Alpen- und Schäferidylle kann man den Wert des einfachen, natürlichen Lebens gegenüber dem entfremdeten Leben in den großen Städten, aus dem sich die Familie des Anwalts zurückgezogen hat, wohl kaum herausstellen.

Jean Joubert
Das darf nicht das Ende sein
Februar 2006

Verlag Sauerländer

Die Natur wird aber nicht nur zum alternativen Lebensraum für die Aussteigerfamilie, sie ist es auch, die Beginn, Verlauf und Ende des Katastrophenwinters bestimmt, von dem der Roman erzählt. Denn im Gegensatz zur Schewenborn-Erzählung von *Gudrun Pausewang*, wo der Mensch mit der Explosion einer Atombombe die Weltkatastrophe auslöst, ist es bei *Jean Joubert* die Natur, die durch eine Klimaveränderung die Menschheit einer Art Strafgericht unterzieht. Und die Natur als Urgrund allen Lebens setzt schließlich auch das gesellschaftliche Leben wieder in Gang: Der Schnee schmilzt, und am Himmel erscheint wieder ein Flugzeug.

Mit dieser Polarisierung von Natur und Gesellschaft, bei der die Natur zu einer richtenden, strafenden, heilenden, ja göttlichen Instanz erhoben wird, orientiert sich *Jean Joubert* an Weltbildern des 19. und 18. Jahrhunderts, in denen Natur als zu unterwerfendes Fremdes, als „Nichtgesellschaft" (*Beck*, S. 107) erscheint oder als vorgesellschaftlicher Zustand eines verlorenen Paradieses. Der Mythos von der Rache der Natur an der Menschheit, die ihre geheiligte Ordnung stört, verwandelt sich unter diesen Voraussetzungen in eine rückwärtsgewandte Utopie von der Heilung des menschlichen Verhältnisses zur Natur durch ein Einswerden des Menschen mit ihr. Es ist aber die List der Natur, daß sie nicht nur um den Menschen wirkt, sondern auch in ihm, der Mensch aber sein Verhalten ihr gegenüber reflektiert. So kann der Roman zwar eine alternative Werthaltung zur Natur demonstrieren, aber keine rational reflektierten Verhaltensalternativen zum Umgang mit der Natur vom Stand unseres heutigen Bewußtseins aus.

In entsprechender Weise zeichnet sich in dem Gegensatz, nach dem das Handlungsgeschehen der Erzählung „Zwei Väter sind besser als keiner" von *Nortrud Boge-Erli* organisiert ist, eine wertende Kontrastierung natürlicher und gesellschaftskonformer Verhaltensweisen und Lebensformen ab. Natur wird hier zwar nicht zur Schäfer-, aber immerhin zur Freizeitidylle. Natürlichen Lebensformen entsprechen Rüdigers Individualismus und Spontaneität, seine Unabhängigkeit von festgelegten Konventionen und

Lebensformen sowie sein Leben als alleinerziehender Vater außerhalb der Institution Ehe. Demgegenüber erscheint die Gesellschaft als Arbeits- und Institutionengesellschaft. Gesellschaftlich geprägten Lebensformen entsprechen die Nüchternheit und Sachlichkeit von Isabels Vater, sein Pflichtbewußtsein, seine Arbeitsdisziplin und Beziehungsarmut sowie sein Festhalten an der Institution Ehe.

Über diese polarisierende Organisierung des Erzählablaufs, die auch zu manchen klischeehaften Vereinfachungen führt, weisen die wichtigen Motivkomplexe der Arbeit und der sozialen Verantwortung für Kinder hinaus, die in beiden Strukturebenen der Erzählung abgelichtet werden: Die Welt der Arbeit und der Pflichten stellt für Isabels Vater einen Lebensbereich dar, in dem er als ein von anonymen sozialen Mechanismen fremdbestimmter, beziehungsunfähiger Mensch aufgeht. Für das naturorientierte Leben in der Wohngemeinschaft, die sich auf dem Bauernhof um Rüdiger gebildet hat, erscheint die Arbeitswelt dagegen als persönlich ausgehandeltes Zusammenspiel selbstbestimmter Individuen. Und indem das Funktionieren dieser Wohngemeinschaft mit dem Zusammenhalt eines Rudels von Wölfen unter ihrem Leitwolf verglichen wird (vgl. *Boge-Erli*, S. 77), gewinnen natürliche Lebensformen von Tieren beispielhafte Bedeutung für das Sozialverhalten von Menschen. Damit wird schließlich auch die Bedeutung der Elternschaft für die Kinder hinterfragt. Einerseits wendet sich Rüdiger gegen das Kriterium der Blutsverwandtschaft als Fundament eines natürlichen Eltern-Kind-Verhältnisses. Andererseits stimmt er Isabels Mutter zu, als sie erläutert, daß bei Wölfen nicht das Elternpaar, sondern das gesamte Rudel die Jungen großzieht. „Sehr menschlich" (ebd., S. 76), sagt Rüdiger zu dieser Erklärung, mit der auf die soziale Elternschaft als eine mögliche Alternative zur natürlichen Elternschaft hingewiesen wird.

Indem in diesen Motivkomplexen vom Verhalten von Tieren auf menschliches Sozialverhalten angespielt wird, kommt es zwar zu einer symbolischen Überbrückung der strukturellen Grenzen zwischen Natur und Gesellschaft, dennoch bleiben die natürlichen Lebensformen in ihrer beispielgebenden Alternativsetzung zu gesellschaftlich geprägten Verhaltensweisen von Tieren deutlich geschieden.

Von der Idylle zum Sozialvertrag mit der Natur

Die Polarisierung von Natur und Gesellschaft wird in dem Roman „Vermißt im Gumbo Limbo" von *Jean Craighead George* aufgehoben. Zwar gewinnt auch in dieser Erzählung die Natur idyllische Züge – und zwar dadurch, daß die unberührte Sumpflandschaft des Hammock zum Rückzugsgebiet einzelner Aussteiger wird, die sich hier den Zumutungen von Gesellschaft und Zivilisation entziehen wollen. Und auch das Motiv der Selbsterhaltungskräfte der Natur erhält mit der Schlußwendung – der Alligator entzieht sich seinem Jäger, indem er sich von einem Tagtier in ein Nachttier verwandelt – bestimmende Bedeutung. Doch dieses Motiv ist in ein Handlungsgeschehen eingebettet, das mit einer engen Verzahnung natürlicher und sozialer Prozesse auf ein Ende der Gegenüberstellung von Natur und Gesellschaft hinausläuft, wie es sich nach *Ulrich Beck* als letzte Konsequenz des fortschreitenden Industrialisierungsprozesses abzeichnet (vgl. *Beck*, S. 107). Aus der Einwirkung individueller und gesellschaftlicher Interessen auf die Naturlandschaft des Hammock, die in dem dichten, mehrsträngigen Motivgeflecht des Romans dargestellt wird, ergibt sich eine Entwicklung, die letztlich auf

eine Eingliederung der Natur in den Gesellschaftsprozeß hinausläuft.

Der Hammock wird nicht nur als letzter Stützpunkt unseres Planeten „gegen die Invasion der Menschen" (*George*, S. 95) dargestellt, sondern zugleich als letzte Zuflucht der „Waldleute", die sich unter den Bäumen ihre Wohnstätten errichtet haben. Das sind Liza, aus deren Perspektive die Geschichte erzählt wird, und ihre Mutter, die aus einer gescheiterten Ehe hierher ausgebrochen ist; das sind der arbeitslose James James; der alte, beruflich gescheiterte Caruso; die alte Priscilla, die in der Illusion lebt, eine

Dichterin zu sein, und sich fürchtet, von den Behörden in ein Heim eingewiesen zu werden. So wird die Jagd auf den Alligator, die von der Kommune angeordnet wurde, weil sich die Bewohner einer nahe gelegenen Siedlung vor ihm ängstigen, nicht nur zur Bedrohung für die unberührte Natur des Hammock, sondern auch zur Bedrohung für die Menschen, die hier eine neue Heimstätte gefunden haben. Denn sie müssen fürchten, im Zuge der Jagd auf den Alligator von den Behörden entdeckt und wieder den Mechanismen des Gesellschaftssystems unterworfen zu werden.

Angesichts dieser Bedrohung entwickeln das Tier und die „Waldleute" ihre eigenen Überlebensstrategien. Lizas Mutter bemüht sich um eine neue berufliche Perspektive. Liza und James James spüren dem Alligator nach, um ihn in einem versteckten Gewässer vor Tavis, dem Jäger, in Sicherheit zu bringen. Und wie der Alligator versucht sich auch Priscilla der Entdeckung von den Behörden dadurch zu entziehen, daß sie sich tagsüber versteckt hält und nur noch nachts ihren Verrichtungen nachgeht. Doch alle Überlebensstrategien und auch Priscillas List, in der sich eine Kongruenz des natürlichen Verhaltens eines Tieres und des sozialen Verhaltens eines Menschen abzeichnet, reichen nicht aus, das Überleben der Naturlandschaft des Hammock und der in ihm lebenden Menschen zu sichern. Denn es stellt sich heraus, daß eine Vergiftung der Gewässer des Hammock durch die chemischen Abfälle einer nahe gelegenen Industrieanlage droht.

Der Roman entwirft also eine Situation, in der sich die Menschen auch in der Natur, in sie, freigesetzt aus ihren sozialen Bindungen, die Nische eines neuen Lebensraumes gefunden haben, nicht mehr frei und sicher fühlen können. Sie sind sowohl vom Zugriff der kommunalen Behörden bedroht wie von der Gefahr, daß ihre natürlichen Lebensgrundlagen zerstört werden. Naturzerstörung wird so als soziales Problem deutlich, die „Vergesellschaftung der Naturzerstörung" macht die Natur als einen Teil der Gesellschaft sichtbar (vgl. *Beck*, S. 107).

Die begrenzten Lösungsperspektiven, die *Jean Craighead George* entwirft, verweisen auf ein gesellschaftliches Phänomen, das *Ulrich Beck* die zunehmende „Institutionalisierung" (*Beck*, S. 211 ff.) von Lebenslaufmustern unter der Risikolage der Industriegesellschaft nennt. Institutionelle Hilfen sind es, die eine Eingliederung von Caruso und Lizas Mutter ins Berufsleben ermöglichen und die auch gewährleisten sollen, daß Priscilla auf humane Weise auf die Unterbringung in einem Heim vorbereitet wird. Und James James soll bei einer Stiftung angestellt werden, die für den Erhalt des Hammock als natürliches Überlebensreservoir von Tieren und Pflanzen sorgen will. In einem so projizierten Ausgleich von Gesellschaft und Natur stellt die Natur nicht mehr die ursprüngliche Gegenwelt der Gesellschaft dar, sondern die „Innenausstattung der zivilisatorischen Welt" (*Beck*, S. 107). Diese Neubestimmung des Verhältnisses von Natur und Gesellschaft spiegelt sich auch in dem Motiv des „Sozialvertrages" wider (vgl. *George*, S. 122), den Liza mit dem wilden Papagei eingeht, der sich ihr angeschlossen hat und unablässig ihre Redeweise nachahmt. Sie wird ihn in ihr neues Zuhause mitnehmen, um ihm dort das Überleben zu sichern.

Der Roman schließt mit einer fast ironisierenden Bündelung äußerlich positiver Konfliktlösungen. Dies mag der optimistischen Lebenshaltung der jungen Leserinnen und Leser entgegenkommen. Dennoch zeichnet sich dahinter die Unsicherheit ab, ob Abmachungen, die Einzelne mit sozialen Institutionen treffen, und vor allem die „Sozialverträge mit der Natur", auch halten.

Kindsein in der Risikogesellschaft kann Gottvertrauen bedeuten und die irrationale Hoffnung, daß eine sich abzeichnende Krise wieder vorübergeht; und mitunter mag es ja auch sein, daß der Glaube Berge versetzt. Kinder der Risikogesellschaft haben – das zeigen alle drei vorgestellten Bücher – ein sensibles Verhältnis zur Natur und zu natürlichen Lebensformen. Und sie lernen es, sich mit überindividuellen, strukturellen Formen der Gewalt gegen die Natur auseinanderzusetzen. Dies ist ein Motivkomplex, der seine Vorläufer bereits in der Kinder- und Jugendliteratur der 70er Jahre hat (vgl. *Scheiner*, S. 217 f.). Vor allem aber bedeutet Kindsein in der Risikogesellschaft ein selbstbewußtes Aushalten der Spannung zwischen traditionellen Wertorientierungen und alternativen Wertentscheidungen, die von autonomen Individuen getroffen werden. Und wo eine Gefährdungslage durch individuelle Entscheidungen nicht bewältigt werden kann, eröffnet sich Kindern wie Erwachsenen die Möglichkeit, institutionelle Hilfen in Anspruch zu nehmen. Doch greifen solche Konfliktlösungsmuster zu kurz, wo das Einsetzen institutionellen Krisenmanagements an die Stelle einer weitergehenden individuellen und politischen Auseinandersetzung mit den ökologischen und sozialen Risikolagen tritt. Denn den Risikoerfahrungen der modernen Industriegesellschaft ist

nicht mit kurzfristigen Bewältigungs-
strategien akut gewordener Krisensituationen zu begegnen, sie verlangen
die lebenslange Auseinandersetzung
mit den zugrundeliegenden Risikolagen. Wenn Kinderbücher diesem
aufklärerischen Anspruch nicht genü-
gen, dann mag dies wohl auch mit
einer bewußten oder unbewußten
Rücksichtnahme auf die Belastbarkeit
der jungen Leserinnen und Leser
zusammenhängen.

Literatur

Beck, Ulrich: Risikogesellschaft. Auf dem Weg in
eine andere Moderne. Frankfurt 1986
Boge-Erli, Nortrud: Zwei Väter sind besser als
keiner. Zürich 1993
Cruickshank, Margit: S.K.U.N.K. Die Ozonloch-
Verschwörung. Hamburg 1994
George, Jean Craighead: Vermißt im Gumbo Lim-
bo. Aarau 1994
Härtling, Peter: Das war der Hirbel. Weinheim
1973
Heidtmann, Horst: Auf der Suche nach dem Gar-
ten Eden. Baden-Baden 1984
Heyne, Isolde: Der Krötenkrieg von Selkenau.
Berlin 1985
Hunold, Giesbert: Tod einer Ameise. In: *Bieder-
mann, Uta* u. a. (Hg.): Morgen beginnt heute.
Weinheim 1981
Joubert, Jean: Das darf nicht das Ende sein.
Februar 2006. Aarau und Frankfurt 1991
Kordon, Klaus: Ich möchte eine Möwe sein.
Weinheim 1993
Mebs, Gudrun: Sonntagskind. Aarau und Frank-
furt 1983
Ministerium für Umwelt, Raumordnung und
Landschwirtschaft des Landes NRW (Hg.): Blu-
men auf Beton. Büchertips zum Thema Natur
und Umwelt für Kinder und Jugendliche. Düssel-
dorf 1994
Nedelmann, Karolin: Bens Geburtstag. In: Pam-
pig – Treffen junger Autoren 86. Hrsg. Berliner
Festspiele GmbH. Weinheim 1987
Nöstlinger, Christine: Ein und alles. Weinheim
[2]1993
Pausewang, Gudrun: Die letzten Kinder von
Schewenborn. Ravensburg 1983
Pausewang, Gudrun: Die Wolke. Ravensburg
1987
Pausewang, Gudrun: Kreuzweg für die Schöp-
fung. Baden-Baden 1990
Pestum, Jo: Nur große Fische für den Joker.
Würzburg 1990
Scheiner, Peter: Gewalt in und durch Druckmedi-
en. In: Vom Krieg der Erwachsenen gegen die
Kinder. Red. Reiner Steinweg. Frankfurt 1984
Tabbert, Reinbert: Ein „Sonntagskind" als All-
tagsheldin? In: *Doderer, Klaus* (Hg.): Neue Hel-
den in der Kinder- und Jugendliteratur. Wein-
heim 1986, S. 70 f.
Wessels, Dieter: Welt im Chaos. Struktur und
Funktion des Weltkatastrophenmotivs in der
neueren Science Fiction. Frankfurt 1974, S.
100 ff.
Wild, Reiner (Hg.): Geschichte der deutschen Kin-
der- und Jugendliteratur. Stuttgart 1990

Ralf Schweikart

Medienkindheit

Dargestellt in Kinderbüchern von Kirsten Boie

Durch die seit den 80er Jahren wachsende Zahl an Medienangeboten ist die Einschätzung unstrittig, „daß Kindheit Medien-Kindheit geworden ist" (*Möller*, S. 77). Dieser Begriff ist von Faktoren abhängig, die nicht unmittelbar mit den Medien zusammenhängen. Zu den bedeutsamen Determinanten zählen der „Wandel der Familienstruktur und der elterlichen Rollenverteilung, die Marginalisierung kindlicher Lebens- und Erfahrungsräume, die Pluralisierung der Maßstäbe moralischen, ästhetischen und kommunikativen Handelns, das Anwachsen der Partizipationswünsche" (Zentrum f. Kindheits- und Jugendforschung, S. 6). Insgesamt kann man von einem Individualisierungsprozeß sprechen, der auch vor dem zeitlich, sozial und entwicklungspsychologisch gefaßten Begriff Kindheit nicht halt macht, in den nunmehr eine „zunehmende Diversifikation von Kindheitsmustern" (*Fölling-Albers*, S. 68) integriert werden muß. Der singuläre Begriff Kindheit ist damit in Auflösung begriffen und wird von zunehmend uneinheitlichen kindlichen Biografiemustern bestimmt. Aus der Fülle sich wandelnder Lebensbedingungen scheinen mir drei Einzelaspekte besonders signifikant: Die wachsende kindliche Autonomie im Rahmen der elterlichen Rollenverteilung, die Mediatisierung kindlicher Lebensräume sowie die Entgrenzung des Kindheitsbegriffs durch das Anwachsen vielfältiger Partizipationsmöglichkeiten.

Die in der und im Anschluß an die Studentenbewegung erprobten Lebenskonzepte jenseits der starren Form einer patriarchalisch ausgerichteten Kleinfamilie brachten eine Wandlung der Erziehungskonzepte mit sich. Gefördert wurden nun in den Familien und freien Institutionen wie den Kinderläden „Selbständigkeit, Kooperationsfähigkeit und Kreativität" (*Fölling-Albers*, S. 68). Was sich auf der einen Seite als pädagogische Zielvorstellung durchzusetzen begann, ergibt sich auf der anderen Seite durch die konkreten Lebensumstände. Die sinkende Zahl von Geschwistern sowie die Expansion der Formen des Zusammenlebens jenseits der Kleinfamilie verändert den „familiale[n] Erfahrungsraum" (*Sünker*, S. 23) und damit die sich ausbildende Reflexionsfähigkeit und soziale Flexibilität. Der Zugewinn an kindlicher Autonomie, die innerfamiliäre „Verschiebung vom Befehlshaushalt zum Verhandlungshaushalt" (*Büchner*, S. 201) erfordert eine ausgeprägte soziale und kommunikative Handlungsfähigkeit. Für deren Ausbildung bleibt bedeutsam, daß Kinder „in einem manifesten Abhängigkeitsverhältnis von den Eltern [stehen], welches sich erst im Verlaufe der Lebensphase Jugend allmählich auflöst" (*Hurrelmann/Mansel*, S. 81). Die elterlichen, vorschulischen und schulischen Sozialisationsinstanzen teilen sich gezwungenermaßen ihre Aufgabe mit institutionalisierten Aktivitätsräumen von der Musikschule bis zum Schwimmunterricht, Gleichaltrigengruppen und der Massenkultur. Über die Massenmedien sind Kindern „praktisch alle Lebensbereiche des Erwachsenenlebens früh zugänglich" (*ebd.*, S. 89), was zu einer Vorverlegung jugendlicher und erwachsener Verhaltensweisen führt. Positive Effekte können eine „frühzeitige Anregung und Förderung von Wissen und Kompetenz" (*ebd.*) sein, die negativen lassen sich unter dem Stichwort „Reizüberflutung" zusammenfassen.

Der sich wandelnde Lebensraum von Kindern, insbesondere der großstädtisch geprägte, ist seit Beginn dieses Jahrhunderts Gegenstand sozialwissenschaftlicher Untersuchungen. In ihrer Studie über den „Lebensraum des Großstadtkindes" von 1934 führte *Martha Muchow* zwei differenzierende Raumbeschreibungen ein. „Spielorte" sind kindgerechte und unter der Aufsicht Erwachsener stehende Räume in unmittelbarer Umgebung des Wohnortes. Dazu zählen die eigenen vier Wände und die Wohnung von Freunden, die Wohnstraße, Spielplätze und ähnliche Orte. „Streifräume" bezeichnet hingegen die von Kindern zu erobernden Räume außerhalb einer von Erwachsenen überwachbaren Zone. Sie erfordern einen kreativen kindlichen Gestaltungsprozeß, in dem die Räume verändert, neu definiert oder erst spielgerecht hergerichtet werden. Damit erweitern sie den intentional kindlichen Erfahrungsraum um eine neue Dimension. Gilt dieses Modell der „Aneignung der räumlichen Umwelt durch Kinder als allmähliche Ausdehnung des Lebensraumes in konzentrischen Kreisen" (*Zeiher*, S. 187) noch bis in die 60er Jahre, steht dem mittlerweile „das Modell des verinselten Lebensraums" (*ebd.*) gegenüber. Letzteres hat über weite Strecken den alten Entwurf abgelöst. Diese verinselten Räume verstehen sich nicht nur als taktil oder sinnlich wahrnehmbare, sondern auch als abstrakte oder simulierte Räume, wie sie die elektronischen Medien repräsentieren. „Das Fernsehen macht die ganze Welt zum Pseudo-Lebensraum. Es simuliert für den Zuschauer daheim im Wohnzimmer Aufenthalte in Räumen, die er nicht real aufsucht, und Raumbewegungen, die er nicht selbst vollzieht. Auch der Scheinraum, um den es den realen Raum erweitert, ist vollständig verinselt ..." (*ebd.*, S. 188).

In einem Konzept der kindlichen Medienräume lassen sich beide Beschreibungen zusammenfassen: der kindliche Rezipient kann sich zwischen medialen „Spielorten", wie sie die intentionalen Kindermedien und -programme darstellen, und medialen „Streifräumen", die außerhalb dieser Beschränkung liegen, aber für Kinder mit und vor allem ohne erwachsene Kontrollinstanzen verfügbar sind, frei bewegen. Die Verinselung beider Raumdimensionen ist von dieser Unterscheidung unabhängig, weil sie eher an den Darbietungsformen und ständigen Programmwechseln orientiert ist. Die von *Helga Zeiher* weiter vorgenommene Differenzierung in „Lebensinseln" wie das eigene Kinderzimmer und „Aktivitätsinseln" wie die Schwimmhalle oder Musikschule macht in Verbindung mit Medien wenig Sinn. Gerade die auditiven Medien, der Walkman oder der Gameboy, sorgen für Konstanz innerhalb der erforderlichen Wechsel von Insel zu Insel. Die permanente auditive Untermalung, angefangen zuhause bei den Hausaufgaben über die Berieselung in Einkaufszonen bis beispielsweise zum institutionellen Jazztanz für Kinder ist maßgebend dafür, daß die räumliche Verinselung nicht mehr wahrgenommen werden muß.

Die verschwimmenden Grenzen zwischen kindlicher, jugendlicher und erwachsener Lebenssphäre ermöglichen und verpflichten Kinder zu Entscheidungen und Teilhabe an Bereichen, die ihnen bislang unzugänglich waren. Die Inszenierung von Kindheit ist aus den Händen der Erwachsenen geglitten. Sie müssen ihren Einfluß mit der Gleichaltrigengruppe und den Medien teilen, die immer mehr Informationsfunktionen übernehmen und gleichzeitig einen Einlösungsdruck erzeugen. Die Gleichförmigkeit der vermittelten Informationen ist zugleich Differenzierungsfaktor, wenn von Kindern bestimmte Erwartungen nicht erfüllt werden können. Die Teilhabe an der Massenkultur stößt bei Kindern bestimmter sozialer Schichten an finanzielle Grenzen, die Dechiffrierung an Grenzen der Medienkompetenz. Die „kulturelle Standardisierung" (*Möller*, S. 94) wird zugleich zu einem kaum erreichbaren Wunschtraum für kindliche Rezipienten, die in den Medien die Diskrepanz zwischen medialer und eigener Wirklichkeit erfahren. Diese Tendenzen gelten jedoch nicht nur für den Umgang mit elektronischen Medien, sondern schließen die Literatur mit ein.

Umgang mit Medien

Die mit zunehmendem Alter wachsende Medienkompetenz von Kindern durch Rezeption geht einher mit einem zunehmenden Autonomiestreben, was sich sowohl im angestrebten Besitz von „Medienequipment" als auch in der selbstbestimmten Wahl der Programmangebote dokumentiert. „Die Entscheidungsmöglichkeit über Zeitpunkt, Dauer, Lautstärke und Programm wächst für Kinder in dem Maße, wie sie selbst sich im Besitz entsprechender Geräte befinden" (*Möller*, S. 83). Die präferierten Sendungen verschieben sich mehr und mehr in den Programmbereich der Erwachsenen, raus aus der Enklave der intentionalen Kindersendungen. „Vier- bis achtjährige Kinder verstehen auch längere und schwierige Fernseh- und Hörfunkbeiträge, wenn diese Rücksicht nehmen auf die kognitiven Bezüge der Rezipienten" (*Sturm*, S. 53). Die mit dem Alter zunehmende Rezeptionserfahrung von Kindern steigert nicht nur das Verständnis von Inhalt und Form, sondern auch die Erinnerungsleistung, die sich als „media literacy" (vgl. *ebd.*) beschreiben läßt. Dieser Erwerb steht in enger Wechselwirkung mit der Herausbildung einer Lesekompetenz durch den Schulunterricht und die private Lektüre. Bücher als Medium sind generell verfügbar[1] und müssen nicht erst gegen den Widerstand der Eltern erkämpft werden.

So, wie sich kindlicher Alltag immer mehr in „verinselten Lebenswelten" (vgl. *Zeiher*) abspielt, ist diese Zeit auch davon geprägt, das Netz von Medieninseln immer enger zu knüpfen. Dahinter steckt das Ziel, möglichst viele Medien im eigenen Zugriffsraum anzusammeln, um selbstbestimmt darüber verfügen zu können. Der Einfluß der Eltern und ihr Medienumgang besitzt eine stark normierende Kraft, weil für viele Kinder der Zugang zu Medien wie dem Fernsehen von der elterlichen Zustimmung abhängig ist, und die Eltern als Kontrollinstanz über die Art des gewählten Programms fungieren. Dieses Spannungsverhältnis zwischen Kindern und Eltern war für einige Forschungsgruppen Ausgangspunkt für eine familienorientierte Rezeptionsforschung. Dabei stellten sich in mehreren Untersuchungen, ausgehend von *James Lull* (1980), zwei familiale Grundtypen heraus: die sozio-orientierte und die konzept-orientierte Familie.

Sozio-orientierte Familien sehen deutlich mehr fern. Medien dienen der Stimmungskontrolle, der Umgang ist einerseits innerhalb des Familienlebens ritualisiert, andererseits innerhalb der Programmvielfalt unstrukturiert. Insgesamt gesehen ist diese Familie eher materialistisch und konformistisch orientiert. Konzept-orientierte Familien sehen dagegen wesentlich weniger fern. Ihr Medienumgang ist eher selektiv, auf Wissens- und Wertevermittlung ausgerichtet. Die Auswahl erfolgt bewußt, sie ist nur Teil eines „Kommunikationspotpouris". Insgesamt gesehen ist diese Familie eher kritisch und diskursiv orientiert (vgl. *Charlton*, S. 64 f.). Die Zuordnung „Fernsehfamilie" zur sozio-orientierten und „Lesefamilie" zur konzept-orientierten Familie erscheint mir legitim.

Diese unterschiedlichen familiären Ausrichtungen finden sich prägnant thematisiert in den beiden Kinderbüchern „Ich ganz cool" und „Jeder Tag ein Happening" von *Kirsten Boie*. Während sie in „Ich ganz cool" mit dem Protagonisten Steffen eine sozio-orientierte Familie porträtiert, hat sich Anna, die Protagonistin in „Jeder Tag ein Happening", mit einem engagiert kritischen Elternhaus mit deutlichen Bezügen zu 68er-Idealen herumzuschlagen. In „Ich ganz cool" spielen die Medien für die gesamte Familie eine große Rolle, Konflikte entstehen nicht in der Auseinandersetzung mit Medieninhalten, sondern hauptsächlich um die hierarchische Befehlsgewalt über den Medienzugang. In „Jeder Tag ein Happening" kommt es dagegen, ausgelöst durch Annas jüngere Geschwister Jason und Lea, zu ernsthaften Spannungen um kinderkulturelle und massenmedial vermittelte Konsumwaren, an denen sich eine spezielle Form des Generationenkonflikts festmachen läßt. Auch wenn *Kirsten Boies* Bücher laut Verlagsangaben an einem Lesealter ab 12 orientiert sind, repräsentieren sie in meinen Augen am ehesten kindlichen Medienalltag im Gegensatz zu den in einer ähnlichen Altersstufe angesiedelten Erzählungen von *Wolfram Eicke* und *Dirk Walbrecker* mit vergleichbaren Themenschwerpunkten.

In den Büchern „Blitzlicht" und „Ich bin Nana ... und wer bist du?" werden die Medien als alleinige Verursacher eines Entfremdungsprozesses identifiziert. Die kindlichen Helden werden aus dem trauten Kreis der Familie, der alten Freunde und der Schule herausgerissen und finden sich in einer völlig ungewohnten, auf den ersten Blick faszinierenden Welt wieder. In ihren Rollen in einem Teenie-Film und als Werbefilmstar lernen sie die Scheinheiligkeit und Schnelllebigkeit der Medienindustrie kennen. Natürlich stellt sich in diesen Geschichten heraus, daß der eingeschlagene Weg falsch und eine erfüllte Kindheit nur außerhalb der verlockenden Medienwelt denkbar ist. Allzudeutlich bis unerträglich wird dieser Ausweg bei *Wolfram Eicke* in „Blitzlicht" aufgezeigt. Der Protagonist Immo erlebt eine typische Straßenkindheit mit lausbubenhaften Spielen unter freiem Himmel, einem Kletterbaum und Geheimverstecken. Aus dieser medienfreien Welt verschlägt es ihn in Foto- und Filmstudios, zu Castings und Spielfilmaufnahmen – „Ich bin ganz oben. Ein Star" (*Eicke*, S. 112). Aber so hoch hinauf er auf der Karriereleiter steigt, so tief stürzt er hinab. Der erste Mißerfolg veranlaßt ihn, der falschen Welt aus Hochglanzanzeigen und Fernsehspots den Rücken zu kehren. „Die Spielcomputer lagen in einem Plastiksack im Keller, auch den Fernseher hatte ich rausgeworfen, ich konnte keine Werbung mehr ertragen" (*ebd.*, S. 129). Aber der Autor bietet eine Ersatzbefriedigung an, die den Idealen einer sinnvollen und naturbezogenen Freizeitgestaltung entspricht: Statt vor der Kamera sieht Immo seine Selbstverwirklichung hinter der Kamera, beim Fotografieren von kleinen Besonderheiten des Alltags, jenseits von Fremdinszenierung und glatter Oberflächlichkeit.

Mit dieser Wendung fällt der Protagonist zurück in eine utopische vormediale Welt, die mit kindlichen Medienerfahrungen der Gegenwart wenig zu tun hat, es sei denn in streng anthroposophischen Zirkeln. In beiden Büchern geht es vorrangig um die Entlarvung der negativ konnotierten Massenkulturindustrie. Die Protagonisten werden auf eine bestimmte Rolle reduziert, um ein System zu entlarven. Der Vervielfältigung kindlicher Lebensentwürfe steht mit diesen Büchern eine Tendenzliteratur gegenüber, die in ihrer Pauschalisierung nichts anderes herbeiführt als es die von ihr verteufelten Massenmedien tun: auch sie befördern eine kulturelle und gesellschaftliche Standardisierung.

Unterhalb dieser Altersstufe wird es sehr schwierig, im aktuellen Kinderbuchmarkt Titel zu finden, die sich explizit mit kindlichem Medienalltag auseinandersetzen, ja, die kindliche Mediennutzung überhaupt miteinbeziehen. Auch die Bücher von *Sabine Jörg*, für Kinder ab sechs gedacht, bilden da keine Ausnahme. Keine Kin-

der, sondern Hühner und Schweine müssen Schnabel und Rüssel herhalten, um die Scheinhaftigkeit der Fernsehshow-Welt (Kamera ab für Hildegard Huhn) oder den Schaden von Fernsehkonsum (Zwei Schweinchen sehen fern) aufzuzeigen. Für Kinderbuchautoren scheint noch immer zu gelten, daß nicht sein kann, was nicht sein darf: Kinder, die stundenlang Horrorvideos in sich hineinfressen oder über ihrem Gameboy die Welt vergessen. Dabei ist dieses Extrem in der Realität mindestens ebenso selten anzutreffen wie die umgekehrte, in den Kinderbüchern aber vorherrschende Spezies der Medienabstinenzler (vgl. *Charlton*; *Saxer*; *Spanhel*).

Offensichtlich liegen die Probleme mit dem Einbezug des Medienalltags nicht am Medium Buch, wie die Beispiele von *Kirsten Boie* zeigen, sondern an dem medienfeindlichen Gestus der momentan marktbestimmenden Kinderbuch-Autorengeneration. Sie gehören ihrer Altersstruktur nach nicht zu jener „... fernsehsozialisierten Generation, die seit den 60er Jahren herangewachsen ist und die sich von den durch das Buch sozialisierten Generationen ihrer Eltern und Großeltern unterscheiden" (*Hickethier*, S. 1). Der Zweckverband aus Lesepädagogen, konservativen Kulturkritikern und Literaturvermittlern agiert dabei wirkungsvoll gestützt auf *Neil Postman* und *Werner Glogauer*. Nur wenigen, schon etablierten Autoren sind da Ausnahmen erlaubt. Sie können zwar gegen die vorherrschende Beurteilung von Medien als eine Kinder negativ beeinflussende Erziehungsmacht anschreiben, eine weiterreichende Rezeption bleibt diesen Titeln aber versagt. „Die verstellte Welt"[2] ist nicht nur den Vermittlern anzulasten, sie führt zurück durch die Verlagsetagen bis zu den Autoren selbst. Die Abbildung von Moderne als mögliche Aufgabe der Literatur schlägt kinderliterarisch um in eine Gegenmoderne (vgl. *Beck*), in eine Rückbesinnung auf vormediale Zeiten des Kinderspiels im Freien, in kindlichen Schonräumen, ja, zur Wiederbelebung von verloren geglaubten Kindheitsparadiesen, wie sie auch in Feuilletons überregionaler Tageszeitungen[3] gern beschworen werden. Diesen Tendenzen entgegen laufen die Bücher *Kirsten Boies*, die sich ganz bewußt mit aktuellen Ereignissen und Erzeugnissen auseinandersetzen und daraus Ansatzpunkte für einen emanzipatorischen Umgang mit den vielfältigen Medienangeboten entwickeln, wie die Analyse der einzelnen Titel beweisen wird.

Ein erstes mediales Happening

Im Mittelpunkt der äußeren Handlung in *Kirsten Boies* Kinderbuch „Jeder Tag ein Happening" steht der mit phantasievollen Aktionen geführte Kampf um die Rettung eines dioxinverseuchten und gesperrten Kinderspielplatzes. Das ist jedoch nur Anlaß, um eine aktuelle Form des Generationenkonflikts literarisch aufzubereiten. Die Konfliktparteien sind auf der einen Seite eine nach festen pädagogischen Prinzipien handelnde Mutter, die selbstverständlich nicht Mama, sondern bei ihrem Vornamen Irene genannt werden will. Diametral dazu stehen die 13jährige Ich-Erzählerin Anna, die 8jährige Lea und der 4jährige Jason. Über Irenes sich an den in der Studentenbewegung[4] entwickelten Erziehungsidealen orientierenden Maximen heißt es: „Irene sagt immer, bei den Kleinen muß man den Geschmack schulen, da wird er geprägt.

Was man in der Kindheit versäumt, ist später nicht mehr aufzuholen. Wenn sie erstmal dreizehn sind, kann man den Kindern nicht mehr dreinreden, da tun sie nur noch, was sie wollen" (*Boie*, S. 21).

Darin drückt sich neben dem zeitgeschichtlichen Bezug auch ein weiterer Aspekt moderner Kindheit aus, nämlich der pädagogisierte Umgang von Eltern mit Kindern, der „in weiten Bereichen ver(sozial)wissenschaftlicht und expertisiert" (*Möller*, S. 78) ist. Dahinter verbirgt sich für Irene die Strategie einer auf die Pubertät gerichteten Konfliktvermeidung, wenn man den Kindern bloß früh genug und mit äußerster Konsequenz die eigenen Werte und Normen vermittelt.

Von diesen Rahmenbedingungen ausgehend entwickelt *Kirsten Boie* im Verlauf der Erzählung immer neue Konfliktlagen und auf Konfrontation ausgerichtete Konstellationen zwischen den Kindern und Irene. Es beginnt mit Leas Eintrag in das Poesiealbum ihres besten Freundes Nicki. Gegen den in der Kindergruppe bestehenden Zwang zu Kitsch und Konformität – sämtliche bislang ausgestalteten Seiten schmücken rührselige Verslein und putzige Klebebilder – setzt Irene trotz heftiger Proteste Leas ein Gedicht von Bertolt Brecht durch. Was für Irene hemdsärmelige „Erziehungsarbeit" (*Boie*, S. 17) ist, würde für Lea eine Isolation innerhalb ihres schulischen und durch Gleichaltrigenfreundschaften verbundenen Umfeldes bedeuten. Um diese Ausgrenzung zu vermeiden, widersetzt sich Lea der elterlichen Autorität. Weniger, weil sie grundsätzliche Bedenken an der Art des Gedichts hat, sondern um in einer gruppenbestimmten Rolle akzeptiert zu werden. Von Irene unbemerkt entfernt sie die Seite aus dem Album und ersetzt sie durch ein den Vorbildern entsprechendes kitschgerechtes Gedicht. Die Konfrontation von links-liberalen Erziehungsmustern mit der als bedrohlich empfundenen Konsum- und Medienwelt macht sich anhand verschiedener Beispiele deutlich. So ist die Ausstattung der Kinderzimmer von Lea und Jason auf rauhfaserige Schlichtheit und pädagogisch sinnvolles Holzspielzeug beschränkt. Doch dieser Enklave entfliehen die Kinder täglich, um auf anderen „Aktivitätsinseln" (vgl. Zeiher), bei Freunden oder in der Schule, in die Welt des Massenkonsums einzutauchen.

Bei seinem Freund Christian bekommt Jason, was ihm zuhause mißgönnt bleibt. Es gibt sämtliche Turtels, das Zimmer schmückt „eine ganze Familie von Alfs (...), jeder von ihnen mindestens vierzig Zentimeter groß und mit freundlich gekräuseltem Rüssel" (ebd., S. 24), auf der Tapete tummelt sich Benjamin Blümchen. Um sich wenigstens ein kleines Stückchen dieser Kinderwelt zu erhalten, darf er einen Turtel zu sich mitnehmen. Die Verweigerung von Seiten Irenes, eine spezifisch kindliche Medienwelt mit ihren kommerziellen Verbundsystemen zur Kenntnis zu nehmen, dokumentiert sich in ihrer verständnislosen Reaktion auf die mitgeschleppte Spielzeugfigur. „‚Jason!' sagte sie. ‚Was ist denn das für ein Monster? (...) ‚Ach Gott, ich wußte ja gar nicht, was es alles an Scheußlichkeiten gibt.'" (ebd., S. 28).

Bei der einfachen Gegenüberstellung zweier unterschiedlicher Wahrnehmungsebenen bleibt es nicht. Kirsten Boie schiebt noch eine Ebene der ironisch distanzierten Reflexion ein, in der sich in der Bewertung aus der Perspektive Annas Elemente einer Autorenposition zeigen. Denn mit schierer Verzweiflung versucht Irene, Jason davon zu überzeugen, daß er mit solchem Spielzeug nichts anderes als Krieg und Kämpfen spielen kann. Jasons Einwand, er und Christian hätten lediglich Krankenhaus gespielt, zählt dagegen nicht. Statt den emanzipatorischen Umgang mit spielzeugimmanenten Handlungsmustern als pädagogischen Erfolg zu werten, verharrt Irene in ihrer prinzipiellen Ablehnung. Eine ironische Verfremdung erfährt Irenes Haltung noch ein zweites Mal, als Jason mit unverfänglichen Stofftieren, einem pinken Plüschelefanten und einer Kuschelgiraffe, begleitet von lautem „Rattattattatt!" und „Krach-bumm-peng-zisch!"-Brüllen, totschlagen spielt.

Nach diesem Schema der Gegenüberstellung verfährt Kirsten Boie weiter. Irenes Vorschlag, die anstehenden Geburtstagseinladungen von Jason selbst zu basteln, stoßen auf heftige Ablehnung. „‚Aber basteln tu ich die nicht!' sagte Jason auf einmal. ‚Meine Einladungen! Ich will welche mit K.I.T.T. drauf haben! Oder mit Alf! Oder mit Turtels! Christian hatte die auch!'" (ebd., S. 30). Es verlangt keine hellseherischen Fähigkeiten, um die Aussichtslosigkeit von Jasons Ansinnen zu erkennen. Zumal auch sein Vater Rudolf in ähnlicher Weise medienabstinent und -ablehnend ist wie Irene. Sein Einfluß auf die Erziehungsarbeit bleibt, auch durch seine seltene Präsenz, gering, er stellt sich keinesfalls als Gegenpol zu Irene dar. Denn als Lea Jason erläuternd in Schutz nimmt: „Das ist doch David Hasselhoff! Kennst du doch, Papa! Der singt!" (ebd., S. 31) gibt sich Rudolf als ebenso unwissender Gesprächspartner zu erkennen. „Kenn ich nicht und will ich nicht kennen" (ebd.). Zumindest in solchen Zusammenhängen besitzen die Kinder einen Wissensvorsprung gegenüber den Eltern, der die elterliche Autorität in Frage stellt. „Kinder als kompetente Verbraucher von Konsumwaren, Kinder als autonome Nutzer von Massenmedien und Angeboten der Kommerzkultur erfahren eine Verselbständigung und Emanzipation gegenüber Eltern, Bildungsexperten und anderen Erwachsenen" (*Charlton*, S. 111).

Lea und Jason erfahren den Konflikt zwischen dem beschriebenen Verselbständigungsprozeß und dem häuslichen Überwachungsmonopol der Eltern, die diesen Prozeß negieren und stattdessen eine eigene, sich auf für die Kinder schwer nachvollziehbare Grundsätze stützende Weltsicht propagieren und durchzusetzen versuchen. Die Eltern haben den kindlichen Freiraum insoweit eingegrenzt, als sie in den Kindern nahezu gleichberechtigte Partner sehen, mit denen vernunftorientiert umzugehen ist. Doch die Kinder sehen in den Zwängen ihrer medial bestimmten Umwelt einen stärker normierenden Faktor als in der als autoritär erlebten Position der Eltern. Denn das Verstehen-Müssen und Nachvollziehen-Können der Kinder stößt bei Medienfragen an seine Grenzen. Jason kann sich als Jüngster diesem Einfluß noch am wenigsten entziehen. Trotz der Erklärung, daß K.I.T.T. das Wunderauto in diesen Knight-Rider-Filmen ist und sprechen und alleine fahren kann, muß er mit Irene Aufklapp-Seehund-Einladungskarten basteln. Lea hingegen findet einen Weg, um sich aus den Zwängen von Irenes pädagogischen Prämissen zu befreien. Denn Irene hat, über den Kopf von Lea hinweg, beschlossen, daß Lea sich nicht an einem Barbiebett als Geburtstagsgeschenk für eine Klassenkameradin

beteiligt. Auch wenn Lea beteuert, „„Ich will doch selber gar keine Barbie!' schluckte sie. ,Das weiß ich doch, daß du mir die nicht kaufst!'" (*Boie*, S. 42). Stattdessen soll es ein entwicklungsförderndes Fünfhunderter-Puzzle sein. Leas Ausweg besteht darin, sich im Haushalt ihren finanziellen Anteil am Geschenk zu besorgen und das Puzzle auf dem Weg zur Geburtstagsfeier in der Mülltonne verschwinden zu lassen.

Auch wenn die beiden Kinder alle Anzeichen einer erfolgreichen Erziehung zu eigenständigem und kritischem Denken und Handeln zeigen, stoßen sie bei Irene auf taube Ohren. Ihr Handeln wird ständig hinterfragt, ihre zweifelsfrei vorhandene Selbständigkeit dadurch immer wieder gestört. Dazu gehört auch die von Seiten Irenes oktroyierte Medienenthaltsamkeit, die wohl zum Scheitern verurteilt sein dürfte.

Emanzipatorischer Medienumgang

Ganz anders geartet ist Annas Umgang und Auseinandersetzung mit der Konsum- und Medienwelt. Da sie sich nach Irenes Einschätzung in der schwierigen Phase der Pubertät befindet und Erziehungsmaßnahmen nicht mehr greifen, bleibt Anna jede Form von Einmischung erspart, was sich für Anna in dieser Form trotzdem problematisch gestaltet. Sie vermißt Reibungspunkte. Zum Beispiel fehlt ihr in der Familie die ihr von der Umgebung zuteil werdende Aufmerksamkeit wegen ihrer sehr eigenwilligen Frisur, einer lila Strähne auf dem kahlrasierten Kopf. So, wie sie die Bevormundung ihrer Geschwister kritisiert, bemängelt sie auch die ihr gegenüber zu moderat ausfallende Anteilnahme Irenes an ihren äußeren Veränderungen.

In ihrer Medienkompetenz ist Anna natürlich deutlich weiter entwickelt als ihre Geschwister. Sie ist geradezu ein Musterbeispiel für die Aussichtslosigkeit ' von Irenes Unterfangen, durch erzieherische Maßnahmen eine überkritische Distanz zur Medien- und Konsumwelt zu erzeugen. Anna steht aufgrund ihrer altersbedingten Mobilität mehr oder weniger die gesamte Medienvielfalt zur Verfügung. Die heimische Mangelversorgung kann sie an anderen Orten ausgleichen. „... dann hörte ich lieber Michael Jackson und las das letzte Buch aus der Bücherei fertig und ärgerte mich, daß der Fernseher bei uns immer schon nach den Nachrichten ausgeschaltet wird, weil es an diesem Abend nämlich einen ziemlich guten Film gegeben hätte" (*ebd.*, S. 70).

Anna verfügt über einen Fundus an Medieneindrücken und -kenntnissen, die sie als alltagsgebräuchliche Metaphern „Daß du dasitzt wie die Förstertochter in alten Heimatfilmen?" (*ebd.*, S. 71) oder zur genaueren Beschreibung von Personen – „... aber ich fand Typen gut wie Alain Delon oder Götz George. Bevor ich nicht so einen kennenlernte, würde ich mich wahrscheinlich nie verlieben können." (*ebd.*, S. 81) – benutzt. Vorausgesetzt ist dabei, daß diese Bilder auch dem jeweiligen Gesprächspartner bekannt sind. Dieser eher oberflächliche Umgang mit der Medienwelt wird auf der Handlungsebene vertieft. Um die Stadtverwaltung zur Instandsetzung des seit zwei Jahren gesperrten Kinderspielplatzes zu bewegen, fingiert Anna mit ihrer Freundin Geesche und dem Zehntkläßler Sven-Oliver das Interesse eines regionalen Fernsehsenders an diesem kommunalpolitischen Mißstand. Denn „Irene sagt, man kriegt die Politiker erst dazu,

etwas zu ändern, wenn es genügend öffentlichen Druck gibt und sie um ihre Wählerstimmen zittern. Oder wenn sich die Medien einschalten, vor allem das Fernsehen" (*ebd.*, S. 48).

Also tun die drei so, als hätte der Sender ein verstärktes Interesse daran, die Verzögerung in der Entsorgung des dioxinbelasteten Schotters bloßzustellen. Mit Erfolg. Einem Zauberwort gleich öffnen sich für die mächtigen Medienmacher Tür und Tor. „Ich hatte doch gewußt, Fernsehen beeindruckt immer" (*ebd.*, S. 57). Da fällt auch nicht weiter auf, daß ihre telefonische Anmeldung bei der Stadtverwaltung genau das imitiert, was sie selbst im Fernsehen rezipiert haben. „Ich hatte keine Ahnung, wie Vorzimmerdamen ihre Chefs am Telefon ankündigen; meine einzigen Erfahrungen stammten aus amerikanischen Fernsehserien, und ich war mir nicht sicher, ob es in der Wirklichkeit genauso zuging wie im Vorzimmer von Dallas" (*ebd.*, S. 57 f.).

Das Fernsehen ist Erfahrungssurrogat und Rollenvorbild für soziales Handeln in bislang nicht erlebten Situationen oder in fremden Rollen. Die drei können aus einem medial vermittelten Wissensvorrat schöpfen, bei dem die Grenzen zwischen Wahrhaftigkeit und Simulation verschwimmen. In der bewußten Instrumentalisierung des elektronischen Mediums Fernsehen spiegelt sich aber auch die eigene Vorstellung der Innenwelt der Medienproduktion und ihrer Macher: „arrogant, übertrieben, ein bißchen wie ihre eigene Parodie" (*ebd.*, S. 58). Aber selbst diese Vorstellungen sind zu weiten Teilen medial vermittelt. Ein Beispiel für den Aufbau solcher Rollenklischees war der in der Werbung tätige filmische Bösewicht aus der Fernsehserie „Die Guldenburgs", über dessen negative Auswirkungen auf das öffentliche Image des Berufsstandes sogar die Werbebranche erregt diskutierte. Anna ist sich der Wirkung der Medien bewußt. Den politischen Gepflogenheiten, auf Pressekonferenzen eidesstattliche Versicherungen oder Ehrenworte abzugeben und somit bestimmte Verhaltensweisen an die Öffentlichkeit zu tragen, räumt Anna eine große Breitenwirkung ein. Nicht die tatsächliche Ausstrahlung einer Sendung, sondern allein die Möglichkeit, in einem bestimmten Zusammenhang in den Medien zu erscheinen, reicht als Handlungsmotivation aus. Folgen hat nicht mehr das Gespräch von Angesicht zu Angesicht, sondern von Angesicht zu Kamera. „Bestimmt hatte er eine Gänsehaut bekommen bei dem Gedanken, er könnte im Fernsehen dastehen als ein Bürgermeister, dem die Kinder in seinem Ort ganz gleichgültig sind. (...) Vielleicht wären sie sogar dazu zu bewegen gewesen, vor laufender Kamera irgendwelche Versprechungen abzugeben, einfach, weil ein Interview für sie sonst zu peinlich wäre. Aber wir hatten eben keine Kamera" (*ebd.*, S. 72 f.).

In der Einschätzung der Möglichkeiten zeigt sich auch wieder ein deutlicher Unterschied zwischen der Generation Irenes und dem Medienkind Anna. „Für Irene fängt das Handeln nämlich immer erst an, wenn man mindestens zweihundert Leute mit Transparenten auf die Straße kriegt" (*ebd.*, S. 47 f.). Zwar sieht auch Anna die Notwendigkeit, gesellschaftliche Probleme in der Öffentlichkeit anzusprechen und die Konflikte dort auszutragen, doch zielt ihr Weg direkt in die Medien, während die 68er-Generation diese Öffentlichkeit über Aktionen auf der Straße herzustellen versuchte. Die allgemeine Medienfeind-

lichkeit der Linken im Rückblick auf die Ereignisse in Paris Ende der 60er Jahre kritisierte schon *Hans Magnus Enzensberger*: „Der strategisch richtige Zugriff auf die fortgeschrittensten Medien unterblieb: Nicht das Rundfunkhaus, sondern das traditionsreiche Odéon-Theater wurde von den Aufständischen besetzt" (*Enzensberger*, S. 165).

Die Aktion von Anna, Geesche und Sven-Oliver wird nicht durchschaut. Um die Stadtverwaltung unter Druck zu setzen, unternehmen sie einen zweiten Anruf, in dem sie den abendlichen Besuch des Fernsehteams bei der Stadtratssitzung ankündigen. „Wenn die hören, daß sie ins Fernsehen sollen, können sie vor Begeisterung und vor Panik gar nicht mehr klar denken" (*Boie*, S. 80). Die geplante Aktivität der drei, nämlich ein Fackelzug zur Stadtratssitzung mit den Kindern von Jasons Geburtstagsfeier, gewinnt an Wirkung durch die vage Ankündigung des angeblichen Fernsehproduzenten Sven-Oliver. „Die Bevölkerung wird aktiv! Sie wissen ja, das wird in den Medien gern gesehen" (*ebd.*, S. 87). Die sich verbreitende Nervosität vor dem Auftauchen des Fernsehteams bestimmt den Ablauf der Sitzung; sie nimmt Einfluß auf die Verhaltensweise vor allem des Bürgermeisters. „„Bei uns sind auch Kinder vollwertige Mitglieder der Gemeinschaft', und dabei guckte er sich suchend im Publikum um. Eine Kamera war offensichtlich nicht zu sehen. (...) ‚Wie ich einigen Mitgliedern des Stadtrates ja heute nachmittag noch kurzfristig mitteilen konnte (...), hat sich für diese Sitzung heute abend das Regionalfernsehen bei uns angesagt.' Er räusperte sich, und ein paar Stadtratsmitglieder strichen sich durch die Haare oder zupften am Schlips. Vielleicht hatten sie sich nach dem Anruf des Bürgermeisters extra noch umgezogen" (*ebd.*, S. 95). Die spannungsvolle Erwartung wird aufgelöst, als Annas in die Aktion eingeweihte Oma, die sich als Mitarbeiterin des Fernsehens ausgibt, den verdutzten Sitzungsmitgliedern erklärt, das Fernsehteam könne nun doch nicht kommen. Zwar erhebt Anna im Nachhinein Zweifel an Omas Glaubwürdigkeit, doch sieht sie in dem in der Schwebe gehaltenen Verfahren noch die Chance, „... daß die Angst vor dem Fernsehen ihn und den ganzen Stadtrat dazu bringen würde, sich um unseren Spielplatz zu kümmern" (*ebd.*, S. 101).

Ein zweiter cooler Medienumgang im Randmilieu

Der Ich-Erzähler Steffen in *Kirsten Boies* Kinderbuch „Ich ganz cool" ist ungefähr im gleichen Alter wie Anna. Auch er hat zwei Geschwister, den 15jährigen Kai und eine 4jährige Schwester, genannt „Süße". So, wie das links-liberale Milieu ausschlaggebend für Annas Initiative und die gewählten Mittel ist, entwickelt sich auch in „Ich ganz cool" die äußere Handlung in einem spezifischen Milieu. Die behördendeutsche Begrifflichkeit „sozialer Brennpunkt" ist die treffende Beschreibung von Steffens Lebensverhältnissen. Die Familie – das sind die Geschwister, Steffens Mutter und ihr momentaner Freund Kuddi – leben von der Sozialhilfe, Mutters schwarz verdientem Putzgeld und den regelmäßig fließenden Alimenten für Steffen. Scheitern die kindlichen Wünsche nach Teilhabe an der Konsumwelt in „Jeder Tag ein Happening" an den Erziehungsprinzipien der Eltern, stehen den Kindern in „Ich ganz cool" vor allem finanzielle Probleme im Weg. Der erlebten häuslichen Passivität, den beengten und damit aggressionssteigernden Verhältnissen entflieht Steffen in Nervenkitzel versprechende Aktivitäten, die außerhalb des schulischen Erlebnisraumes liegen. „Schule, also logisch, das bockt nicht so, aber was sollst du machen, ich geh trotzdem meistens hin. Und zurück dann immer, also zurück ist logisch besser, geh ich meistens mit Holger und Recep, und denn machen wir noch Mutjoggen auf dem Weg" (*Boie*, S. 5).

Die Bedeutung von Schule liegt für Steffen vornehmlich auf der sozialen Ebene, denn „Schulen werden heute von Kindern in starkem Maße (auch) als sozialer Treffpunkt betrachtet" (*Fölling-Albers*, S. 73). Dort trifft er sich mit Holger und Recep; diese Gruppe ist für ihn normgebend und stellt die Verhaltensregeln auf, zu denen auch das Mutjoggen[5] gehört. Das unmittelbare Erleben von Angst und das anschließende Hochgefühl, diese Angst überwunden zu haben, stehen im Vordergrund. Sie geben den drei Jungen einen Kick, der sie für Sekundenbruchteile aus der Normalität herausreißt. Mutjoggen ist für Steffen jedoch nur eine Ersatzhandlung, bis er endlich groß und stark genug ist, um wie sein Bruder Kai auf S-Bahn-Surfen umzusteigen.

In der Gruppe gibt es jedoch noch eine weitere Form des Nervenkitzels: Die Flucht in den Medienkonsum und damit in die virtuellen Medienwelten. Der Austausch über Eindrücke und Handlungsfetzen von gesehenen Videofilmen strukturiert die interpersonelle Kommunikation der Gleichaltrigengruppe. Damit der Gesprächsfluß nicht versiegt, dreht sich auch die Freizeitplanung um die Beschaffung möglichst attraktiver Filme. Actionfilme bei den Privatanbietern SAT 1 und RTL besitzen eine relativ hohe Wertigkeit, sind „nicht so gut wie Video, logisch, also kein Horror, nä, auch keine Titten oder was, aber voll gut" (*ebd.*, S. 24).

Für Steffen ist der Zugang stark reglementiert, es herrscht eine ausgeprägte hierarchische und auf bestimmte Tageszeiten und damit auf bestimmte Sendungen bezogene Nutzungsstruktur. „California Clan" und der „Preis ist heiß", eine amerikanische Soap-Opera und eine Game-Show, sind feste Bestandteile im Tagesablauf von Steffens Mutter: „... bei uns ist um fünf immer ‚Der Preis ist heiß', also ohne macht Mama das nicht, da muß Kuddi sogar sein Video aus" (*ebd.*, S. 37). Ansonsten bestimmt Kuddi das vor allem aus Videos bestehende Programm, denn ihm gehört der Videorecorder und er ist für die Ausleihe

der Filme zuständig. Erst dann folgen die Kinder, in der Reihenfolge ihres Alters: „Und dann plötzlich Kai in der Tür, ‚was ist das denn?', und Süße: ‚Duck Tales, Süße darf Duck Tales!' Aber Kai drückt gleich auf den Rausschmeißer, nä, flopp!, und denn SAT 1 rein, ‚Rauchende Colts', alter Schrottwestern ..." (*ebd.*, S. 22).

Steffens Schulkameraden besitzen zuhause bessere Möglichkeiten, sich ihre Mediennutzung zu organisieren. Insbesondere Holger ist für Steffen ein Fluchtpunkt. „Also ich geh zu Holger, nä. Der hat immer was Geiles, mal sehen vielleicht auch Exterminator, oder neulich Ghostbusters II, mal sehen" (*ebd.*, S. 55).

Steffen lebt in zwei Welten: einer eher tristen Alltagswelt, die von Verzicht, Verboten, häuslichen Konflikten, Perspektivlosigkeit und dem Mangel an Freundschaften geprägt ist, steht eine übermächtige Medienwelt gegenüber, die seine Wünsche und Hoffnungen geprägt hat und die in seiner Phantasie ein Eigenleben entwickelt, angereichert durch Elemente aus der eigenen Lebenswelt. Die selbst erfahrene Position des Schwächeren in einer durch Konsum bestimmten Gesellschaft kompensiert Steffen durch Gewalt- und Horrorvideos. Sie bieten eine stereotype Trennung von Gut und Böse, ermöglichen die Umsetzung kindlicher Allmachtsphantasien in Spielhandlungen, die durch eine schlichte Handlungslogik gekennzeichnet sind und aus der das Gute immer siegreich hervorgeht. Die Videos besitzen in manchen Fällen sogar Bezugspunkte zu Figuren aus der unmittelbaren Umgebung – dann beispielsweise, wenn in zwei nacherzählten Filmsequenzen Lehrer brutal gequält werden: „Oder dieser Film von Holger, nä, wo die Platte rückwärts und sie den Zauber machen mit den Leichenteilen und alles, aus der Gruft, schschschppp!, ist der Kopf ab von dem Lehrer, iiihhh, wie der schon aussieht, aber geht wieder dran, und denn nachher diese großen Stiche, wo der wieder festgenäht ist, ääähhh, gräßlich" (*ebd.*, S. 32).

Steffen rückt medial vermittelte Inhalte in seine reale Umwelt ein. Ist die Leidenschaft seiner Mutter für die Game-Show „Der Preis ist heiß" die bloß imaginäre Teilhabe an einer unerreichbaren Konsumwelt, tut sich Steffen weniger schwer: „Ich also erst mal noch Kaffee getrunken, kann sie sagenhaft, Kaffee, meine Alte, also wetten, so gut wie in der Werbung immer, wo sie sich wegen dem Kaffee abküssen, und dabei ist unsrer von Aldi" (*ebd.*, S. 73). Eine Differenzierung des Fernsehprogrammes nach Wahrheits- bzw. Informationsgehalt findet nicht statt. Die emotionale Komponente ist ausschlaggebend, Werbung ist als Informationsquelle anerkannt. Selbst bei den verkochten Ravioli weist die Mutter darauf hin, „... das sind die gesunden diesmal, mit Vollkorn, aus dem Fernsehen" (*ebd.*, S. 36). Werbung wird nicht als störend empfunden; sie erfüllt das Vakuum der kindlichen Bedürfnisse vielmehr mit greifbaren Objekten. Werbung rechtfertigt konkrete Handlungen, wie den Kauf der „gesunden" Ravioli; ebensogut bleibt sie aber auch als Ansammlung von schieren Bildern in der Erinnerung haften.

Die im Fernsehen vermittelte heile Welt wird auch zum Bezugspunkt für Mutters Aktivitäten mit Süße. Aus Süßes Aussehen will sie Kapital schlagen, „Hier, Fernsehen soll sie machen! (...) Kinder zwischen 5 und 9 für Fernsehserie gesucht. Vorstellung Dienstag, 9. 10., und denn die Adresse. Das ist im Fernsehstudio, Mann!" (*ebd.*, S.

13 f.). Süße als Fernsehstar – dies soll der Ausweg aus dem Kreislauf von Sozialhilfe, Putzen, Alimenten sein. Wichtig ist dabei das Aussehen, der fernsehgerechte Eindruck. Darum kauft Mutter Süße auch ein für ihre Verhältnisse außergewöhnlich teures Kleid. Außerdem will sie ihr ein kurzes Gedicht beibringen. „Müssen sie ja vorsprechen, ist so beim Fernsehen, nä, also nicht zu lang, so mehr kurz, also ..." (*ebd.*, S. 26). Oder ein kleines Lied: „Kann sie doch auch singen, nä, beim Fernsehen, braucht sie kein Gedicht lernen!" (*ebd.*, S. 39). Mutters Vorhaben mißlingt jedoch. Denn das vierjährige Mädchen ist in seiner Entwicklung sehr weit zurück, sie bringt bei der Vorstellung außer Tränen nichts heraus. „Das war ja gleich klar, mit Süße, nä, wenn eine nicht redet, also im Fernsehen, das war ja gleich klar. Kannst du fluffige Haare haben und alles und schrilles Kleid, egal. Reden mußt du schon können, wenigstens ein bißchen" (*ebd.*, S. 53). Am Ende des Buches startet sie einen weiteren Versuch – diesmal, um Süße als Model für Versandhauskataloge unterzubringen. Denn da kommt es tatsächlich nur auf den Schein an, reden muß sie nicht.

Die Medien, zu denen auch die Versandhauskataloge zählen, sind Lieferanten von bruchstückhaften Welterklärungen, von Informationspartikeln die plötzlich in alltagsrelevanter Bedeutung wieder auftauchen. Für seine eher schwächliche körperliche Konstitution etwa findet Steffen eine medial vermittelte Erklärung: „... hat meine Alte in der Schwangerschaft vielleicht zuviel gesoffen oder was oder zuviel geraucht? Sagen die doch immer, nä? Im Fernsehen immer und Radio" (*ebd.*, S. 5). Und in einem Anflug von pädagogischem Bewußtsein bekommt Süße eines Morgens sogar die Anweisung, die vormittägliche Zeichentrickserie auszuschalten. Auf Steffens Nachfrage, warum morgens Fernsehen schädlich sei, erhält er einen Verweis auf medial Vermitteltes: „... weiß ich doch nicht, aber sagen die doch!" (*ebd.*, S. 71).

Sprache als Abbild von Milieu und Medien

Nicht nur in der Zuordnung eines lokalen Handlungsraums, sondern auch in der Wahl der sprachgestalterischen Mittel ist die Erzählung „Ich ganz cool" als Milieubeschreibung zu verstehen. Die von der Rezession am ärgsten Betroffenen in den heruntergekommenen Vorstädten werden als eine besonderen Benachteiligungen ausgesetzte Bevölkerungsgruppe beschrieben. Diese Benachteiligung spiegelt sich auch in der von der Autorin kunstvoll gehandhabten Figurenrede wider. Gleichzeitig ist die Sprache des Ich-Erzählers eine Schablone, die mit den unterschiedlichsten Bezügen zu seinem Umfeld, zu dem in besonderem Maße die Medienwelt zählt, ausgefüllt wird. Die Verwendung eines offensichtlich restringierten Codes, der gekennzeichnet ist durch die Aneinanderreihung unvollständiger Halbsätze und ständig wiederkehrender Einzelbausteine, sorgt für einen schnellen Sprachrhythmus. In rasantem Wechsel folgen Beschreibungen und Empfindungen, Dialogfetzen und innerer Monolog aufeinander. Darin ist durchaus eine Parallele zu den atemlosen Bildfolgen der Videoclips zu entdecken, die in möglichst kurzen Intervallen eine immense Bildfülle produzieren. Diese Potenzierung der Geschwindigkeit der Bildfolgen spiegelt sich in der hektischen Sprachreihung, in dem von plötzlichen Eindrücken bestimm-

ten Sprachfluß wider. „Ist aber ganz egal, was er sagt, nämlich der Typ hat jetzt angehalten, Typ im Lada, voll mit Bremsen und alles. Der kommt jetzt angerannt, Mann, ist der stinkig. Schleudert der seine Fäuste, echt geil, brüllt wie Sau, ich lach mich tot. Klar hat der keine Chance, uns zu kriegen, alter Greis, aber jetzt bockt das wenigstens wieder" (*ebd.*, S. 7).

In der Sprache von Steffen werden mannigfaltige Einflüsse diverser Medien erkennbar: der Gebrauch von Onomatopoetika zumeist in gedoppelter Form wie „doing-doing", „gröl-gröl", „drr! drr!", der aus Comics entlehnt ist, die in die Alltagssprache eingedrungenen Anglizismen wie cool, okay, feeling, sowie der abgeklärte Tonfall in gefährlichen Situationen mit Sätzen wie „Entweder, du bist schnell genug rüber, oder bommmppp!, ist es gewesen. Alles nur noch Matsche, ja Pech" (*ebd.*, S. 5), die auf Einflüsse diverser Filmgenres zurückzuführen sind. Diese Alltags-, Jugend- und medienvermittelte Sprache bildet einen gemeinsamen Baukasten, aus dem einzelne Elemente willkürlich miteinander kombiniert werden können.

Medienwelten sind Traumwelten – Traumwelten sind Medienwelten

Jedes Kapitel wird von einem Tagtraum beendet, der typographisch abgesetzt ist. In diesen Träumen verbinden sich medienvermittelte Eindrücke und Szenenfolgen, hauptsächlich aus Videos und Werbespots, mit für Steffen bedeutsamen Ereignissen aus dem Alltagserleben und mit unterschwellig existierenden Wunschvorstellungen – insbesondere solchen, die den späteren Beruf betreffen. Steffen imaginiert sich als einsamer Held in einer kalten Welt, der unerschrocken allen Gefahren trotzt und unter Einsatz aller Mittel

sein Leben verteidigt. Dieses Szenario wird mit Requisiten aus Kuddis aktuellem Video angereichert: „... Lederklamotten, und denn die Haare so lang, echt wild, und an der Mauer seine Maschine" (*ebd.*, S. 10). Für die passende auditive Untermalung sorgt ein Walkman mit Heavy Metal, der den dröhnenden Motorenlärm der schweren Maschine ersetzt. Die imaginäre Einheit von Mensch und Maschine wird umgesetzt in die Einheit Musik und Tagtraum und gerät so zu einer Art Selbstvergessenheit, einer kurzzeitigen Flucht aus dem Alltag. Steffens zweiter Traum schließt direkt an die Situationsbeschreibung des ersten an. Dem einsamen schwarzen Rächer auf seinem Motorrad nähert sich von hinten ein bewaffneter Gegner. Gemäß den Handlungsmustern aus den Action-Reißern hat Steffen keine andere Wahl, als sich seines Verfolgers zu entledigen. „[...] und denn die Granate genau vor den Vorderreifen, ssst! Wommm! Explosion, Feuerball, Blitz, Teile zischen durch die Luft, Gabel, Achslager, ein Bein, da der Kopf, Helm logisch noch drauf. Rollt über die Straße, ja Pech" (*ebd.*, S. 27 f.).
Ein neues Element taucht in seinen Träumen auf, als sein leiblicher Vater sich mit ihm treffen will. Steffen kennt ihn kaum, er weiß nur, daß er Filialleiter bei Spar und damit schon etwas Besseres ist. Die Unkenntnis der Person dient Steffen nun als willkommene Projektionsfläche für alle wünschenswerten Eigenschaften und Besitztümer. Sein Vater erscheint ihm als ein strahlend weißer Motorradfahrer, als ein „schon älterer Typ, knallbraun und alles, Staub in den Falten im Gesicht, also voll cool, wie dieser alte Ninjatyp immer in diesen Ninjafilmen" (*ebd.*, S. 43), der ihn, den schwarzen Rächer rettet, als er mit Motorschaden und ohne Wasser bei einer Wüstenrallye liegengeblieben ist. In der Funktion des Schutzengels hält sich diese imaginäre Vaterfigur auch im nächsten Traum. Ausgelöst durch Kais Freizeitbeschäftigung, das S-Bahn-Surfen, bei der er beinahe von der Bahnpolizei geschnappt worden wäre, sieht Steffen sich als glorreicher Held auf dem S-Bahn-Wagen stehend. Bis der Typ auf dem weißen Motorrad ihn dazu drängt, in voller Fahrt von der S-Bahn auf das Motorrad umzusteigen.
Nachdem Steffen mit dem in der Klasse ausgegrenzten Mitschüler Schnulli und dessen Vater angeln war, wandelt sich die Atmosphäre seines Traumes. Die Action- und Gefahrenelemente treten zurück gegenüber der unmittelbaren Erfahrung des Angelns, verlegt in einen durch Werbevorbilder geprägten Erlebnisraum und angereichert mit emotionalen Erfahrungswerten wie Geborgenheit, Harmonie und innerer Ruhe. „Ich auf dem Steg, hohe Stiefel, logisch, dicker Pullover, also wie diese Typen in der Whiskyreklame immer, Schottland, ja, ist vielleicht Schottland" (*ebd.*, S. 64). Steffen sieht sich mit seinem Vater um ein Lagerfeuer sitzen, Fische grillen, „und im Gras, bißchen weg vom Feuer, liegen unsere Maschinen, eine weiß, eine schwarz" (*ebd.*). Steffens Spannung vor dem Treffen mit dem leiblichen Vater steigt. Und da wird im Tagtraum aus dem Vater ein Ninja, der in seiner Jackentasche einen Wurfstern bei sich trägt und Steffen in die geheimen Ninjakünste einweiht. Hinter diesen Filmbildern versteckt sich Steffens Hoffnung, sein wirklicher Vater möge ihn auf eine Stufe, nämlich die des Vaters ziehen, aus dem schwachen Steffen einen selbstbewußten Sohn machen, der an dessen Wissen und dessen Welt teilhaben darf. Doch das Treffen

wird zum Desaster. Statt einander näherzukommen tut sich zwischen Vater und Sohn, ausgelöst durch das spießige, neunmalkluge, unsichere Gehabe des Vaters, ein unüberwindbarer Graben auf. Alle Phantasien von einem bewundernswerten Vater zerstuben. Den symbolischen Tod des Vaters erlebt Steffen im darauffolgenden Traum. Die Szenerie schließt an den allerersten Traum an. Dem Rächer auf dem schwarzen Motorrad kommt das Auto des Vaters entgegen, doch der Platz reicht nur für ein Fahrzeug. Das Auto weicht aus und explodiert. Am Ende des letzten Kapitels wiederholt sich der Traum des fünften Kapitels, die Lagerfeuerromatik nach dem Angeln. Doch anstelle des Vaters taucht nun Schnulli als Kumpel auf. Und auch im letzten Satz zeigt sich eine deutliche Differenz: nicht mehr der Blick auf die im Gras liegenden Maschinen beendet den Traum. Es heißt vielmehr: „[...] wir löschen das Feuer, und neben der Asche schlafen wir ein" (*ebd.*, S. 99). In all diesen Beschreibungen wird deutlich, wie eng sich Steffens auf die nahe Zukunft gerichteten Erwartungen an seine Umwelt mit medial produzierten Bildern verbinden und eine positive Grundstimmung erzeugen. Die medialen Vorgaben bilden keinen starren oder übermächtigen Rahmen, sondern sind in ihrer Intensität variierbar, je nach Bedarf: Sie sind für Steffen der Bezugspunkt zu einer produktiven Realitätsflucht.

Zusammenfassung

Die Autorin *Kirsten Boie* stellt mit den hier besprochenen Titeln zwei grundverschiedene Sozialmilieus und damit auch zwei differierende Rezeptions- und Verarbeitungsweisen von Medien-

inhalten gegenüber und vermag so eine Bandbreite verschiedener Formen wechselseitiger Durchdringung von Medien und Alltag aufzuzeigen. Aus der passiven Konsumhaltung heraus entwickeln Steffen und Anna individuelle Verhaltensmuster, mittels derer sie Medien für sich nutzbar machen können. In „Jeder Tag ein Happening" bildet sich, bedingt durch die auf Selbständigkeit und Kritikfähigkeit gerichtete familiäre Erziehungsarbeit, ein entsprechend reflexiver Umgang mit Massenmedien und Massenkonsumwaren heraus. Selbst bei Jason sind schon Erfolge sichtbar. In einer kritischen Distanz zu den medial vermittelten Spielanweisungen schafft er sich dank seiner kreativen Phantasie neue spielerische Freiräume jenseits der Vorgaben. Lea hingegen befindet sich in einem als krisenhaft empfundenen Zwiespalt zwischen Gleichaltrigengruppe und heimischen Erziehungsidealen. Ihr Versuch, der sich daraus ergebenden Konfliktlage auszuweichen, führt zwangsläufig zur Frustration einer Seite. Also trifft sie nach gründlicher Abwägung eine bewußte Entscheidung gegen die als repressiv aufgefaßten mütterlichen Prinzipien. Auch bei Lea wird deutlich, daß sie ihre medien- und konsumkritische Einstellung nicht ablegt, sondern nur zurückstellt, um die vermeintliche Anerkennung in der Gruppe nicht zu verlieren.
Anna hat diese einzelnen Entwicklungsetappen schon hinter sich und sowohl an elektronischen wie im Haushalt vorhandenen Printmedien eine hohe Medienkompetenz erworben. Sie kann die Diskrepanz zwischen Irenes Lebensentwurf mit seinen innewohnenden Widersprüchlichkeiten und dem Verhalten der Umwelt konkreter verbalisieren. Die gelernte

kritische Distanz zu Medien und Massenkonsum erweitert sich auch zu einer kritischen Distanz zur belastenden Außenseiterposition, in die die Kinder hineingedrängt wurden. Anna nimmt für sich Unstimmigkeiten und Brüche innerhalb ihrer Medienbiografie in Kauf, beispielsweise in der von Sven-Oliver registrierten Wahl der Lesestoffe. „Hätte ich ja gar nicht gedacht, daß du Pferdebücher liest" (*Boie*, S. 110). Auch in der Inszenierung des Medieninteresses an der Spielplatzschließung steht bei ihr der kalkulierende Blick oben an. Mit der Einschätzung, daß ein angekündigtes Auftauchen von Medienvertretern das Verhalten der zuständigen Kommunalpolitiker verändert, wird den Medien eine machtvolle Rolle zuerkannt und ausgespielt. Für Anna steht eine auf die eigenen Bedürfnisse und Ziele gerichtete Mediennutzung im Vordergrund.

Steffen, der Protagonist aus „Ich ganz cool", hatte familiar und milieubedingt nicht die Gelegenheit, sich eine derartige Form des Umgangs mit Medien anzueignen. Was aber kein Hinderungsgrund dafür ist, die Medien in seinem Lebenszusammenhang nicht ebenfalls ein Stück weit zu funktionalisieren: als Fluchthilfe aus einem konfliktgeladenen Alltag. Die Medien kompensieren erfahrene Benachteiligungen und Gefühle des Ausgeschlossenseins, definiert sich doch die Alltagskommunikation innerhalb der schulischen Gleichaltrigengruppe weitgehend über die Medieninhalte. Die vermittelten Bilder sind Bausteine für Zukunftsentwürfe und Phantasien. Und die Medien sind Zulieferer einer sich erweiternden Sprachfähigkeit. In ihr entwickeln sich medial gestützte sprachliche Bilder, die ebenfalls einen Ausbruch aus der milieubedingten Enge bedeuten.

„Ich ganz cool" macht deutlich, daß sich auch unter der Fernsehgeneration, die Steffen repräsentiert, ein konstruktiver Umgang mit Medien einüben läßt. Die Trennungslinien zwischen medial vermittelter und vorhandener Wirklichkeit müssen dabei keinesfalls verlorengehen. Besonders prägnant dargestellt wird diese Trennung beim Angelausflug mit Schnulli und dessen Vater. Das Töten der Fische, im Vergleich zu den Darstellungen in den Videofilmen ein eher harmloser Vorgang, erhält durch seine Unmittelbarkeit eine viel bedrohlichere Dimension als die medial vermittelten Grausamkeiten. Zugleich macht das Ende des Buches, der letzte Traum, deutlich, daß Medieneindrücke durch eigenes Erleben zumindest teilweise ersetzt werden können. Einer Alltagskompensation durch Medien wird eine Medienkompensation durch Alltagserlebnisse andeutungsweise entgegengesetzt.

---

[1] Vgl. dazu die Studie von *Bettina Hurrelmann* u. a. 1993, in der sich Statistiken über Bücherbesitz in Haushalt und Kinderzimmer befinden.
[2] So lautet auch der Titel eines erweiterten Tagungsberichtbandes, Hrsg. von Mitarbeitern der Stiftung Lesen, der Vorträge einer 1979 unter diesem Titel stattgefundenen Tagung zusammenfaßt. *Fröhlich, Werner D.* u. a. (Hg.): Die verstellte Welt. Frankfurt 1988.
[3] Exemplarisch sei aus der Literaturbeilage der FAZ vom 05.10.1993, S. L 40, zitiert, in der eine Rezension mit den Worten schließt, daß es einer Autorin nicht gelänge „Kindheit als verlorenes Paradies (...) zu beschwören".
[4] „... Ziele wie Entfaltung kindlicher Bedürfnisse, Emanzipation und Kritikfähigkeit [wurden] zuerst Mitte der sechziger Jahre in radikaler Form in den Kinderläden der Studentenbewegung formuliert ..." (*Preuss-Lausitz*, S. 22). Das machte sich besonders deutlich im „Abbau konventioneller Verhaltensstile, offene Verweigerung autoritärer Unterwerfung, Lockerung der Sexualmoral" (*ebd.*, S. 23).
[5] Mutjoggen bedeutet, an einer unübersichtlichen Stelle kurz vor einem fahrenden Auto über die Straße zu laufen, so daß der Autofahrer nur im letzten Moment noch reagieren kann.

Primärliteratur

Boie, Kirsten: Ich ganz cool. Hamburg 1992.

Boie, Kirsten: Jeder Tag ein Happening. Hamburg 1993

Eicke, Wolfram: Blitzlicht. Als Kinderstar in der Werbung. Reinbek bei Hamburg 1993

Jörg, Sabine: Zwei Schweinchen sehen fern. München 1987

Jörg, Sabine: Kamera ab für Hildegard Huhn. München 1993

Walbrecker, Dirk: Ich bin Nana ... und wer bist du? Eine Liebesfilmgeschichte. Reinbek bei Hamburg 1993

Literatur

Beck, Ulrich: Die Erfindung des Politischen. Frankfurt 1993

Büchner, Peter: Vom Befehlen und Gehorchen zum Verhandeln. Entwicklungstendenzen von Verhaltensstandards und Umgangsnormen seit 1945. In: *Preuss-Lausitz, Ulf* u. a.: Kriegskinder, Konsumkinder, Krisenkinder. Zur Sozialisationsgeschichte seit dem Zweiten Weltkrieg. Weinheim und Basel[2] 1989

Charlton, Michael: Medienkindheit – Medienjugend: eine Einführung in die aktuelle kommunikationswissenschaftliche Forschung. München 1992

Enzensberger, Hans Magnus: Baukasten zu einer Theorie der Medien. In: Kursbuch 20/1970. Frankfurt 1970, S. 159–186

Fölling-Albers, Maria: Veränderte Kindheit – Herausforderung für die Schule. In: *Melzer, Wolfgang* und *Heinz Sünker* (Hg.): Wohl und Wehe der Kinder. Weinheim und München 1989, S. 62–77

Glogauer, Werner: Kriminalisierung von Kindern und Jugendlichen durch Medien. Wirkungen gewalttätiger, sexueller, pornografischer und satanischer Darstellungen. Baden-Baden 1991

Glogauer, Werner: Die neuen Medien verändern die Kindheit. Weinheim 1993

Hickethier, Knut: Film- und Fernsehanalyse. Stuttgart, Weimar 1993

Hurrelmann, Klaus und Jürgen Mansel: Individualisierung in der Freizeit? In: Zentrum für Kindheits- und Jugendforschung (Hg.): Wandlungen der Kindheit. Opladen 1993

Möller, Kurt: Kindheit, Medienentwicklung und gesellschaftliche Wirklichkeit. In: *Melzer, Wolfgang* und *Heinz Sünker* (Hg.): Wohl und Wehe der Kinder. Weinheim und München 1989, S. 77–100

Muchow, Martha und *Heinz Muchow:* Der Lebensraum des Großstadtkindes. Bensheim 1978

Postman, Neil: Das Verschwinden der Kindheit. Frankfurt 1983

Postman, Neil: Wir amüsieren uns zu Tode. Frankfurt 1985

Preuss-Lausitz, Ulf u. a.: Kriegskinder, Konsumkinder, Krisenkinder. Zur Sozialisationsgeschichte seit dem Zweiten Weltkrieg. Weinheim und Basel[2] 1989

Saxer, Ulrich: Kommunikationsverhalten und Medien: Lesen in der modernen Gesellschaft. Gütersloh 1989

Spanhel, Dieter: Jugendliche vor dem Bildschirm: neueste Forschungsergebnisse über die Nutzung der Videofilme, Telespiele und Homecomputer durch Jugendliche. Weinheim[2]1990

Sturm, Hertha: Fernsehdiktate: Die Veränderung von Gedanken und Gefühlen. Gütersloh 1991

Sünker, Heinz: Kindheit zwischen Individualisierung und Institutionalisierung. In: Zentrum für Kindheits- und Jugendforschung (Hg.): Wandlungen der Kindheit. Opladen 1993

Zeiher, Helga: Die vielen Räume der Kinder. Zum Wandel räumlicher Lebensbedingungen seit 1945. In: *Preuss-Lausitz, Ulf* u.a.: Kriegskinder, Konsumkinder, Krisenkinder. Zur Sozialisationsgeschichte seit dem Zweiten Weltkrieg. Weinheim und Basel [2]1989

Zentrum für Kindheits- und Jugendforschung (Hg.): Wandlungen der Kindheit. Opladen 1993

Elvira Armbröster-Groh

Mittwochs darf ich spielen

Reglementierte Freizeit als Thema der Kinderliteratur

Die Art, in der Kinder ihre Freizeit verbringen, hat sich in den letzten Jahrzehnten erheblich gewandelt. Mit diesem Aspekt der Veränderung von Kindheit setzt sich *Kirsten Boies* Erzählung „Mittwochs darf ich spielen" auseinander, die 1993 erschienen ist.

Die Autorin

Kirsten Boie wurde 1950 in Hamburg geboren. Neben dem Fach Deutsch studierte sie Englisch und promovierte in Literaturwissenschaft. Von 1978 bis 1983 unterrichtete sie an einem Gymnasium und an einer Gesamtschule. 1985 erschien ihr erstes Kinderbuch, die Erzählung „Paule ist ein Glücksgriff", das ihr zum kinderliterarischen Durchbruch verhalf. Das Werk wurde von der Deutschen Akademie für Kinder- und Jugendliteratur zum Buch des Monats gewählt und vom Kinder- und Jugendmagazin „Der Bunte Hund" fünfmal auf die monatlich herausgegebene Empfehlungsliste gesetzt. Außerdem wurde es in die Ehrenliste zum Österreichischen Staatspreis für Kinder- und Jugendliteratur und in die Auswahlliste zum Deutschen Jugendliteraturpreis aufgenommen. Inzwischen hat *Kirsten Boie* mehr als zwanzig Kinder- und Jugendbücher geschrieben, von denen etliche eine Auszeichnung erhielten. Ihre Werke verdeutlichen ein zentrales Anliegen: das Finden bzw. Bewahren der eigenen Identität und die Selbstbehauptung im Konflikt mit der Umwelt.

Der Inhalt

Fabia geht in die erste Klasse und hat einen vollen Wochenplan: montags Ballett, dienstags Flöten, donnerstags Tennis, freitags Hockey. Nur der Mittwoch ist frei. Da trifft die Mutter für ihre Tochter rechtzeitig Verabredungen mit anderen Kindern. Eines Sonntags erscheint Tante Pia zum Einhüten, weil Fabias Mutter ihren Mann auf einer Dienstreise nach Italien begleiten will. Fabias Terminkalender ist der Tante völlig gleichgültig, ebensowenig kümmert sie sich um schulische Belange. So geschieht es, daß Fabia zum ersten Mal beim Vorlesen in der Klasse versagt. Sie ist wütend auf Tante Pia und gibt ihr die Schuld an der Fehlleistung. Gleichzeitig sieht sie in deren Verweigerungshaltung gegenüber den gewohnten Nachmittagsterminen die Ursache für eine bisher nicht gekannte Langeweile. Fabia weiß zunächst nichts mit der freien Zeit anzufangen. Schließlich tut sie etwas, was die Mutter ihr verboten hat: Sie geht zum Domröse-Hof, einer Unterkunft für Aussiedlerfamilien aus Rußland, Polen und Rumänien. Dort trifft sie die fünfjährige Bruno, die eigentlich Brunhilde heißt. Zusammen mit diesem Mädchen lernt Fabia etwas, das für sie ganz neu ist: spielen, einfach nur spielen. Als Brunos Rennmaus verschwunden ist, unternehmen die beiden eine abenteuerliche Tierfängerjagd. Und gemeinsam mit anderen Kindern vom Domröse-Hof bauen sie im Garten ein Baumhaus.

127

Obwohl am Donnerstag die Rückkehr der Eltern bevorsteht, verabredet sich Fabia mit Bruno.

Textanalyse

Fabias Leben vollzieht sich in einem pädagogischen Kontrollraum: Alles scheint einer erzieherischen Zielsetzung zu unterliegen. Verantwortlich dafür ist Fabias Mutter, die offensichtlich nicht berufstätig ist und ihren Ehrgeiz auf eine „gute Erziehung" der Tochter ausrichtet (der Vater tritt nicht aktiv in Erscheinung, er wird lediglich im Zusammenhang mit der geplanten Dienstreise erwähnt). Reglementierend greift die Mutter in den Alltag ihres Kindes ein, indem sie spezifische Verhaltensregeln vermittelt und Anweisungen für Prioritätensetzungen erteilt.

Fabia soll nicht mit jüngeren Kindern spielen, weil sie von denen nichts lernen kann. Jungen gegenüber soll sie nicht allzu dienstbereit sein, weil sie dadurch eine Unterdrückung des weiblichen Geschlechts begünstigt. Sie soll Flohmärkte meiden, weil die dort angebotenen Sachen unappetitlich sind. Sie soll sich nicht allein am Herd betätigen oder Streichhölzer benutzen, weil solche Handlungen eine mögliche Gefahrenquelle darstellen. Sie soll keine Haustiere halten, weil sie davon Allergien oder Hirnhautentzündung bekommen kann. Stattdessen soll sie lehrreiche Tierfilme anschauen, einen Zoo besuchen oder Ferien auf einem Bauernhof verbringen. Eine Liste voller Merkschablonen, verkündet als tägliche Gebrauchsdogmen. Das Kontrollverhalten der Mutter erstreckt sich auch auf den schulischen Bereich. Sie überprüft die Hausaufgaben und den gepackten Ranzen. Regelmäßige zusätzliche Leseübungen sollen der Tochter einen überdurchschnittlichen Leistungsstand in der Klasse verschaffen.

In besonderer Weise aber ist die Mutter auf eine sinnvolle Freizeitgestaltung ihres Kindes bedacht. Sie will verhindern, daß Fabia die Nachmittage vertrödelt und planlos Löcher in die Luft starrt. Deshalb hat sie mit Sorgfalt ein Freizeitprogramm erstellt, das Fabia seit ihrer frühen Kindheit absolviert. Bereits mit zweieinhalb Jahren wurde sie zum Ballettunterricht angemeldet. Seit ihrem fünften Lebensjahr nimmt Fabia am Flötenunterricht teil. Tennis und Hockey runden den Wochenplan ab. Nachdem die Siebenjährige ihren Schwimmkurs erfolgreich mit Silber abgeschlossen hat, ist der Mittwochnachmittag nun frei. Da darf sie mit ausgewählten Freundinnen spielen – nein, sie soll spielen. Die Mutter wertet diese Regelung nicht nur als Großzügigkeit und Konzilianz, sondern auch als pädagogisch wohldurchdachte Maßnahme.

Konsequent überwacht sie eine kontinuierliche Teilnahme ihrer Tochter an den Musik- und Sportveranstaltungen. Fehlstunden könnten zu Rückschritten gegenüber anderen Kindern führen. Die Mutter gängelt, lenkt, bevormundet – sie arrangiert und inszeniert den Alltag ihres Kindes. Vermutlich begreift sie dessen vielfältige Einbindung als Ausdruck eines verstärkten erzieherischen Engagements. Vielleicht bedeutet die übersteigerte „Fürsorglichkeit" aber auch eine Kompensation für eigene unerfüllte Wünsche, für persönliche Unausgeglichenheit. Von einer wirklichen Freizeit kann, bezogen auf Fabia, keine Rede sein, vielmehr von einer Überorganisation bzw. Verplanung. Fabias Mutter praktiziert eine Art Inselpädagogik, indem sie ihre Tochter von Insel zu

Insel, d. h. von einer etablierten Institution zur nächsten transportiert. Dort bietet sich dem Mädchen kaum Gelegenheit zu einer eigenständigen sozialen Einbindung. Die anwesenden Kinder haben sich als Freizeitpartner/innen nicht ausgesucht und sind im Grunde austauschbar. Sie verbringen nur eine begrenzte Zeit miteinander, weitere Verabredungen können an weiträumigen Entfernungen scheitern. Vom Arrangement her geht es auch weniger um die Förderung sozialer Beziehungen; zielgerichtetes Tun unter der Leitung eines Erwachsenen steht im Vordergrund. Die Veranstaltungen dulden keine Umdisponierung, sie setzen Mobilität, Pünktlichkeit und Disziplin voraus. Offensichtlich werden diese Anforderungen von Fabia nicht als restriktiv empfunden. Sie muckt nicht auf, sie hinterfragt nicht, sie funktioniert. Ihre Sozialisation im Elternhaus ließ bislang keine Alternativen zu und bei den Freundinnen sind die Modalitäten nahezu identisch. Im übrigen will die Mutter „das Beste" für ihre Tochter – Auflehnung könnte da als Undankbarkeit verstanden werden. Den gängigen Wochenrhythmus hat Fabia so verinnerlicht, daß außergewöhnliche Abweichungen ihr psychisches Wohlbefinden gefährden. Was soll sie mit einem Tag anfangen, bei dem nicht jede Minute eingeteilt ist? Schließlich ist es für Fabia ungewohnt, Freiräume selbständig zu strukturieren und auszufüllen.

Tante Pias Besuch bringt einschneidende Veränderungen mit sich. Fabias Terminkalender wird außer Kraft gesetzt, da er ohne die Unterstützung eines Erwachsenen nicht realisierbar ist. Fabia fühlt sich hilflos, gezwungenermaßen muß sie jetzt eigene Wege gehen. Provozierende Bemerkungen der Tante („Wozu mußt du Blockflöte spielen? Macht dir das denn überhaupt Spaß?" [...] „Ich bin hergekommen, um auf ein Kind aufzupassen, nicht auf einen dressierten Affen.' S. 60, 61) verstärken ihre Krise. Das überangepaßte Mädchen, das bis zur Ausdrucksweise hin das Verhalten der Mutter übernommen hat, muß einen schmerzvollen Prozeß durchleben, in dem Normen durchbrochen und Beschränkungen überwunden werden. In dieser Phase hat die Beziehung zu

der zwar jüngeren, aber selbständigeren Bruno einen zentralen Stellenwert. Zum ersten Mal erhält Fabia die Chance, Eigenständigkeit zu trainieren: Sie hilft der neuen Freundin beim Teekochen. Zum ersten Mal bekommt Fabia Gelegenheit, Haustiere hautnah zu erleben: Sie streichelt Brunos Rennmaus und eines ihrer jungen, weißen Kaninchen. Zum ersten Mal ergibt sich für Fabia die Möglichkeit, spontan und zwanglos zu spielen: Sie initiiert eine abenteuerliche Tierfängerjagd und beteiligt sich am Bau eines Baumhauses.

Für die überbehütete Fabia stellt der Domröse-Hof mit dem großen Obstgarten, der meistens voller Kinder ist, eine Gegenwelt dar. Hier können in offenen Spielsituationen auch größere Projekte (z. B. Baumhaus) verwirklicht werden, bei denen die Kinder Absprachen treffen und sich arrangieren müssen. Durch das gemeinsame Handeln entsteht ein Miteinander. Bemerkenswert ist, daß keines der Aussiedlerkinder institutionelle Freizeitbeschäftigungen ausübt. Das liegt an den finanziellen Beiträgen, die zwangsläufig eine soziale Selektion verursachen. Fabias neuer Erfahrungshintergrund bewirkt, daß sie nach der Rückkehr der Eltern erstmals das Tennisspiel verweigert und stattdessen zum Domröse-Hof verschwindet. Wie geht es mit Fabia weiter? Wird sie wie bisher in ihrer Freizeit widerstandslos die Erwartungen der Mutter erfüllen oder wächst ihr Verlangen nach mehr Selbstbestimmung? Wird Fabia den Kontakt zu ihrer neuen Freundin Bruno aufrechterhalten? Trauert sie vielleicht sogar ein wenig der Zeit mit Tante Pia hinterher? Auf diese Fragen gibt das Buch keine Antwort – das Ende ist offen.

Von der formalen Gestaltung her weist der Text Parallelen mit einer Tagebuchführung auf, zumal er hinsichtlich der Kapitelüberschriften in die Wochentage von Sonntag bis Donnerstag unterteilt ist. Er ist als ungebrochene Ich-Erzählung angelegt, das Geschehen wird aus der Perspektive der Hauptfigur dargestellt. Das führt einerseits zu einer partiellen Eingrenzung des Blickfeldes: zur Beschränkung auf den persönlichen Gesichtskreis von Fabia. Andererseits kann auf diese Weise die Psyche der Protagonistin sehr genau ausgelotet werden. Das Erzählen geschieht weitgehend zeitraffend, d. h. ereignisarme Zeitspannen bleiben ausgespart. Vor allem im ersten Kapitel „Sonntag" sind mehrere Rückwendungen (Analepsen) eingeschoben, die ein genaueres Bild von Fabias Familie, der Oma und Tante Pia ermöglichen. Der Schlußteil beinhaltet eine Vorausdeutung (Prolepse). Sie nimmt eine spätere Begebenheit vorweg: Durch Fabias Davonlaufen ist eine Auseinandersetzung mit der Mutter programmiert.

Die Syntax variiert. Neben verschachtelten Kettensätzen stehen einfachste Aussagesätze, selten kommen Satzfragmente (Ellipsen) vor („Oder nur doofe. Und ich immer hinterher", S. 8, 13). Häufig auftretende direkte Personenrede verleiht den Vorgängen Unmittelbarkeit und Authentizität. Sie vermittelt dem Leser/der Leserin den Eindruck, sich mitten im Handlungsfeld zu befinden. Auch das verwendete Vokabular ist nicht einheitlich: Umgangssprachliche Elemente sind nur vereinzelt einbezogen (z. B. eierleicht, ausgebüxt; S. 27, 64). Wenn Fabia als „Sprachrohr" der Mutter auftritt, wird ihr Ausdruck gewählter und nähert sich stark der Erwachsenensprache an. Emotional und wertend berichtet sie hingegen, wenn das von der Mutter übernommene Wertsystem verletzt wird.

Didaktische Überlegungen

In den letzten Jahrzehnten hat sich die kindliche Lebenswelt entscheidend verändert. Zunehmender Verkehr verhindert heute weitgehend ein spontanes Spielen auf der Straße. Hinzu kommt, daß immer mehr Kinder ohne Geschwister aufwachsen und daß es häufig an gleichaltrigen Spielgefährten in der unmittelbaren Nachbarschaft mangelt. Aufgrund dieser Bedingungen spielt sich der Alltag der Kinder außerhalb der Schule vorzugsweise zu Hause oder in Freizeitinstitutionen ab (vgl. Beitrag von *Helga Zeiher* in diesem Band). Die veränderten Lebensverhältnisse werden in der Erzählung *Kirsten Boies* widergespiegelt. Fabia, die Hauptfigur, wächst als Einzelkind in einer Kleinfamilie auf und verbringt einen Großteil ihrer Freizeit in institutionellen Einrichtungen. In einer ähnlichen Situation, wenngleich nicht durchgängig mit so extremer Ausprägung, befinden sich zahlreiche Grundschulkinder. Kurse in der Malschule, Flöten-, Akkordeon- und Klavierunterricht, Tennis-, Ballett- und Reitstunden, Voltigieren, Purzelturnen u. a. gehören zum gewohnten Wochenprogramm. Die Kinder nutzen ein bereits bestehendes, fertiges Angebot, das zielgerichtet ist. Gleichzeitig müssen sie die schulischen Anforderungen bewältigen. Es ist wichtig, daß diese Arbeitszeit durch hinreichende Entspannungsphasen ausgeglichen wird. Zusätzliche zweckgebundene Aktivitäten an mehreren Nachmittagen können zu einer Dauerbelastung führen.

Vor diesem Hintergrund will das Kinderbuch die kindlichen Leser/innen zu einer kritischen Reflexion des eigenen Freizeitverhaltens anregen. Über eine Identifikation mit der Protagonistin bietet es die Möglichkeit, sich unter Abwägung von Fremd- und Selbstbestimmung Klarheit hinsichtlich der eigenen Position zu verschaffen. Ein solcher Bewußtwerdungsprozeß ist die notwendige Voraussetzung für das Erlangen von Selbständigkeit und eigener Planungsfähigkeit. Das Buch ermutigt die Kinder, neben den unumgänglichen Anpassungen auch eigene Wege zu erproben.

Von seiner formalen und inhaltlichen Konzeption her ist es für ein drittes oder viertes Schuljahr geeignet. Der Textumfang und das Schriftbild sind altersangemessen. Die Geschichte ist überschaubar in fünf Großkapitel gegliedert, die wiederum in insgesamt zwanzig kürzere Erzähleinheiten unterteilt sind. Die verschiedenen Abschnitte sind inhaltlich eng miteinander verknüpft. Wortwahl und Syntax entsprechen dem Sprachverständnis acht- bis zehnjähriger Kinder. Die aktuelle Thematik knüpft an die Erfahrungen von Grundschulkindern an. Ihr gewohnter Alltag wird transparent gemacht, die Suche nach dem eigenen Standort kann zur Identitätsfindung beitragen. Durch das Einbeziehen von Spannung und Komik (hier sind auch die pointierten Zeichnungen einzuordnen) wird der Leseanreiz zusätzlich gesteigert.

Unterrichtsanregungen

In den 80er Jahren setzten sich neue lesedidaktische Leitideen durch, die sich aus der Tätigkeitstheorie legitimierten und vom Prinzip der Ganzheitlichkeit ausgingen. Lesen wurde nicht nur als Denkleistung auf der kognitiven Ebene verstanden, sondern als Prozeß, bei dem alle Sinne zu aktivieren sind. Ein handlungs- bzw. produktionsorientierter Ansatz bildete sich heraus, der eine Verknüpfung der Bereiche Textrezeption und Textproduktion anstrebt. Das gelesene Kinderbuch soll Anlaß sein, sich vertiefend oder erweiternd mit seinem Inhalt auseinanderzusetzen und ihn handelnd-produktiv umzugestalten, ohne daß der literarische Text zum bloßen Spielmaterial absinkt. Die Palette an Realisierungsmöglichkeiten ist dabei vielfältig, sie reicht von Textumschreibungen, neuen Texten, Fortsetzungstexten, Verkürzungen bis hin zu Puppentheaterstücken, Schattenspielen, Hörspielszenen, Illustrationen jeglicher Art (vgl. *Babbe*, S. 6,7). Anhand von „Mittwochs darf ich spielen" soll aufgezeigt werden, wie sich reflektierend-analytische und produktiv-kreative Zugangsweisen verbinden lassen. Die nachstehende Auflistung dokumentiert entsprechende Vorschläge für den Unterricht.

Gespräche
○ Freizeit nach Stundenplan: Fabias ausgefüllter Terminkalender, Vergleich mit der eigenen Freizeitgestaltung;
○ das unterschiedliche Erziehungsverhalten von Fabias Mutter und Tante Pia;
○ die Freundschaft zwischen Fabia und dem Aussiedlermädchen Bruno, Vorurteile;
○ Fabia entdeckt das Spielen – Geschichte einer Freiheitswiedergewinnung.

Texte
○ Fabia erzählt der Mutter vom Zusammenleben mit Tante Pia; Perspektivenwechsel: Tante Pia berichtet;
○ Denkmonolog: Fabia überlegt, wie sie der Mutter das Verschwinden zum Domröse-Hof erklären soll;
○ Dialogischer Text (evtl. auch als Hörspielszene): Streitgespräch zwischen der Mutter und Fabia wegen der versäumten Tennisstunde; mögliche Erweiterung: die noch anwesende Tante Pia unterstützt ihre Nichte;
○ Fortsetzung des Buches: Kapitel „Freitag".

Rollenspiele
○ Fabias Aufforderung an Tante Pia, sie zum Ballettunterricht usw. zu bringen und deren Reaktion;

○ Fabias erste Begegnung mit Bruno;
○ Fabia und Bruno informieren einen Polizisten über die Tierfängerbande;
○ Fabia und Tante Pia beim mitternächtlichen Schneckenessen.

Illustrationen erstellen
○ Fabia oder sich selbst bei einer Freizeitbeschäftigung darstellen;
○ beliebige Buchfigur malen (und ggf. beschreiben);
○ Textstelle nach Wahl illustrieren;
○ Fortsetzungsgeschichte „Freitag" illustrieren.

Die im folgenden wiedergegebenen Kindertexte und Zeichnungen entstanden im Rahmen eines Hauptseminars „Entwicklungslinien in der neueren realistischen Kinderliteratur" (Universität/Gesamthochschule Kassel, Wintersemester 1994/95). Sie wurden von den Studentinnen *Christiane Bischoff* und *Christiane Lücke* bei einem Unterrichtsprojekt im vierten Schuljahr erarbeitet:
○ Was erzählt Fabia der Mutter von der Woche?
Das war gerad nicht die beste Woche. Tante Pia hat mich nicht zum Ballett und Flöten, sie hat mich nirgendwo hingebracht. Sie darf die 100 DM nicht kriegen, Mutter. (*Jaqueline*)
Tante Pia ist blöd, denn sie hat mit mir keine Hausaufgaben gemacht und auch nicht mit mir gelesen. Sie hat mich auch nicht zu meinen Terminen gebracht. (*Marina*)
Mama, die Woche ist gut verlaufen. Tante Pia hat mich zum Ballett und zum Flöten gebracht. Und am Mittwoch durfte ich spielen, ich habe sogar eine Freundin gefunden. (*Silvia*)
○ Was erzählt Tante Pia der Mutter von der Woche?
Ich hab gedacht, ich darf in der Zeit auch lernen. Aber ich mußte auf einen

dressierten Affen aufpassen, mit dem Affen meine ich Fabia. (*Jaqueline*)

Fabia hat zu viele Termine. Kinder müssen doch auch spielen können, nur mittwochs ist zu wenig. Ballett – in ihrem Alter macht das noch keiner. (*Marina*)

Schwesterchen, die Woche ist gut verlaufen. Die Fabia hat sogar eine nette Freundin gefunden. Und ich hatte noch Zeit für meine Bücher. (*Silvia*)

○ Bruno und Fabia überlegen, wie die Rennmaus verschwunden ist:

Zeichnungen eines Schülers

Literatur

Babbe, Karin: Zum ersten Mal fand ich Lesen gut! Mülheim 1993

Knobloch, Jörg: Bock auf Bücher-Anregungen für einen projektorientierten Literaturunterricht. Lichtenau 1992

Vogt, Jochen: Aspekte erzählender Prosa. Opladen [7]1990

Bibliographie Kirsten Boie
(ohne Bilderbücher):

1985 Paule ist ein Glücksgriff
1986 Heinzler mögen saure Gurken
      Mit Jakob wurde alles anders
1987 Mellin, die dem Drachen befiehlt
1988 Jenny ist meistens schön friedlich
      Opa steht auf rosa Shorts
1989 Manchmal ist Jonas ein Löwe
      King-Kong, das Geheimschwein
      King-Kong, das Reiseschwein
      Lisas Geschichte, Jasims Geschichte
1990 Mit Kindern redet ja keiner
      Das Ausgleichskind
1991 Moppel wär gern Romeo
      Geburtstagsrad mit Batmanklingel
1992 Ich ganz cool
      Alles ganz wunderbar weihnachtlich
      King-Kong, das Zirkusschwein
      King-Kong, das Liebesschwein
1993 Mittwochs darf ich spielen
      Lena hat nur Fußball im Kopf
      Jeder Tag ein Happening
1994 Nella Propella
      Erwachsene reden. Marco hat was getan.
      Vielleicht ist Lena in Lennart verliebt
      Abschiedskuß für Saurus
1995 Sophies schlimme Briefe

Karin Richter

DDR-Kindheit – Wendekindheit

Der neue Alltag in ostdeutschen Kinder- und Jugendromanen

Wenn heute über veränderte Kindheit und deren Spiegelung in kinderliterarischen Texten gesprochen wird, dann ist zumeist die westdeutsche sowie die west- und nordeuropäische Kinderliteratur im Blick des Betrachters. Diese Tatsache verwundert nicht, hat es in der Vergangenheit – im Unterschied zum Adoleszenzroman – doch so gut wie keine Berührungen und Grenzüberschreitungen zwischen der Kinderliteratur des Ostens und des Westens gegeben.

Rückblick auf die Kinderliteratur der DDR

Zunächst ein Rückblick auf die Kinderliteratur der DDR, ohne den manche Erscheinungen nach der Wende unverstanden bleiben würden. Ich konzentriere mich hierbei auf die Entwicklung seit 1970, weil sich zu diesem Zeitpunkt auch in der ostdeutschen Kinderliteratur ein Paradigmenwechsel vollzogen hat, der allerdings anderen Prämissen folgt und nur verständlich wird, wenn man die davor liegenden Entwicklungsphasen in Betracht zieht. Außerdem haben junge Menschen der neuen Bundesländer durch die Literatur dieser Phase eine frühe literarische Prägung und Sozialisation erfahren.
Vergleicht man die Kinderliteratur der BRD und der DDR der 50er und 60er Jahre, dann offenbaren sich Unterschiede, wie sie größer nicht sein könnten: Auf der einen Seite eine Kinderliteratur „der weitgehend außerhalb der Gesellschaft angesiedelten kindlichen Freiräume", die – wenn überhaupt – nur am Rande die Probleme der „Erwachsenengesellschaft berührt und Kindheit als qualitativ eigenständige Daseinsform begreift"[1]. Auf der anderen Seite eine Kinderliteratur, in der Kinder in die Gesellschaft der Erwachsenen integriert werden und kindliche Autonomie und separates Kindsein als Unmöglichkeit erscheinen. Während sich die Kinderliteratur der BRD von einem vordergründig erzieherischen Impetus kinderliterarischen Schreibens entfernte, kindliche Weltsicht in den Mittelpunkt rückte und Kinder aus der Welt der Erwachsenen herauslöste, bindet die Kinderliteratur der DDR kindliches Leben in die dominanten gesellschaftlichen Prozesse ein. Es gibt für die kindlichen Protagonisten demzufolge nichts Wichtigeres, als sich für den Aufbau des Neuen zu engagieren. Im Unterschied zur bundesrepublikanischen Kinderliteratur werden Kinder und Erwachsene in einer einheitlichen Welt dargestellt. Wenn die „Großen" mit der Gründung einer Genossenschaft beschäftigt sind, dann stellen die Kinder ihr gesamtes Tun – ihr Spielen eingeschlossen – darauf ein, jenen Prozeß mit Flugblattaktionen, Theateraufführungen und Entdeckungen feindlicher Kräfte zu unterstützen.[2]
Merkwürdigerweise markiert der Übergang von den 60er zu den 70er

Jahren in beiden Kinderliteraturen einen Einschnitt, der einem Paradigmenwechsel gleichkommt. Mit ihm verändert sich das Bild von Kindheit im Kinderbuch in beiden Teilen Deutschlands entscheidend.

Bereits vor dem tiefgreifenden Einschnitt in der Entwicklung der DDR-Kinderliteratur in den 70er Jahren haben sich merkliche Wandlungen vollzogen: Das Erzählinteresse wendet sich bei einer Reihe wichtiger Autoren vom Kollektiv ab und der kindlichen Individualität zu. Als Beispiel seien *Karl Neumann*, *Benno Pludra* und *Alfred Wellm* genannt – kinderliterarische Bestsellerautoren der DDR, von denen *Karl Neumann* wohl die nachhaltigste und breiteste Wirkung erzielte. Bei diesen Autoren bildete die Gemeinschaft zwar auch weiterhin einen wichtigen Gegenstand der Betrachtung, aber an ihr interessierte nun vornehmlich, wie sie sich gegenüber dem einzelnen verhält, welche Möglichkeiten sie zu seiner weiteren Entwicklung eröffnet. Die summarische Zeichnung eines Kinderkollektivs wird zurückgedrängt, verbunden mit einem tieferen Erfassen der inneren Vorgänge der Kindfigur. Nicht mehr die Gemeinschaft der Erwachsenen mit ihren spezifischen (Arbeits-)Aufgaben bildet den Hintergrund kindlichen Lebens. Aus dieser Gemeinschaft wird jetzt gleichsam ein Erwachsener herausgelöst, der zum Partner des Kindes wird.

Seit den 70er Jahren verändert sich das Bild von Kindheit und Kindsein bei einer beachtlichen Anzahl von Autoren nahezu vollständig. Kinder erscheinen nun zunehmend als gefährdete Wesen in einer Gemeinschaft, die gegen ihre einstigen Ideale lebt. Verbunden ist diese Veränderung mit einer für die Kinderliteratur bis dahin ungewöhnlichen Schärfe in der Konfliktgestaltung. Die Texte insistieren direkt auf der Frage, inwieweit die verbindliche gesellschaftliche Kommunikation und das vorherrschende individuelle Verhalten überhaupt noch den Werten einer sozialistischen Gesellschaft entsprechen. Mit der Veränderung des Verhältnisses von Kindfigur und sozialem Umfeld wandeln sich der Gestus, der Adressatenbezug und nicht zuletzt die literarischen Strukturen und künstlerischen Mittel. Viele Texte vermitteln die Einsicht, daß glückliches kindliches Leben nur möglich wird, wenn sich grundlegende Veränderungen in der Gesellschaft vollziehen. Kindheit erscheint einerseits bedroht durch Pervertierungen innerhalb der Gesellschaft. In diesem Fall ist die Kindfigur Opfer intoleranten, doktrinären oder auch nur oberflächlichen Verhaltens der „Erwachsenengesellschaft" (*Kozik*: Der Engel mit dem goldenen Schnurrbart; *Pludra*: Insel der Schwäne; Das Herz des Piraten; *Tetzner*: Maxi; *Wellm*: Karlchen Duckdich[3]). Zum anderen wird das kindliche Wesen zum kritischen Beobachter des Treibens von Erwachsenen, partiell auch zu deren Erlöser stilisiert (*Wellm*: Das Mädchen mit der Katze; *Hein*: Das Wildpferd unterm Kachelofen[4]). Das Kind wird zum Träger der idealen Werte; die Gesellschaft der Erwachsenen ist dagegen pervertiert in ihr scheint eine sinnvolle Kommunikation kaum möglich zu sein. Kindheit wird als idealer Zustand dargestellt und erhält die Funktion eines Gegenbildes zu etablierten Formen des sozialen Umgangs miteinander.

Die bemerkenswerten kinderliterarischen Texte, die in der DDR in der 70er und 80er Jahren entstanden warnen nicht nur vor bedenklichen Entwicklungen, sondern deuten – als wertorientierender Impuls für den kindlichen und erwachsenen Leser – Möglichkeiten einer Veränderung an. Der kritische Blick auf die Gesellschaft evoziert eine veränderte Sicht auf das Kind. Es soll nicht mehr im Hinblick auf eine vorgegebene gesellschaftliche Struktur erzogen werden, sondern es erscheint als Opfer oder Retter einer – zumindest in wesentlichen Momenten – gefährdeten Gesellschaft, die zugleich ein unverstelltes Kindsein verhindert.

Kinderliterarische Texte ostdeutscher Autoren nach der Wende

Bedrohte Kindheit und Jugend steht auch im Zentrum der Texte ostdeutscher Autoren, mit denen sie die Wende- und Nachwendezeit im Osten Deutschlands erfassen wollen. Nach dem Untergang des Gesellschaftssystems, auf dessen Veränderung viele ostdeutsche Kinderbuchautoren mit ihren Texten zielten, versuchen einige von ihnen die veränderte Situation einzufangen und die Besonderheiten der Wende- und Nachwendekindheit literarisch zu gestalten.

Mein eher kritisches Urteil über jene inzwischen auf über 40 Titel angewachsene Nachwendeliteratur ostdeutscher Autoren modifizierte sich, nachdem ich den ersten kinderliterarischen Text gelesen hatte, der von außen die Wende- und Nachwendeereignisse zu erfassen suchte. *Elisabeth Arendt*, eine Autorin, die in den 50er Jahren von Ost nach West ging, beschreibt nach Zeitungsmeldungen und Augenzeugenberichten das Schicksal eines ostdeutschen Jungen und seiner Familie. Sie wählt hierfür weitaus traditionellere Erzählmuster als eine Reihe ostdeutscher Autoren. In ihrer

Erzählung „Hauptsache zusammen"[5] geht sie mit ihrer Wahl der künstlerischen Mittel und Verfahren um Jahrzehnte zurück; sie scheint Anleihen bei *Erich Kästner* genommen zu haben, wenn sie ihren jungen Protagonisten allein auf Reisen schickt, um letztendlich die durch die Wende problematisch gewordenen Familienbeziehungen wieder zu ordnen.

Diesen Optimismus sucht man in den Kinderbüchern ostdeutscher Autoren nach der Wende vergeblich. Fallen auf den ersten Blick zunächst vor allem Gemeinsamkeiten innerhalb einzelner Erzählkonstruktionen und Erzählelemente auf, so offenbaren sich auf den tieferen, zweiten Blick markante Unterschiede. In diesem Zusammenhang ist die Frage von Belang, ob die neuen Texte eher eine Reflexion der Befindlichkeit ihrer Autoren darstellen oder ob sie die Sicht und Probleme junger Menschen widerspiegeln. Gerade in der literarischen Reaktion auf diese ohne Zweifel konträre Interessenlage dürfte die Problematik des Schreibens ostdeutscher Kinderbuchautoren nach der Wende liegen. In diesem Kontext schließt sich die Frage an, welche Texte junge Leser interessieren und eine Grundlage für einen anregenden Disput über Kinder und Jugendliche bewegende Fragen bieten könnten.

Bei einer Betrachtung aller nach der Wende erschienenen Texte ostdeutscher Kinder- und Jugendbuchautoren fallen zunächst drei verschiedene Muster bzw. Modelle auf:

○ Es erfolgt eine Konzentration auf die Zeit unmittelbar vor und unmittelbar nach der Wende. Es interessiert im besonderen Maße die Bewegung, die zur Veränderung im Osten und zum Zusammenbruch des Gesellschaftssystems der DDR führte.

○ Die Handlung konzentriert sich auf die unmittelbare Gegenwart im vereinten Deutschland.

○ Man setzt sich auf sogenannten Nebenschauplätzen mit den Folgen der gesellschaftlichen Veränderung auseinander, die man vornehmlich als Verlust begreift.

Eine erste literarische Reaktion ist der von *Peter Abraham* und *Margareta Gerschenek* herausgegebene Erzählband „Wahnsinn", an dem sich viele der etablierten DDR-Autoren beteiligten. Hier erfolgte ein Blick auf die bedrohte Kindheit der Vorwendezeit, mit dem der Untergang des Staates zu erklären versucht wurde. Daneben steht das Erzählen der Situation danach, in der Kindheit als ein schwieriger Lebensraum erscheint – zum einen wegen des Verlusts von Freundschaften (viele Familien verlassen die DDR), zum anderen dadurch, daß die Kinder, deren Väter zu den „Trägern der Macht" gehörten, nun stellvertretend für ihre Väter büßen müssen. Wie problematisch die schnellen literarischen Reaktionen auf aktuelle politische Ereignisse sind, offenbart nicht zuletzt *Hannes Hüttners* Erzählung „Ricardo". In seinem Erzählgestus ist der Text einer der faszinierendsten des Bandes, in seinem Inhalt einer der problematischsten. Ricardo stirbt an der Mauer, weil seine – durchgehend negativ beschriebene – Mutter die Aufsichtspflicht verletzt, um zur geöffneten Mauer zu eilen und sich „einen Mann aus dem Westen zu angeln". Die Sehnsucht nach der Freiheit und die Verantwortungslosigkeit gegenüber dem Kind verbinden sich. Hierin liegt die Problematik des Textes. Ich würde ihn nicht so deuten wollen, daß die Öffnung der Mauer kindliches Unglück evoziert, obwohl der Text in dieser Weise verstanden werden kann.

Ein Sonderfall: Henning Pawel

Anders ist die literarische Reaktion auf die Wende bei einem jüdischen Autor, dessen Texte zu DDR-Zeiten nicht veröffentlicht wurden. *Henning Pawel* versucht in seinem Erzählband „Wie ich Großvater einschloß, um die deutsche Einheit zu retten" mit einer Mischung von Alltagsschilderung und Phantastik die sich überstürzenden Ereignisse einzufangen. Auch wenn einzuräumen ist, daß die Erzählungen kindlichen Lesern ohne die Hilfe eines erwachsenen Vermittlers wohl nicht zugänglich sind, so sind sie doch meines Erachtens ein gültigeres Zeugnis jener Zeit als manche Texte aus der Anthologie „Wahnsinn".

Auf einem gesamtdeutschen Enkelkongreß berichten die Enkel, wie sie sich um die deutsche Einheit verdient gemacht haben. Erzählt wird vom Stiefsohn des Stasigenerals, der auf der Seite der Oppositionellen steht und ihnen die Melodie leiht, die die Mauer zum Einstürzen bringt. In einer anderen Geschichte wird dem Leser eine mauerkaufende Amerikanerin vorgeführt, die mit *Schalk-Goloakowski* verhandelt und schließlich dessen Enkel mit nach Amerika nimmt. Die Parallelen zwischen dem Stiefsohn des Stasigenerals und dem „Balg vom alten Schalk" – wie es im Text heißt – deutet auf eine Auffassung vom Kind als ein dem Erwachsenen überlegenes Wesen, das individuelle und gesellschaftliche Verwerfungen zu durchschauen vermag.

Diese Darstellung erscheint vor allem deshalb nicht aufgesetzt, weil sie sich in phantastischer Einkleidung präsentiert. Der „Mythos vom Kinde" wird mit Augenzwinkern erzählt, ohne daß damit der Ernst der Situation verdeckt würde. *Henning Pawel* vermischt den kritischen Blick auf die Vorwendezeit mit nachdenklichen Tönen zur Nachwendezeit, in der die „Kämpfer gegen die alte Macht" in der neu gewonnenen Machtposition ihre einstigen Ideale verlieren, in der Kolonialisten auftauchen, die zunächst nur Wartburg und Kyffhäuser, schließlich aber ganz Thüringen aufkaufen wollen. Auch in dieser Erzählung entlarvt ein kindliches Wesen die Absichten der Erwachsenen und beendet deren trügerisches Spiel.

Zwei andere Publikationen *Henning Pawels* sind interessanter und origineller: „Joschkas Hund" und „Schapiro & Co.". Sie empfehlen sich wegen ihrer poetischen Substanz und ihrer Attraktivität für den Einsatz im Unterricht in Klasse 5/6 (Joschkas Hund) bzw. ab Klasse 8 (Schapiro & Co.). Für „Joschkas Hund" erhielt *Henning Pawel* den Oldenburger Jugendliteraturpreis. Es ist eine Tiergeschichte von bemerkenswerter literarischer Qualität, deren Lebendigkeit auf dem Erzählen einer ungewöhnlichen Familienatmosphäre im Haus des jüdischen Hutmachers Schapiro Feibusch erwächst. Der mit Intelligenz gepaarte Humor, der die Erzählung trägt, verdeckt nicht den traurigen Hintergrund jener jüdischen Familiengeschichte. In wenigen Sätzen, in denen vom Lachen und Weinen dieser eng miteinander verbundenen Menschen erzählt wird, deutet sich deren Leidensweg an.

In den Geschichten von „Schapiro & Co." begegnet der Leser den liebenswürdigen und eigenwilligen Figuren aus „Joschkas Hund" wieder. Diesmal ist der Blick deutlicher auf das soziale Umfeld der Familie gerichtet. Das Erzählinteresse zielt nicht zuletzt darauf, das Verhalten der „Arier" in Vergangenheit und Gegenwart zu erfassen. Der autobiographisch geprägte

Text offenbart die Sonderstellung des jüdischen Kindes und Jugendlichen in einer Umwelt, in der die faschistische Vergangenheit unterschwellig noch präsent ist. Sie tritt Joschka entgegen im „Altnazi" Trimm und im Lehrer Schwarz mit seinen faschistoiden Verhaltensweisen. Trotz seiner Bemühungen bleibt Joschka auch in der Welt der Kinder der „Ehemaligen" ein Außenseiter. Der Gestus der Geschichten ist sehr unterschiedlich. Wenn *Henning Pawel* die Männerrunde um Joschkas Großvater belebt, in der der Enkel geborgen ist, dominieren phantastische und humorvolle Einfälle. Kennt man die Lebensgeschichte des Autors, dann weiß man, daß sich dahinter die mit Trauer belegte Erinnerung an Menschen verbirgt, die Opfer des Holocaust wurden und denen der Erzähler eine literarische Existenz verleiht, um sie auf diese

138

Weise auch für sich lebendig werden zu lassen, denn schließlich hat er sie selbst nie kennenlernen können. In den Texten, in denen Joschkas Kindheit und Jugend mit einem deutlichen Bezug zur Realität erzählt wird, wird der Ton bissiger, trauriger, zuweilen auch resignativ.

Es ist der Schweizer Publizistin *Anna Katharina Ulrich* zuzustimmen, die „Joschkas Hund" als größte Überraschung bei den Neuerscheinungen des Kinderbuchverlages Berlin nach der Wende bezeichnet hat. Diese Hervorhebung der besonderen literarischen Qualität gilt über die genannte Erzählung hinaus auch für andere Texte *Henning Pawels*, die seitdem erschienen sind. So auch für die gleichnishafte Erzählung „Katzenfest". Die Probleme und Reize im Kontakt zwischen hessischen und thüringischen Katzen werden hier auf hintergründige Weise erzählt. Es geht nicht nur um Liebeslust und Liebesleid, wenn *Henning Pawel* die Wege beschreibt, auf denen diese Katzen beider Länder zueinander finden und voneinander getrennt werden. Die Schwierigkeiten innerhalb der „Katzengesellschaft" verweisen auf Menschliches. Das offenbart nicht nur das Schicksal des thüringischen Katers Otfried, der unter lebensbedrohlichen Umständen zu seiner hessischen Angebeteten gelangt. Trotz großer Liebe möchte er wieder ins Thüringische fliehen, da die hessische Geliebte versucht, ihn ausschließlich mit ihrer Lebensart zu beglücken, und die in Thüringen geprägten Lebensmuster des Katers einfach ignoriert. Erst Otfrieds Weigerung führt zu Läuterung und gegenseitiger Akzeptanz und macht das hessisch-thüringische Katzenfest möglich.

Eine derartige Darstellung deutsch-deutscher Befindlichkeit kann meines Erachtens nicht nur zu vergnüglichen Unterrichtsstunden führen (auf Grund seines Charakters ist der Text von Klasse 5 bis 9/10 einsetzbar), sondern mit diesem Erzählgestus wird erreicht, daß sich jugendliche Leser dieser Thematik eher öffnen.

Jugendromane von Jutta Schlott und Gunter Preuß

Eine Leichtigkeit dieser Art wird man in der Mehrzahl der ostdeutschen Wende- und Nachwendetexte vergeblich suchen. *Jutta Schlott* versucht in ihrem Jugendroman „Kalter Mai" die Atmosphäre der Wende- und Nachwendesituation einzufangen. Der Text hat – wie Beiträge in „Eselsohr" und in den „Beiträgen Jugendliteratur und Medien" dokumentieren – besondere Beachtung erfahren. Nüchtern erzählt die Autorin von ihrer Heldin Katharina Eschenbach, die am Tag der Republik, dem 7. Oktober 1989, ihren sechzehnten Geburtstag feiert. Die politischen Ereignisse beeinträchtigen diesen Tag, den sie mit ihrer Freundin feiern wollte, denn diese hat die DDR verlassen. Den positiven Eindrücken während Katharinas Teilnahme an den Herbstdemonstrationen, folgen die bedrückenden Ereignisse, die den Vater und die Mutter zunächst arbeitslos machen und schließlich zu einem Umzug führen, der Katharina in eine fremde Umgebung versetzt. Sie erlebt die Mutlosigkeit ihrer Eltern. Sie findet zur Kleinstadt und zu ihren neuen Klassenkameraden keinen Zugang – eine Situation, die konstruiert anmutet, zumal die Autorin dem Leser keine überzeugende Begründung dafür bietet. Schließlich erfährt Katharina in ihrer Liebe zu Roland neue Lebensimpulse. Den neuen gesellschaftlichen Bedingungen steht sie kritisch gegenüber. Insgesamt spiegelt der Text

Resignation, Enttäuschung und Orientierungslosigkeit vieler Menschen wider. Die Geschichte endet mit dem Selbstmord der Mutter eines Freundes von Katharina und dem sarkastisch zu verstehenden Satz: „Eine Gesellschaft von Freunden".

Weitaus deutlicher als die Rezensionen belegen die in den „Beiträgen Jugendliteratur und Medien" dokumentierten Unterrichtsversuche mit diesem Roman in je einer ost- und einer westdeutschen zehnten Klasse dessen Mangel an literarischer Qualität.[6] Bemängelt wird die geringe Wiedergabe der Gefühle der Figuren, der wenig ausgeprägte Blick nach innen. Trotz der Anerkennung einzelner Probleme, die in der Geschichte dargestellt werden, blieb das Verhältnis der ostdeutschen Schüler zum Text distanziert. Interessant war, daß eine Reihe der Schüler annahm, das Buch hätte eine westdeutsche Autorin geschrieben, die sich aller möglichen Klischees von den „Ossis" bediente und verschiedene Ereignisse zu einem Sammelsurium zusammengefügt habe. Die Reaktion westdeutscher Schüler war partiell anders. Sie zeigten sich von den Ereignissen der Wende unberührt und meinten: „Warum soll ich mir darüber Gedanken machen, ob politische Ereignisse irgend etwas in meinem Leben beeinflußt hätten? Politik hat doch nichts mit meinem Leben zu tun". Dagegen zeigten sie sich von der dargestellten Liebesgeschichte beeindruckt. Die Auseinandersetzung Katharinas mit der sich verändernden Lebenssituation empfanden sie dagegen als langweilig. Kritisiert wurde vor allem der Schluß – der Selbstmord der Mutter eines Freundes –, der ihres Erachtens nichts mit der Katharina-Geschichte zu tun hätte. Weitaus deutlicher identifizier-

ten sich die westdeutschen Leser mit Katharina, als es um ihre Liebesgeschichte und ihre vermutete Schwangerschaft ging. Sie begrüßten die offene Gestaltung von Liebe und Sexualität. Die Darstellung der Montagsdemonstrationen und der politischen Verhältnisse wurde als aufgesetzt empfunden. Von den Jungen wurde dieser Aspekt allerdings eher akzeptiert als von den Mädchen. Die Reaktion der westdeutschen Schüler bestätigte damit nicht die Vermutung ostdeutscher Jugendlicher, daß die Lektüre des Buches den sogenannten Ost-West-Konflikt vertiefe.

Es mag paradox erscheinen, daß ich den Text gerade wegen seiner genannten Schwächen als Grundlage für eine Diskussion im Unterricht (ab Klasse 8) empfehle. Ich meine, daß sich der Text gut als Ausgangspunkt für eine Diskussion eignet, in der die Schüler ihre Sicht sowohl auf die Handlung und Figur als auch auf die dahinter stehenden gesellschaftlichen Ereignisse zur Sprache bringen können. Ich plädiere deshalb für die Behandlung dieses Textes, weil vielfältige Äußerungen junger Menschen darauf hindeuten, daß ihnen die Schule zu wenig Raum bietet, um über gravierende Umbrüche und über den Wandel der Lebensmuster, von denen junge Menschen direkt oder indirekt betroffen sind, zu sprechen. Da sich dieser Text einer Identifikation verweigert, ja direkt Widerspruch provoziert (von der Autorin sicher unbeabsichtigt), ermöglicht er eine offene Rezeption und Kommunikation.

Was bei *Jutta Schlott* den Ausgangspunkt der Geschichte bildet, ist im Jugendroman „Vertauschte Bilder" von *Gunter Preuß* zentrales Thema. *Gunter Preuß* liefert keine nüchterne Darstellung gesellschaftlicher Veränderungen und deren Spiegelung im Leben junger Menschen; er versucht eher, seine Geschichte mit ästhetischen Bildern „anzureichern". Er verbindet die Gefühle und Gedanken der Heldin Isabell mit der Geschichte des Jungen Gavroche aus dem Paris des frühen 19. Jahrhunderts. Der Text *Victor Hugos*, der in der DDR zum Lesekanon an Schulen gehörte, bewegt die Zwölfjährige derart, daß sie sich ständig an Gavroches Schicksal und Tun erinnert und zur literarischen

Gunter Preuß
Vertauschte Bilder
Fischer Schatzinsel

Figur ein geschwisterliches Verhältnis aufbaut. Die Motivation für diesen imaginären Kontakt mit einer Romanfigur ist meines Erachtens wenig überzeugend. Auch scheint mir das Erzählen der inneren Welt des Mädchens durch auktoriale Wiedergabe von Tagebuchaufzeichnungen keine gute Lösung zu sein. Es ist unklar, warum auf Passagen in Ich-Form verzichtet wurde.

Die Normalität des DDR-Alltags wird in der Familie von Isabell zu spiegeln versucht – mit der Darstellung der angepaßten Lebensart der als etwas eingeschränkt gezeichneten Mutter und dem nur nach Alkoholgenuß gesellschaftskritischen Vater, der mit seinen Wetten beim Pferderennen seinem Traum von Freiheit Nahrung gibt. Auch die Schule wird mit einem kritischen Blick bedacht, mit dem allerdings literarisch nichts Neues gewonnen wurde.

Neben dem Schildern der Herbstereignisse in Leipzig erzählt *Gunter Preuß* von einem außergewöhnlichen Ereignis, das Isabell reifen läßt: Isabell stößt unbeabsichtigt an das Bild des Staatsoberhauptes im Schulkorridor. Es fällt herunter. Isabell hängt es wieder auf, ohne zu bemerken, daß durch den Sturz das hinter dem Honeckerbild noch steckende Porträt Stalins zum Vorschein gekommen ist. Dieser Vorgang, der symbolische Bedeutung tragen soll, wirkt meines Erachtens aufgesetzt, weil er künstlerisch nicht überzeugend gestaltet ist. Der Einfall, hinter Honecker Stalin erscheinen zu lassen, ist durchaus interessant, aber er wirkt am Ende blaß, weil der Autor keine ästhetische Form für seine Idee gefunden hat. Dergestalt wird auch die einschneidende Wirkung des Vorfalls auf seine Heldin nur behauptet, aber nicht erzählt. Überhaupt drängt sich der Verdacht auf, daß *Gunter Preuß* zu der gesellschaftlich determinierten Geschichte eine jugendliche Figur erfunden hat, es ihm aber nicht gelungen ist, in diese Figur tatsächlich einzudringen. Draufsicht „ersetzt" hier den „Blick nach Innen".

Das gemeinsame Fasziniertsein von der Figur des Gavroche führt Isabell und den vier Jahre älteren Henner zusammen. Durch ihn findet Isabell zur Opposition und erlebt am eigenen Leib deren Verfolgung. Auf einer Demonstration sagt sie schließlich „Ich". Damit wird noch einmal deutlich, daß *Gunter Preuß* mit seiner Darstellung der Wendeereignisse zugleich die Geschichte einer Individuation bieten will. Der Versuch, die Gedankenwelt seiner Protagonistin für junge Leser zu erschließen, gelingt zuweilen. Es stellt sich die Frage, ob nicht die Wahl von Formen personalen Erzählens der Erzählabsicht deutlicher entsprochen hätte. Anstelle von Bewußtseinsströmen und innerer Rede setzt *Gunter Preuß* literarische Zitate und Gespräche zwischen einer imaginierten literarischen Figur (Gavroche) und seiner Heldin. Diese Form der ästhetischen Widerspiegelung innerer Vorgänge wirkt partiell aufgesetzt und wenig überzeugend.

Im Unterschied zur Behandlung von *Jutta Schlotts* Geschichte bietet sich bei *Gunter Preuß* romanhafter Erzählung auch die Analyse der ästhetischen Gestalt des Textes an. Die Schüler (der Text eignet sich für eine Behandlung ab Klasse 9) könnten der Frage nachgehen, inwieweit für sie die Handlungsweise und die Gedankenwelt der Hauptfigur überzeugend dargestellt sind. Diese Fragestellung kann ergiebig sein, weil *Gunter Preuß* auf die Zeichnung einer Individuation unter bestimmten gesellschaftlichen Bedingungen zielt und damit wichtige Fragen von Jugendlichen berührt.

Zwei Texte von Günter Saalmann

Neben *Gunter Preuß* gehört *Günter Saalmann* zu den Autoren, die nach der Wende in den gesamtdeutschen Kinderbuchmarkt aufgenommen wurden. Er ist gegenwärtig mit mehreren Titeln in verschiedenen Verlagen präsent. In seinem Leseprofi-Band für jüngere Leser (die Erzählung eignet sich für Klasse 4–6), der unter dem Titel „Am Katzentisch" erschienen ist, wird eine einfach strukturierte Geschichte erzählt, die offenen Charakter trägt, selbst wenn ihr Ende geschlossen wirkt. Der Inhalt ist schnell erfaßt: Bastian, ein Junge aus Leipzig, zieht mit den Eltern in den Westen. Als Außenstehender hat er zunächst nur Kontakt zu der türkischen Klassenkameradin Songül, die in der Klasse am „Katzentisch" sitzt. Ähnlich wie im Titel stehen auch im Unterricht sprichwörtliche Redewendungen im Mittelpunkt (die zuweilen ebenso aufgesetzt wirken wie die Figur des angenehmen, geistreichen Lehrers). Im Kontakt zwischen Bastian, Ossi und Tom spielt das Taschenmesser des Jungen aus Leipzig eine wichtige Rolle. Ossi begehrt es mit zunächst unerklärlicher Vehemenz. Erst am Ende des Textes wird deutlich, warum er das Taschenmesser mit dem Völkerschlachtdenkmal und der Inschrift „Gruß aus Leipzig" unbedingt besitzen möchte: Ebenso wie Bastian ist er aus dem Osten in die alten Bundesländer gekommen. In einem Wettspiel gewinnt Ossi das Taschenmesser. Es findet sich später in dem verwüsteten Garten von Songüls Großvater. Bastian wird für den Täter gehalten. Im Versuch, den Vorfall aufzuklären, gerät er in Gefahr und wird von Ossi, Songül und Tom gerettet. Ein Freundschaftsbund bahnt sich an, in den das türkische Mädchen eingeschlossen ist. Bastian kann sich nun nicht mehr vorstellen, daß die neuen Freunde tatsächlich den Garten verwüstet haben. Es bleibt offen, ob sie es tatsächlich gewesen sind.

Günter Saalmanns Beitrag ist kein banaler, aber auch kein herausragender Text. Eine vereinfachte Konfliktgestaltung präsentiert sich in einer spannenden und zugleich komisch-unterhaltsamen Geschichte, die sich durchaus für den Unterricht eignet. Schwerpunkte der Behandlung könnten folgende Komplexe sein: die Suche und das Finden freundschaftlicher Beziehungen, das Ausgrenzen von Kindern, die Haltung gegenüber Fremden. Das Gespräch über diese Fragen sollte sich direkt aus Elementen des literarischen Textes entwickeln. Dazu bieten die offene Struktur und die Leerstellen eine gute Voraussetzung. Die Schüler können darüber nachdenken, warum sich die literarischen Gestalten so und nicht anders verhalten. Sie können vermuten, wo die Gründe für zunächst unerklärliches Verhalten der einzelnen liegen. Damit sind zugleich auch Möglichkeiten des Um- und Weiterschreibens angedeutet.

An ein älteres Lesepublikum richtet sich *Günter Saalmann* in seinem Roman „Zu keinem ein Wort"(1993). Die Handlung der Geschichte führt zurück ins Jahr der Wende und konzentriert sich auf die Auswirkungen der politischen Vorgänge auf eine Abiturklasse; sie beruht auf einem wirklichen Vorfall. *Günter Saalmann* erzählt spannend, erfaßt dabei Momente der jugendlichen Subkultur und der jugendlichen Denk- und Verhaltensmuster. Wie *Jutta Schlott* verbindet er die Darstellung politischer Vorgänge mit einer Liebesgeschichte; anders als sie versteht er es, diese mit dem dominanten Thema zu verbinden und sie nicht als Beiwerk und Lockmittel anzufügen.

Im Mittelpunkt des Textes steht der Oberschüler Alfred. Das Mädchen Kordula, dem seine Aufmerksamkeit gilt, wird nach einer Fete angefallen; ihr wird ein Hakenkreuz auf Hals- und Brustpartie eingeritzt. Dieser Vorgang wird im privaten und öffentlichen Umfeld zunächst verschwiegen. Alfred erfährt von Kordula, deren Vater Pole ist, die Wahrheit und notiert sie in Gedächtnisprotokollen. In diese Protokolle trägt er auch den Inhalt des Gesprächs ein, das er als Lauscher im Nebenzimmer mithört, als Kordula von einem Mitarbeiter der Staatssicherheit vernommen wird. Der kriminelle Vorfall soll auf eine Dummheit junger Menschen reduziert und das Opfer zur Täterin gemacht werden, die durch ihre erotische Anziehungskraft den Vorfall provoziert habe. Die Situation in der Klasse und deren Umfeld ist äußerst gespannt. Die Stasi ist in der Schule ständig anwesend, ein Schüler wird wegen einer Flugblattaktion von der Schule relegiert. Die Lehrerin versucht, ihre durchaus differenzierten Ansichten zu dem, was im gesellschaftlichen Umfeld geschieht, anzudeuten. Den Aufsatz von Alfred, der in seiner Zweideutigkeit eindeutig zu den politischen Vorgängen Stellung nimmt, wird von ihr akzeptiert und positiv bewertet; doch als das Ganze öffentlich wird, zieht sie sich zurück.

Im Zusammenhang mit den Demonstrationen wird Alfreds Tagebuch von der Stasi aus der Wohnung geholt. Er wird vernommen, auch körperlich bedroht, aber schließlich freigelassen. Als die Waage zugunsten der Demonstranten ausschlägt, wird der Stasimann, der Alfred und Kordula in der Schule verhörte, gejagt. Beide erfahren von ihm, daß man längst die Täter gefunden hatte und nur zur Vertuschung der neofaschistischen Tendenzen das Spiel mit ihnen getrieben habe.

Der Brief von Kordula an Alfred, in dem sie auch von den Verstrickungen ihres Vater berichtet, offenbart, wie in einer Familie Täter, Mitläufer und

Opfer nebeneinander leben und nicht leicht über Vorgänge und Verhaltensweisen zu richten ist. Diese Problematik wird auch am Beispiel der Lehrerin deutlich gemacht, die zwar zum einen angepaßt lebte, aber andererseits ihren Schülern auch Freiräume gewährte und selbst unsicher war.

Günter Saalmann wählt als Ausgangspunkt für seinen Text einen authentischen Vorfall, den er nutzt, um die Mechanismen innerhalb des Systems zu zeigen, die letztlich zu seinem Untergang führten. Ihn interessiert im besonderen Maße das Involviertsein seiner Figuren und deren Schritte, die zur allmählichen Entwicklung von Widerstand führten. Die Darstellung faschistoider Verhaltensweisen auf dem Boden der DDR erscheint zumindest partiell einseitig, weil ein Ereignis, das durchaus die pervertierten Verhaltensweisen innerhalb des gesellschaftlichen Systems offenbart, zu der Schlußfolgerung führen könnte, in diesem Umfeld habe es generell einen günstigen Boden für rechtsextreme Gewalttäter gegeben.

Der Roman eignet sich für eine Behandlung im Unterricht (ab Klasse 8). Ihren Ausgangspunkt könnte die Erzähleröffnung (Die Friedhofsfete) bilden, weil die Zeichnung der Figuren und der Situation einzelne Aspekte jugendlicher Subkultur gut erfaßt und auf diese Weise junge Menschen für die folgende Handlung zu interessieren vermag.

Über aktuelle politische Themen (faschistoide Verhaltensweisen in der DDR, Funktion der Staatssicherheit mit ihren pervertierten Methoden, die Wirkung des politischen Umfeldes auf Jugendliche und Erwachsene) hinaus sollte sich die Behandlung auf die Beziehungen und die Verhaltensweisen sowie Wünsche von jungen Menschen konzentrieren, weil eine Akzentsetzung, die sich ausschließlich auf die skizzierte Thematik bezieht, das Gespräch schnell einengen könnte.

Jugendliche Gewalt und Kriminalität als Thema

Auch *Gunter Preuß* verbindet in seinem Jugendroman „Stein in meiner Faust" die Darstellung der Wende- und Nachwendesituation mit der Frage nach faschistoiden Verhaltensweisen von Jugendlichen, die in der DDR aufgewachsen sind. Von der Generation ihrer Eltern fühlen sich diese Jugendlichen betrogen. Die distanzierte Haltung gegenüber deren Idealen und dem von ihnen ausgehenden Zwang zur Einordnung geht bereits in die Zeit vor der Wende zurück. Die gesellschaftlichen Veränderungen bewirken den Bruch der beiden im Zentrum des Romans stehenden jugendlichen Figuren mit ihren Eltern. Sie sind desillusioniert und glauben nur noch an Gewalt. Ihr Haß auf alles, auch auf sich selbst, führt sie in die rechte Szene.

Der Roman konzentriert sich auf den Jugendlichen Alexander Steiner, der in seiner aussichtslosen Situation zu einer faschistischen Gruppe findet, mit der er an gewaltsamen Aktionen gegen Ausländer teilnimmt. Die brutale Sprache, der Alkoholkonsum und das sexuelle Treiben der Jugendlichen offenbaren bei den meisten Bandenmitgliedern eine persönliche Schwäche, ein Verlassensein, ein Empfinden von Bedeutungslosigkeit, das scheinbar in den gemeinsamen Gewaltakten aufgehoben wird. Am Ende bleibt dem Leser die Hoffnung, daß der Junge die Kraft findet, sich von der Gruppe und dem faschistoiden Gedankengut zu lösen, nachdem die ihn so faszinierende und zugleich abstoßende Bandenführerin den alten Einsiedler, bei dem er Aufnahme und Zuneigung fand, tötete.

Der spannend geschriebene Roman scheint von der Frage des Autors getragen zu sein, woher die zuvor bei Jugendlichen im Osten nicht gekannte Gewalt und Brutalität kommt. Nicht immer kann der Versuch einer Antwort überzeugen: wenn etwa die Erklärung für den Haß des Mädchens und ihre nymphomanische Neigung in der einstigen Verführung durch einen Pionierleiter gefunden wird und zu einem Haß auf alle Erwachsenen pervertiert.

Gunter Preuß versucht mit seiner Darstellung, die brennende Frage nach den Ursachen jugendlicher Gewalt zu beantworten. Der Text beeindruckt in seiner konsequenten Zeichnung jugendlicher Figuren. Er enttäuscht in seinen letztlich vereinfachenden Antworten auf die Frage nach den Ursachen. Aufgesetzt erscheint auch die Darstellung von pervers anmutender Sexualität. Man kann sich des Eindrucks nicht erwehren, als ob in einigen ostdeutschen „Nachwendetexten" ein in der DDR lange tabuisiertes Thema nun „ausgelebt" wird.

Mit der Darstellung der Beziehungen zwischen dem Jungen und dem alten Sombrero folgt Gunter Preuß einem Modell in der Figurenkonstellation, das bereits in den 80er Jahren in der Kinder- und Jugendliteratur der DDR häufig gewählt wurde: Zwischen Figuren aus der Generation der Großväter und den kindlichen Protagonisten besteht eine innere Beziehung von gesellschaftlicher Relevanz und Brisanz. Nur sie suchen nach den Idealen menschlichen Seins, während sich die mittlere Generation im jeweiligen System eingerichtet hat.

Trotz aller Vorbehalte, die Konstruiertheit und die partielle Vereinfachung betreffend, bieten sich Auszüge aus dem Text, der Züge eines modernen Entwicklungsromans aufweist, für ein Gespräch im Unterricht an. Ich meine damit vor allem eine Anregung von Diskussionen zu den Themen Gewalt, jugendliche Subkultur und zu den Lebensmustern verschiedener Generationen. Der Text bietet gerade hierzu eine provozierende Grundlage.

Das Thema „Gewalt und Kriminalität" scheint angesichts aktueller Vorkommnisse zum dominanten Thema einzelner ostdeutscher Autoren zu werden.[7] Die Fortsetzung des in Ost und West verlegten Romans „Umberto" von Günter Saalmann ist ein weiterer Beleg für diese Vorliebe. „Fernes Land Pa-isch" bezeichnet Günter Saalmann als den dritten Band seines berühmten Buches, wie er ironisierend schreibt. Den zweiten Band über jene Wende-Zeit habe er ausgelassen, weil die Gestaltung dieser Zeit gegenwärtig kein Interesse errege. Der Anregung *Leonie Ossowskis*, die ihm geschrieben habe, daß es interessant wäre zu wissen, was aus seinem Helden unter bundesdeutschen Verhältnissen geworden wäre, sei er mit dem neuen Roman von Umberto gefolgt.

Mit seiner Mutter und Schwester landet Umberto in Hamburg. Er genießt die Freiheit und ist stolz, ein Deutscher zu sein. Als einer, der keine abgeschlossene Ausbildung aufzuweisen hat, bleibt er im „Milieu". Auch die häuslichen Verhältnisse haben sich nicht geändert; seine Mutter trinkt nach wie vor und vernachlässigt ihre Kinder. Umberto flieht mit seiner kleinen Schwester auf dem Motorrad, um in sein Traumland Pa-isch zu kommen, nach Afrika, wo der Vater seiner Schwester zu Hause ist. Nach einer abenteuerlichen Fahrt landen beide zunächst in Berlin. Merkwürdigerweise begegnet Umberto dort Bekannten aus Hamburg wieder, die alle im kriminellen und asozialen Milieu leben. Bei ihnen findet er Unterschlupf. Die anfangs friedlich erscheinende Atmosphäre offenbart sich als Welt der Brutalität, in der die großen Gangster die kleinen abkassieren.

Die Gewalt steigert sich wie in einem trivialen Action-Film, als der entmachtete Bandenchef gemeinsam mit Umberto in einen Pantherkäfig des zum Gelände gehörenden Zirkus gesteckt wird. Der Junge kann sich noch einmal retten. Doch auf der Fahrt nach Mittenwalde, wo er einst im Heim war, zündet er im Wald ein Feuer an, um seine Schwester und sich in die Wärme Afrikas zu versetzen. Der Schluß bleibt offen: Umberto sitzt im Feuerwehrauto, auf dem Schoß seine Schwester, die leblos scheint. Aleksandra, die Schulkameradin – einst selbst Heimkind wie er und für ihn immer die entscheidende Bezugsperson, die Hoffnung nach Geborgenheit verhieß – sieht vom Zug aus den Waldbrand. Damit wird die Szene aus dem Reich der Imagination in die Wirklichkeit gehoben. Der Zug sollte Aleksandra nach Berlin bringen, wo sie Umberto besuchen wollte. Für einen wie Umberto – das scheint der Roman sagen zu wollen – gibt es nirgends das ersehnte Land Pa-isch.

„Fernes Land Pa-isch" erreicht meines Erachtens nicht die ästhetische Qualität seines Vorgängers „Umberto". Die Anlage des Textes offenbart seine Ausrichtung als Filmszenarium (der Film ist bereits gedreht) und als Unterhaltungs- und Actionliteratur mit ernstem Hintergrund. In dem Versuch, all diesen Ansprüchen gerecht zu werden, liegt sicher die Crux des Romans.

Anders ist die Darstellung und der Hintergrund der Kriminalität in *Klaus Möckels* Kinderkrimi „Kasse knakken". Im Mittelpunkt der Erzählung steht das Mädchen Lia, dessen Bruder Markus sich vor ihr verschließt und zurückzieht. Allmählich entdeckt Lia, daß ihr Bruder in kriminelle Machenschaften verwickelt ist. Als wesentliche Ursache für die Veränderung des Jungen wird die Verunsicherung durch die Schließung des Betriebes gesehen, in dem er seine Ausbildung macht. Das Ende der geradlinig erzählten Geschichte ist dann doch noch ein glückliches. Im letzten Moment wird Markus durch seine Schwester und deren gleichaltrigen Freunden zur Einsicht gebracht. Der Text bedient die favorisierten kindlichen Leseinteressen – ohne sich in ihnen zu erschöpfen – und bietet sich für den Unterricht in Klasse 5/6 an.

Nur scheinbar mit krimineller Thematik verbunden ist der Text einer der wichtigsten Kinderbuchautoren der DDR, *Christa Kozik*: „Der verzauberte Einbrecher". Die Verzauberung des Einbrechers besteht darin, daß er von den Büchern im Bücherschrank eines Jungen so fasziniert ist, daß er vergißt, eigentlich zum Stehlen in die Wohnung eingedrungen zu sein. Die einschichtig angelegte Geschichte, die sich an Grundschulkinder richtet, zielt vor allem darauf, die Schönheit literarischer Texte zu verdeutlichen und diese gegen die – wie es im Text heißt – „Verblödungsmaschinerie Fernsehen" zu setzen. Darin zeigt sich, daß der Text auch als direkte Reaktion auf die Veränderungen im Medienangebot und im Medienverhalten der Kinder zu verstehen ist.

Eine Behandlung der Geschichte im Unterricht kann vor allem dann produktiv werden, wenn anhand verschiedener Textpassagen über die Bedeutung und den Reiz des Lesens und über die Faszination gesprochen wird, die die sogenannten neuen Medien auf Schüler ausüben, ohne das eine auf- und das andere abzuwerten. Im Unterrichtsversuch in einer vierten Klasse, in denen Textteile vorgelesen wurden, folgte die Klasse sehr interessiert der Handlung und reagierte vor allem positiv auf die spannenden und komischen Elemente, die sie im darstellenden Spiel in Szene zu setzen verstanden.

Komik und Ironie

Auf die Wirkung derartiger Elemente setzt *Uwe Kant* in seiner Erzählung „Heinrich verkauft Friedrich", für die er mit einer Plazierung in der Auswahlliste zum Deutschen Jugendliteraturpreis 1994 ausgezeichnet wurde. Der Text richtet sich vor allem an jüngere Leser (Klasse 3 bis 5).

Die auf die Gedanken- und Gefühlswelt eines Jungen konzentrierte Geschichte erzählt in einer bewegenden Art, in der Schwebe zwischen getragenen und komischen Tönen von einem Jungen, der die Konflikte seiner Eltern erlebt, die durch Arbeitslosigkeit in eine schwierige wirtschaftliche Lage gekommen sind. In dieser Situation fängt er eine Äußerung seines Vaters auf, daß ihnen der Vogel des Jungen noch die Haare vom Kopf fresse. In seiner Not und um den Eltern zu helfen, sucht der Junge eine Kreuzung auf, an der die unterschiedlichsten Dinge zum Kauf angeboten werden, um seinen Vogel zu verkaufen. Lange findet sich kein Käufer, doch dann kommt der verkleidete Vater, um seinen Sohn zu erlösen. Beide betreiben das Verkaufsspiel bis zum Ende, ehe sie vereint und erlöst nach Hause gehen.

Uwe Kant hat den richtigen Ton für diese Geschichte gefunden: Er entgeht einer larmoyanten Darstellung und neigt auch nicht dazu, den kindlichen Protagonisten mit erwachsenen Problemen zu belasten. Er banalisiert die Lage des arbeitslosen Vaters nicht, und doch findet er eine Form der Betrachtung der Vorgänge, die diese für den kindlichen Leser als lösbar erscheinen läßt. Im Unterschied zu allen bisher vorgestellten Texten eignet sich diese Geschichte in Klasse 5 auch sehr gut zu einer spielerischen Umsetzung, die zu einem Gespräch über die den Jungen und den Vater bewegenden Fragen führen kann und ermöglicht, daß Kinder ihre Gedanken und Ansichten im Spiel gestalten können.

Eine äußerst auffällige, merkwürdige, dazu interessant erzählte Geschichte präsentiert sich in *Helmut Sakowskis* Kinderroman „Prinzessin, wir machen die Fliege". Hinsichtlich seiner literarischen Qualität ist dieser Roman einer Reihe der bisher erwähnten Publikationen überlegen.

Auch *Helmut Sakowski* berührt das Thema rechtsradikaler Gewalt und die Frage der Arbeitslosigkeit der Eltern der kindlichen Figur, indes ist der Grundzug seines Erzählens nicht an diesen Themen festzumachen. *Helmut Sakowski* erzählt von einem kindlichen Helden, der ein Abenteuer gleichsam für sich inszeniert. Im Mittelpunkt stehen die Erlebnisse des dreizehnjährigen Ich-Erzählers, der ein kurdisches Mädchen rettet. Sein Blick auf die Welt ist vermischt mit Märchenzitaten, die allerdings Gefahr laufen, durch allzu häufige Aufnahme an Reiz zu verlieren. Daneben werden die Abenteuer des Jungen, dessen kriminalistisches Gespür und seine Neigung, Kommissar Colombo zu kopieren, mit Ironie und gleichzeitiger Sympathie für die Figur erzählt. Der Text gewinnt an Reiz vor allem durch die ironisierende Verfremdung des Alltags. Damit wird dem Leser suggeriert, daß er die dargestellten Erlebnisse nicht allzu ernst zu nehmen hat.

Die Erzählung offenbart einen versierten Erzähler, der mit scheinbarer Leichtigkeit seine Figuren und deren Abenteuer vorführt. Durch die Wahl eines kindlichen Ich-Erzählers vermittelt er den Eindruck einer Unmittelbarkeit des Geschehens. Trotz der damit verbundenen Faszination des Erzählten ist der Eindruck, daß die Problematik der Ausländerfeindlichkeit zu banalisiert erscheint, nicht ganz abzuwehren. Andererseits sehe ich in dieser Art der Darstellung von Problemen eher eine Möglichkeit, junge Leser zu erreichen, als sie gleichsam mit den Problemen Erwachsener zu erdrücken.

Der Text dürfte am stärksten Leser beeindrucken, die ein ähnliches Alter wie der Ich-Erzähler aufweisen bzw. nur wenige Jahre älter sind (Klasse 7 bis 9). Es empfiehlt sich in diesem Fall, nach dem Lesen bzw. Vorlesen der Erzähleröffnung, die den Gestus des gesamten Textes bereits entfaltet, Vermutungen über den weiteren Verlauf der Handlung und die Entwicklung der Beziehungen zwischen den tragenden Figuren anstellen zu lassen. Auch ein Weitererzählen der Geschichte nach dem Vorstellen des ersten Kapitels ist möglich. Wenn im weiteren Verlauf der Unterrichtseinheit das Thema Ausländerfeindlichkeit Berücksichtigung finden sollte, so würde eine Reduktion auf dieses Thema dem Text nicht gerecht. Der Unterricht sollte unbedingt der Sehnsucht junger Menschen nach Abenteuer Raum bieten. Dafür unterbreitet der Text selbst genügend Angebote.

Ein Resümee und eine Beschreibung ostdeutscher Kinder- und Jugendliteratur nach der Wende im Sinne einer Tendenzbeschreibung ist zum gegenwärtigen Zeitpunkt kaum möglich. Auf einige auffällige Befunde, die auch für den Unterricht von Bedeutung sein könnten, sei zusammenfassend hingewiesen. Ganz gleich, welche Präferenzen die Autoren in ihrer Darstellung von Wende- und Nachwendekindheit setzen, nahezu allen Texten ist gemeinsam, daß Kindheit und Jugend als äußerst belastet erscheinen. Die Bedrohung trägt einen anderen Charakter als in den literarischen Geschichten zuvor: Sie ist in allen Erzählungen verbunden mit einem Wertewandel, einem Zusammenbruch von scheinbar Festgefügtem. Die kindlichen Figuren scheinen völlig auf sich gestellt zu sein. Sie müssen allein fertig werden mit den neuen Lebenszuständen. Die Erwachsenen können in dieser Phase keine Partner sein, da ihr Verhalten in der Vergangenheit sie fragwürdig gemacht hat. Diese Haltung wird selbst bei den Protagonisten erkennbar, die sich nicht abrupt von ihren Eltern gelöst haben. Die kindlichen Figuren wehren sich gegen die Hilflosigkeit und Larmoyanz der Erwachsenen, die ihre Suche nach einem neuen Weg belasten. Auffällig ist in vielen Texten die literarische Konstruktion, die häufig nicht überzeugt, weil eine ästhetische Verdichtung dem Handlungskonstrukt später unterlegt zu sein scheint. Dieses Bild gegenwärtiger ostdeutscher Kinderliteratur wird vor allem durch Texte von *Helmut Sakowski* und *Henning Pawel* konterkariert. Die Erzählungen beider Autoren sind den meisten anderen Erscheinungen an Poetizität überlegen.

Die skizzierten Veränderungen im ostdeutschen Kinder- und Jugendbuch dokumentieren sich nicht zuletzt in Modifikationen innerhalb des Figurenensembles und in der Umdeutung einzelner Figurentypen aus der Erwachsenengeneration. Im Gegensatz zu den 50er und 60er Jahren, als die Gestalten aus der Großvätergeneration als Vertreter des zu überwindenden Alten angelegt waren (*Beseler*: Käuzchenkuhle; *Strittmatter*: Tinko; *Wellm*: Die Kinder von Plieversdorf[8]), werden sie seit den 70er Jahren allmählich zu Idealgestalten. Sie erscheinen als Individuen von menschlicher Größe, die wissen, welche Werte im Leben tatsächlich von Bedeutung sind (*Kant*: Die Reise von Neukuckow nach Nowosibirsk; *Kozik*: Moritz in der Litfaßsäule[9]). Gleichzeitig rückten die Gestalten aus der Vätergeneration in den Hintergrund. Ihnen wird alles Vorbildhafte genommen. Zumeist haben sie sich in einer eingeschränkten Lebensmöglichkeit eingerichtet. Auf dieser Grundlage können sie keine Partner der Kinder sein. Diese Funktion wird eher von den Figuren aus der Großelterngeneration wahrgenommen.

Die neuen Texte ostdeutscher Autoren spiegeln eine noch kritischere Sicht auf die Generation der Väter wider, aber sie knüpfen nicht an der Idealisierung der Figuren aus der Großvätergeneration an. Großväter sind im Figurenensemble zumeist gar nicht mehr präsent (*Preuß*: Vertauschte Bilder; *Saalmann*: Zu keinem ein Wort), oder sie sind eher gebrochene Persönlichkeiten, selbst wenn sie dem jungen Protagonisten zur Seite stehen (*Preuß*: Stein in meiner Faust).

Die jungen Menschen scheinen – dieses Fazit legen zumindest die meisten Geschichten nahe – ihren Weg allein gehen zu müssen. Damit dieses nicht auch in der Realität der Fall ist, sollte sich der Lehrer/die Lehrerin diesen Fragen und Problemen junger Menschen stellen. Die vorgestellten literarischen Texte können dabei das Gespräch anregen und unterstützen. Das heißt kritisch mit den Texten und ihren zuweilen schnellen Antworten und einseitigen Sichten umzugehen. Vielleicht eröffnet sich gerade im Gespräch über diese literarischen Welten mehr über die tatsächlichen kindlichen Welten, über das Denken und Empfinden junger Menschen, als es eine Reihe der Geschichten zu erfassen vermag.

---

[1] Diese Gedanken äußerte *Hans-Heino Ewers* in Themen-, Formen- und Funktionswandel der westdeutschen Kinderliteratur seit Ende der 60er, Anfang der 70er Jahre, in: Zeitschrift für Germanistik 2/95, Bern 1995, S. 257–278.
[2] Vgl. dazu *Karin Richter*: Entwicklungslinien in der Kinder- und Jugendliteratur der DDR. Vorüberlegungen für eine neue literaturhistorische Betrachtung des kinderliterarischen Schaffens von 1945 bis 1989, in: Zeitschrift für Germanistik 2/95, Bern 1995, S. 290–300.
[3] *Christa Kozik:* Der Engel mit dem goldenen Schnurrbart. Berlin 1983; *Benno Pludra:* Insel der Schwäne. Berlin 1980 und Das Herz der Piraten. Berlin 1985. *Gerti Tetzner:* Maxi, Berlin 1979; *Alfred Wellm:* Karlchen Duckdich. Berlin 1979.
[4] *Alfred Wellm:* Das Mädchen mit der Katze. Berlin 1983; *Christoph Hein:* Das Wildpferd unterm Kachelofen. Berlin 1984.
[5] *Elisabeth Arendt:* Hauptsache zusammen. München 1994.
[6] Vgl. *Lutz Feudel* und *Marion Neumann:* Zur Rezeption von Jutta Schlotts Wenderoman „Kalter Mai", in: Beiträge, Jugendliteratur und Medien 4/1993, Weinheim 1993, S. 253–259.
[7] Siehe dazu auch *Heinz-Jürgen* und *Ursel Kliewer:* Schreiben nach der Wende. Jugendliteratur ostdeutscher Autoren zum Thema „Gewalt", in: Diskussion Deutsch, Heft 138, August 1994, S. 259–265.
[8] *Horst Beseler:* Käuzchenkuhle. Berlin 1964; *Erwin Strittmatter:* Tinko. Berlin 1954; *Alfred Wellm:* Die Kinder von Plievesdorf. Berlin 1959.
[9] *Uwe Kant:* Die Reise von Neukuckow nach Nowosibirsk. Berlin 1980; *Christa Kozik:* Moritz in der Litfaßsäule. Berlin 1980.

Literatur

Abraham, Peter und *Margareta Gorschenek:* Wahnsinn. Geschichten vom Umbruch in der DDR. Ravensburg 1990

Hüttner, Hannes: Ricardo. In: *Abraham, Peter* und *Margareta Gorschenek*: Wahnsinn. Geschichten vom Umbruch in der DDR. Ravensburg 1990

Kant, Uwe: Heinrich verkauft Friedrich. Berlin 1993

Kozik, Christa: Der verzauberte Einbrecher. Berlin 1994

Möckel, Klaus: Kasse knacken. Berlin 1993

Pawel, Henning: Wie ich Großvater einschloß, um die deutsche Einheit zu retten. Die Enkel packen aus. Berlin 1991

Pawel, Henning: Joschkas Hund. Berlin 1991

Pawel, Henning: Schapiro & Co. Reinbek 1992

Pawel, Henning: Katzenfest, In: Kinder, Katzen & Co. Reinbek 1992

Preuß, Gunter: Vertauschte Bilder. München 1991

Preuß, Gunter: Stein in meiner Faust. Ravensburg 1993

Saalmann, Günter: Am Katzentisch. Würzburg 1991

Saalmann, Günter: Zu keinem ein Wort. Berlin 1993

Saalmann, Günter: Umberto. Reinbek 1993

Saalmann, Günter: Fernes Land Pa-isch. München 1994

Sakowski, Helmut: Prinzessin, wir machen die Fliege. Stuttgart und Wien 1993

Schlott, Jutta: Kalter Mai. Frandfurt/M. 1993

Weiterführende Literatur

Ausgewählte Literatur zur Kindheitsforschung

du Bois-Reymond, Manuela u.a.: Kinderleben. Modernisierung von Kindheit im interkulturellen Vergleich. Opladen 1994
Brinkmann, Wilhelm: Kindheit im Wandel. Überlegungen zu ihrem Entstehen, ihrem Verschwinden und ihrem Stellenwert für die Pädagogik. In: *Schulze, Hans Joachim* und *Tilman Mayer* (Hg.): Familie: Zerfall oder neues Selbstverständnis? Würzburg 1987, S. 28–54
Büchner, Peter: Kindheit und Erziehung im Wandel. Erziehungssoziologische Analysen über das Aufwachsen und Kindsein in der Bundesrepublik seit den 50er Jahren. In: *Büchner, Peter:* Einführung in die Soziologie des Erziehungs- und Bildungswesens. Darmstadt 1985, 56–133
Büchner, Peter u. a.: Kindliche Lebenswelten, Bildung und innerfamiliäre Beziehungen. München 1994
Büttner, Christian und *Aurel Ende* (Hg.): Lebensräume für Kinder. Weinheim, Basel 1989
Charlton, Michael und *Klaus Neumann-Braun:* Medienkindheit – Medienjugend. Eine Einführung in die aktuelle kommunikationswissenschaftliche Forschung. München 1992
Fölling-Albers, Maria (Hg.): Veränderte Kindheit – veränderte Grundschule. Frankfurt/Main 1989
Geulen, Dieter (Hg.): Kindheit. Neue Realitäten und Aspekte. Weinheim, Basel 1989
Glogauer, Werner: Die neuen Medien verändern die Kindheit. Weinheim 1993
Greenfield, Patricia M.: Kinder und neue Medien. Die Wirkung von Fernsehen, Videospielen und Computern. München, Weinheim 1987
Harms, Gerd und *Christa Preissing* (Hg.): Kinderalltag. Beiträge zur Analyse der Veränderung von Kindheit. Berlin 1988
Metzer, Wolfgang und *Heinz Sünker* (Hg.): Wohl und Wehe der Kinder. Pädagogische Vermittlungen von Kindheitstheorie, Kinderleben und gesellschaftlichen Kindheitsbildern. Weinheim, München 1989
Preuss-Lausitz, Ulf u.a.: Kriegskinder, Konsumkinder, Krisenkinder. Zur Sozialisationsgeschichte seit dem Zweiten Weltkrieg. Weinheim, Basel ²1989
Preuss-Lausitz, Ulf: Die Kinder des Jahrhunderts. Zur Pädagogik der Vielfalt im Jahr 2000. Weinheim, Basel 1993
Preuss-Lausitz, Ulf, Tobias Rückler und *Helga Zeiher* (Hg.): Selbständigkeit für Kinder – die große Freiheit? Kindheit zwischen pädagogischen Zugeständnissen und gesellschaftlichen Zumutungen. Weinheim, Basel 1990
Rolff, Hans-Günter und *Peter Zimmermann:* Kindheit im Wandel. Eine Einführung in die Sozialisation im Kindesalter. Weinheim, Basel 1985
Wehrspaun, Charlotte u. a.: Kindheit im Individualisierungsprozeß: Sozialer Wandel als Herausforderung der sozialökologischen Sozialisationsforschung. In: Zeitschrift für Sozialisationsforschung und Erziehungssoziologie 10 H. 2/1990 S. 115–129
Zeiher, Hartmut und *Helga Zeiher:* Orte und Zeiten der Kinder. Soziales Leben im Alltag von Großstadtkindern. Weinheim, München 1994
Zeiher, Helga: Verselbständigte Zeit – selbständigere Kinder? In: Neue Sammlung 28. Jg., H. 1/1988, S. 75–92
Zeiher, Helga: Kindheitsräume. Zwischen Eigenständigkeit und Abhängigkeit. In: *Beck, Ulrich* und *Elisabeth Beck-Gernsheim* (Hg.): Riskante Freiheiten. Individualisierung in modernen Gesellschaften. Frankfurt/Main 1994, S. 353–375
Zeiher, Helga: Alltagsmuster der Kindheit im gesellschaftlichen Wandel der letzten Jahrzehnte. In: JuLit 20. Jg., H. 2/1994, S. 21–33

Ausgewählte Literatur zur Kinderliteraturforschung

Dahrendorf, Malte: Alltag und Kindheit in der neueren Kinderliteratur. In: Informationen Jugendliteratur und Medien 43, H. 3/1991, S. 98–108
Daubert, Hannelore: Von „jugendlichen" Eltern und „erwachsenen" Jugendlichen. Familienstrukturen und Geschlechterrollen in Schülerromanen der 80er und 90er Jahre. In: *Ewers, Hans-Heino* (Hg.): Jugendkultur im Adoleszenzroman. Weinheim, München 1994, S. 43–62
Ewers, Hans-Heino: Zwei große Neuerungsbewegungen. Anmerkungen zur Entwicklung der westdeutschen Kinderliteratur seit den 50er Jahren. In: Festschrift für *Christian Siottele.* Sonderausgabe der Fachzeitschriften Bulletin Jugend + Literatur und Eselsohr. Hamburg u. Mainz, Dezember 1993, S. 10–13
Ewers, Hans-Heino: Die Emanzipation der Kinderliteratur. Anmerkungen zum kinderliterarischen Formen- und Funktionswandel seit Ende der 60er Jahre. In: Horizonte und Grenzen. Standortbestimmungen in der Kinderliteraturforschung. Hg. v. Schweizerischen Jugendbuch-Institut, Zürich 1994, S. 75–87

151

Ewers, Hans-Heino: Kinderliterarische Erzählformen im Modernisierungsprozeß. Überlegungen zum Formenwandel westdeutscher epischer Kinderliteratur. In: *Lange, Günter* und *Wilhelm Steffens* (Hg.): Moderne Formen des Erzählens in der Kinderliteratur der Gegenwart unter literarischen und didaktischen Aspekten. Würzburg 1995

Ewers, Hans-Heino: Themen-, Formen- und Funktionswandel der westdeutschen Kinderliteratur seit Ende der 60er, Anfang der 70er Jahre. In: Zeitschrift für Germanistik, H. 2/1995, S. 257–278

Happ, Bettina: Erwachsene, die mit Kindern reden. Das neue Verhältnis von Erwachsenen- und Kinderfiguren im modernen Kinderroman. In: Beiträge zur Kinder- und Jugendliteratur. Beilage der GRUNDSCHULE/PRAXIS GRUNDSCHULE, Mai 1995, S. 1–4

Hurrelmann, Bettina: Aktuelle Kinder- und Jugendliteratur. In: Praxis Deutsch, H. 111/1992, S. 9–18

Kirchhoff, Ursula: Die achtziger Jahre. In: *Wild, Reiner* (Hg.): Geschichte der deutschen Kinder- und Jugendliteratur. Stuttgart 1990, S. 354–371

Kliewer, Heinz-Jürgen: Die siebziger Jahre. In: *Wild, Reiner* (Hg.): Geschichte der deutschen Kinder- und Jugendliteratur. Stuttgart 1990, S. 328–353

Lange, Ulrike, Berit Maue und *Kirsten Radischewski:* Die Kinder- und Jugendbücher Dagmar Chidulues – Familien im Spiegel unserer Zeit. In: Beiträge Jugendliteratur und Medien 46, H. 3/1994, S. 151–156

Lehner, Ilse M.: Die Problematik der elterlichen Trennung und Scheidung in der zeitgenössischen Kinder- und Jugendliteratur. Frankfurt/Main 1991

Lypp, Maria: Der Blick ins Innere. Menschendarstellung im Kinderbuch. In: GRUNDSCHULE, H. 1/1989, S. 24–27

Lypp, Maria: Zur Komik bei Christine Nöstlinger. In: Informationen Jugendliteratur und Medien 44, H. 1/1992, S. 6–9

Steffens, Wilhelm: Literarische und didaktische Aspekte des modernen realistischen Kinderbuchs. In: Die Grundschulzeitschrift, H. 39/1990, S. 30–35; H. 40/1990, S. 28–30

Steffens, Wilhelm: Kinderbücher als literarische Projekte – Untersuchungen zur Struktur und Funktion moderner Kinderliteratur. In: *Wittenbruch, Wilhelm* (Hg.): Primarstufen-Lehrerbildung an Universitäten. Münster und Hamburg 1992, S. 190-201

Steffens, Wilhelm: Kinderliteratur im Spannungsfeld von Ästhetik und Erziehung. In: *Hofen, Nikolaus* (Hg.): Und immer ist es die Sprache. Festschrift für Oswald Beck. Baltmannsweiler 1993, S. 141–156

Steffens, Wilhelm: Beobachtungen zur Erzählstruktur moderner realistischer Kinderromane. In: *Lange, Günter* und *Wilhelm Steffens* (Hg.): Moderne Formen des Erzählens in der Kinder- und Jugendliteratur der Gegenwart unter literarischen und didaktischen Aspekten. Würzburg 1995

Steffens, Wilhelm: Kinderromane im Deutschunterricht der Grundschule unter Berücksichtigung der Erzähl- und Kommunikationsstrukturen. In: *Lange, Günter* und *Wilhelm Steffens* (Hg.): Moderne Formen des Erzählens in der Kinder- und Jugendliteratur der Gegenwart unter literarischen und didaktischen Aspekten. Würzburg 1995

Tabbert, Reinbert: Kinder in westdeutschen Kinderbüchern. In: Informationen Jugendliteratur und Medien 41, H. 4/1989, S. 156–165

Wenke, Gabriele: Zwischen Wunsch und Wirklichkeit. Familie und Konflikte in Kirsten Boies Büchern. In: Eselsohr. Fachzeitschrift für Kinder- und Jugendmedien, Heft 4/1995, S. 36–40